Las verdaderas causas
de la crisis económica del siglo XXI

Las verdaderas causas
de la crisis económica del siglo XXI

Colchado Valenzuela, Rolando
    Las verdaderas causas de la crisis económica del siglo XXI. - 1a ed. - Buenos Aires : Deauno.com,
2010.
    150 p. ; 30x21 cm.

    ISBN 978-987-1581-67-2

    1. Economía. I. Título
    CDD 330

© 2010, Rolando Colchado Valenzuela
© 2010, Deauno.com (de Elaleph.com S.R.L.)

contacto@elaleph.com
http://www.elaleph.com

Primera edición

ISBN 978-987-1581-67-2

Hecho el depósito que marca la Ley 11.723

Rolando Colchado Valenzuela

Las verdaderas causas de la crisis económica del siglo XXI

deauno.com

A mi familia

ÍNDICE

Los datos macroeconómicos de 40 países a valores nominales y a valores reales: Balanza comercial, saldo en cuenta corriente, reservas internacionales, PIB, ingreso per cápita, tasa de desempleo, inflación, población y tasa de crecimiento, porcentaje de incremento o decremento de precios comparada contra los Estados Unidos, así como tabla para calcularla, los podrá bajar en http://desdeotroangulo.com/.

INTRODUCCIÓN

La mayoría de los países en el mundo se encuentran sumergidos en una crisis económica en donde las cifras mostradas reflejan situaciones preocupantes, se habla que ni en la época de la posguerra se habían llegado a las tasas de desempleo que se están manejando en muchos países, por ejemplo España, país que había logrado un grado de crecimiento notable, en estos momentos tiene cuatro millones de desempleados, situación escalofriante, si tomamos en cuenta que la población de este país es de únicamente 45 millones de personas.

Y lo más grave de la situación es que los expertos y mandatarios de los países que están sufriendo los mayores daños, no se han dado cuenta de las verdaderas causas que están generando esta crisis global, y las medidas que están tomando son únicamente aspirinas que están reduciendo el dolor, sin embargo no están atacando el origen de la enfermedad, y así por ejemplo, los Estados Unidos y la mayoría de los países afectados, están fabricando dinero o pidiendo prestado para tratar de salvar a sus empresas, mantener su moneda estable y tratar de reactivar su economía, sin embargo no están logrando incrementar la producción, incentivar las inversiones y crear fuentes de trabajo que estén soportadas con un incremento en sus ganancias y rentabilidad de las empresas; prueba de ello es que continúan disminuyendo su producción, y reduciendo su costo de nómina a través de la reducción de jornadas de trabajo y del despido masivo de empleados, situación que es muy grave, ya que están dejando sin ingresos a cada vez mayores compradores y clientes potenciales de los productos y servicios que producen. Por otra parte el desempleo, por lógica, incrementa la inseguridad y la violencia en los países y puede desbordarse en movimientos sociales.

De esta situación ya se dio cuenta Barack Obama, el cual expresó al regreso de su viaje a China,

"su temor de que el exceso de gasto para ayudar a reanimar la economía socave la frágil recuperación estadounidense y provoque una doble recesión cual llama recesión en "W". El fenómeno, también llamado recesión en "W", significa que la economía cae en una nueva recesión apenas se recupera la primera" [1](1).

Además de que el exceso de gasto, o dinero que no está soportado con un incremento en la producción, genera inflación, la cual desde Alan Greenspan la han contenido a través de la reducción de las tasas de interés, estrategia que está quebrando a su sistema bancario, ya que a tasas de cero por ciento los bancos no pueden captar inversiones, las cuáles se están yendo hacía los mercados emergentes en otros países, para eso le pido que vea la gráfica en la hoja 62, en donde se muestra una tabla comparativa entre las tasas de interés contra la inflación y en donde al mes de julio con una tasa del 2.10% llevaban una inflación acumulada del 4.73% razón por la cual redujeron las tasas de interés al 0%. Con esta situación los Estados Unidos están metidos en un círculo: o hiperinflación o la quiebra de su sistema bancario.

---

[1] El Financiero 14 de noviembre del 2009

Por otra parte hace un par de años, la General Motors, empresa que durante muchos años fue la más grande y poderosa del mundo, se enorgullecía diciendo que estaba reduciendo el 48% del costo de sus productos, a través de la producción y compra de refacciones en China, sin embargo, no se dieron cuenta que gracias a ello, muchas empresas estaban cerrando, dejando sin empleo a miles de trabajadores, los cuáles eran clientes potenciales en sus mercados, los cuales al perder su capacidad de compra, dejaron de comprar automóviles en los Estados Unidos, originando la quiebra de esta importante empresa, situación que se está repitiendo en muchos países y en muchas empresas.

El origen de la crisis mundial es demasiado sencilla, sin embargo la gran cantidad de países que están compitiendo en los mercados globales y la diversidad de variables que están interviniendo en los mercados de este planeta, es la principal razón por la cual no se están entendiendo sus causas, por otra parte, su solución también es sencilla, sin embargo, requiere que primero se entienda el origen del problema, para que con esto, se establezcan reglas de carácter mundial, que pongan orden al desorden que estamos viviendo.

Para ello se requiere analizar el problema en forma integral:

a.   **Sus causas:** Medición a través del tiempo, comparando contra un mismo país y en cifras reales, la variación en los precios de los bienes y servicios de los países, por efecto de la aplicación de las políticas monetarias que se han estado aplicando en el mundo sin ningún control. Campo de Financieros y Contadores en la rama internacional.

b.   **Sus efectos:** En las variables económicas y en la rentabilidad, competitividad, y variaciones en el patrimonio de las empresas, campo de economistas y Financieros.

En fechas recientes el Presidente de los Estados Unidos Barack Obama en uno de sus discursos decía: "las causas de la crisis que estamos padeciendo no es imputable únicamente al Gobierno de Bush, sino que tiene su origen desde hace por lo menos 20 años, y yo estoy de acuerdo con ello, aunque el origen se remonta a 38 años atrás, y para ser más exactos, su fecha proviene a partir del **15 de agosto de 1971,** fecha en la que Richard Nixon anunció la terminación del patrón oro, y en la que se dejaron sin efecto los acuerdos regulatorios establecidos en Bretton Woods. Con la terminación del patrón oro, se inicia una nueva etapa en la cual cada país puede establecer el sistema monetario que desee, generándose desde esa fecha un **caos monetario**, ya que la mayoría de los países no están visualizando el daño que una determinada política monetaria puede generarle a las empresas y habitantes de su país, debido a que los efectos no se visualizan en el corto plazo, ni en sus monedas locales, y así los países que no ajustan adecuadamente los diferenciales de inflaciones, pierden competitividad, debido a que sus productos se elevan de precio en dólares, o en cualquier divisa que sea aceptada en los mercados internacionales. Esto se origina debido a que están compitiendo en los mercados globalizados: **cientos de países**, monedas, inflaciones, tipos de cambios, y criterios monetarios, los cuales se han aplicado sin ningún control o análisis de la situación real, a través de 38 años, aspectos que tienen efectos en las variables económicas de los países, pero que sin embargo su medición se sale del campo de los economistas y los expertos, ya que para medirlos y poder observar su comportamiento es necesario realizar una serie de procesos para poder hacer comparables las cifras, por ejemplo, las cifras analizadas deben de ser comparables a través del tiempo, ya que el valor del dinero va teniendo diferente poder adquisitivo o poder de compra, y así:

• $1,000 dólares americanos de 1971 podían comprar (o tenían un poder de compra) equivalente a $5,115.04 dólares de diciembre del 2008.

• $1,000 pesos mexicanos de 1971 tenían el poder de compra equivalente a $ 5,191,767 pesos de diciembre del 2008. (Nota: es importante mencionar que estas cifras ya incluyen la reducción de tres ceros, realizada en el año de 1993).

- $1,000 pesos argentinos tenían el poder de compra equivalente a, **$363,473,722,664,470.00** pesos argentinos de diciembre del 2008, aunque usted no lo crea.

De tal forma que en las cifras de los países que presento en este libro, las podrán analizar a través de importes llamados:

- **Nominales, o valor original,** en este caso los: $1,000 dólares, $1,000 pesos mexicanos y $1,000 pesos argentinos de 1971.

- **Y en valores reales.-** El cual les muestra el valor del dinero a través del tiempo, siendo un valor que puede ser comparable, tomando en cuenta su poder adquisitivo, o poder de compra o cambio, en este ejemplo los $5,115.04 dólares, $5,195,767.00 pesos mexicanos y a los $ 363,473,722,664,470.00 pesos Argentinos. De esa forma usted podrá analizar las cifras de cada país a su valor nominal y a su valor real, y por otra parte le permitirá darse cuenta si ha tenido una pérdida o ganancia en los ingresos que ha recibido a través de los años.

Si yo quiero analizar las cifras de varios países, sin hacerlas comparables a una misma moneda, a una misma fecha, y a un solo país como punto de referencia, las conclusiones y los análisis que se obtengan no le van a decir nada, además de que se van a perder en las cifras.

Las conclusiones y aspectos analizados a través de este libro no son suposiciones, expectativas o teorías, sino que son hechos comprobables, y sustentables con cifras reales que los mismos países envían al Fondo Monetario Internacional, y para tal efecto utilizo la siguiente metodología: tomo como punto de referencia los Estados Unidos, y voy comparando por cada país, en qué porcentaje se van encareciendo o abaratando sus productos y servicios con relación a los Estados Unidos, durante un periodo de 38 años (de 1971 al 2008), y con esta base analizo el efecto que el encarecimiento o abaratamiento de sus productos influye en el comportamiento de su producto interno bruto, su ingreso per cápita, su balanza comercial, su saldo en cuenta corriente, su porcentaje de desempleo, y sus reservas internacionales en dólares. Las cifras comparativas y las gráficas son en base a **cifras reales**, valuadas en dólares a valores constantes del 31 de diciembre del 2008.

Esto lo hago con cuarenta países los cuales en su conjunto manejan más del 85% de la producción y el comercio mundial. Al analizar estos países, con esta metodología les va a permitir entender qué es lo que realmente está sucediendo en el mundo, efectos que los más prestigiados economistas, algunos ganadores del Premio Nobel de economía, logran entender por las razones comentadas en párrafos anteriores.

Con esto podrán comprobar que desde agosto de 1971, los ciclos económicos y las devaluaciones de los países están relacionados con el encarecimiento o abaratamiento de sus productos, esto lo voy midiendo a través de los colores del semáforo (verde, amarillo, o rojo) los cuáles van cambiando de color de acuerdo al adecuado o inadecuado manejo de las políticas monetarias que aplican los países, y podrán observar cómo los gobiernos de los mismos, por mantener una moneda fuerte y estable, dejan de ajustar la inflación a través del tipo de cambio, entonces el semáforo de verde se va poniendo amarillo, cambia a rojo, y cuando se encuentra en ese color, después de algunos años, se generan las grandes devaluaciones, las cuales al realizarse ocasionan graves pérdidas y daños al país y a sus empresas, sin embargo después de la devaluación, el semáforo se pone verde, situación que permite que el país se empiece a recuperar, y se mejoren las variables económicas, posteriormente llega un nuevo Gobierno, y se olvidan los daños sufridos, por imagen o demagogia, quieren mantener a una moneda fuerte se olvidan de ajustar la inflación a través del tipo de cambio, y el ciclo se repite una y otra vez.

La falta de regulaciones en el aspecto monetario está generando una competencia desleal en el intercambio comercial que se realiza a través de la compra venta de los bienes y servicios que se producen en el mundo; esto origina que las empresas de todo el mundo, incluyendo las eficientes y modernas empresas japonesas, norteamericanas, inglesas, alemanas, italianas, y francesas, dentro del resto de empresas de todo el mundo, no puedan competir contra el precio de los productos chinos, ni contra la barata mano de obra hindú, los cuales, al robarles mercado, han causado la quiebra de muchas empresas, dejando desempleados a millones de personas, los cuales dejaron de consumir los productos y servicios que normalmente realizaban. En general se piensa que el tipo de cambio afecta únicamente a los exportadores y a los importadores, desafortunadamente debido a la globalización y a la apertura comercial, al encarecerse los productos de un país por efecto del tipo de cambio, suben de precio en el exterior **todos los bienes y servicios que un país produce** y entonces, si una empresa produce: cinturones, o camisas, o calzones, o lo que sea, debido al encarecimiento de los productos por el erróneo manejo del tipo de cambio, llegan a su país competencia de productos extranjeros que les roban su mercado, y que los orillan a la quiebra, esto debido a que no pueden competir contra el precio de productos que provienen de países que reducen sus precios gracias al tipo de cambio, y no quiero parecer catastrofista, pero si no se toman las medidas adecuadas **"en este momento"**, en breve empezaremos a padecer además de las crisis económicas, crisis en el aspecto social en la mayoría de los países, así como un incremento de la pobreza extrema, debido al desempleo. Inicialmente las primeras empresas que desaparecieron ante los productos chinos, fueron las que fabricaban productos que no requerían una gran tecnología, como son las empresas que fabrican, ropa, muebles, juguetes, y diversos productos que podían ser elaborados por artesanos chinos, sin embargo, debido a que muchas industrias de alta tecnología se instalaron en China por lo barato de la producción, están trasmitiendo sus conocimientos, y actualmente China ya produce artículos de alta tecnología, e inclusive ya puso en órbita tres satélites, situación que también pone en riesgo actualmente a las industrias de alta tecnología. **De seguir así esta tendencia dará por resultado que los países que fueron las potencias económicas hasta el siglo XX, en el siglo XXI serán los países más pobres, mientras que los países más poblados, y que fueron los más pobres, serán los más ricos y poderosos de este siglo**.

Como ejemplos de la vida real, les voy a exponer los siguientes ejemplos:

México:

En agosto de 1998, el tipo de cambio era de $10.00 pesos por dólar, y durante 10 años el tipo de cambio se mantuvo estable, razón por la cual en agosto del 2008 el tipo de cambio se mantuvo en $10.00 pesos por dólar, por otra parte, la inflación acumulada de México en ese periodo fue del 82.75%. En su caso lo invito a comprobarlo aplicando el índice general de precios (129.58 en agosto del 2008 y divídalo entre 70.90 índice de agosto de 1998 menos 1), le comento que a lo largo de este libro nos vamos a ir introduciendo en dichos cálculos.

Esto quiere decir que un producto que en agosto de 1998 en México costaba $1,000 pesos, después de 10 años, (en agosto del 2008) por efecto de la inflación, ya tenía un costo de $1,827.50. Si éstos precios los dividimos entre los $10.00 pesos por dólar que se mantuvieron estables durante 10 años, entonces tenemos que un producto mexicano que en 1998 tenía un precio de $100.00 dólares, en el 2008 ya tenía un precio de $182.75 dólares, o sea que la inflación de México se exportó a los mercados internacionales. Si nos comparamos con países que devaluaron su moneda en mayor proporción a su inflación, entonces tenemos que vía precio quedamos fuera de mercado, siendo ésta la razón por la cual la industria nacional se ha visto tan afectada, y se ha incrementado el desempleo y la inseguridad en México.

España:

España fue uno de los países que se adhirieron a la Comunidad Económica Europea y adoptaron una moneda común, el euro. El euro como moneda inicio el 1° de enero de 1999, siendo el valor del euro menor al dólar en el momento de su inicio, sin embargo, a la fecha, el Euro se ha revaluado con relación al dólar aproximadamente en más de un 40%.

Por otra parte la inflación acumulada en España, del 1º de enero de 1999 a la fecha ha sido del 35%. Esto quiere decir que si un producto español tenía un valor de $100.00 dólares en enero de 1999, por la inflación ya tiene un precio de $135.00 dólares, si este precio lo dividimos entre.7108 el cuál es el valor del dólar ante el euro (de acuerdo al periódico el financiero del 24 de junio del 2009 página 10-A), entonces tenemos que $135.00 /.7108 nos da un valor de 189.93 dólares, o sea que los bienes y servicios producidos en España han tenido un incremento a nivel internacional del 89.93%, en un plazo de 11 años, siendo ésta la razón de la crisis y la alta tasa de desempleo de España.

Con esto podemos afirmar lo siguiente:

1. Todos los países en el mediano y largo plazo tienen inflación, a pesar de que muchos piensan que no es así, y para tal efecto les pido que vean el Capítulo II en donde se muestra una tabla comparativa en la cual se pueden observar los porcentajes de inflación desde el año de 1971 al 31 de diciembre del 2008, de las monedas de los 40 países analizados en este libro.

2. Cuando un país **no ajusta su inflación** a través del tipo de cambio, los precios de todos sus bienes y servicios se incrementan en los mercados Internacionales, por ejemplo López Portillo con una inflación del 360% quiso mantener el peso sin cambios, situación que originó la salida de divisas de este país, hasta que vino la devaluación en 1982, la cuál fue mayor al diferencial que no se quiso ajustar en su momento.

3. Cuando un país ajusta su inflación **en el mismo porcentaje** que su tipo de cambio, entonces sus precios por efectos monetarios permanecen sin cambios en los mercados internacionales.

4. Cuando un país ajusta su tipo de cambio en un porcentaje **menor** a su inflación, entonces sus precios en los mercados internacionales se incrementan en base a ese diferencial, por ejemplo si la inflación es el 6% anual y el tipo de cambio se ajusta el 3%, entonces los precios de todos los bienes y servicios de ese país se incrementan el 3%.

5. Cuando un país ajusta su tipo de cambio en un porcentaje **mayor** a su inflación, entonces los precios de todos sus bienes y servicios se reducen en los mercados internacionales, y esta fue la estrategia que siguió China y la India, a través de 14 años, si no me creen, va a ser interesante que lean el capítulo V, que habla sobre China, Japón y la India, y analicen la hoja de cálculo en los archivos en Excel.

6. Cuando un país **revalúa** su moneda (por ejemplo en estos momentos el euro), todos los bienes y servicios que se producen desde dicho país se incrementan en proporción a la revaluación de la moneda, más la inflación que se haya generado. Un ejemplo son los países que adoptaron el euro como moneda común y es la causa del incremento del desempleo en ésta región.

7. Cuando un país sufre una devaluación, el precio de sus bienes y servicios en el extranjero se reducen, y es la causa por la cual a pesar de que la devaluación quiebra a muchas empresas, su economía se empieza a recuperar paulatinamente.

Si un país ajustara la devaluación de su moneda en base a su inflación anual, los precios de sus productos y servicios en los mercados internacionales no tendrían variación, por ejemplo: si la inflación en este año fuera del 4% y ese país ajustara su tipo de cambio un 4%, entonces el precio de sus bienes y servicios que producen se mantendrían estables en los mercados internacionales, y no existirían las devaluaciones, ya que con la globalización, lo que rige son los precios internacionales, no los locales.

En el 2007, los Estados Unidos a través de La Ex Secretaria de Estado Condoleezza Rice, presionaron a China para que revaluaran su moneda, debido **a que por fin se habían dado cuenta,**

que la moneda China está subvaluada y que gracias a ello, estaban logrando abaratar sus productos a nivel internacional, y gracias a la presión de Condoleezza, se logró que el Yuan se revaluara de 8.27 a 6.84, sin embargo a pesar de dicho ajuste, el Yuan continúa muy subvaluado, y eso se debe a que ni los Estados Unidos ni ningún país, **excepto usted, cuando lea este libro** conocerá con exactitud la subvaluación del Yuan, así como la sobre o subvaluación de las monedas de los 40 países analizados en este libro.

Este libro les mostrará las verdaderas causas que están originando el incremento del desempleo en muchos países del mundo, y para explicar mi metodología inicio con un ejemplo sencillo, para posteriormente demostrarlo a través de las cifras reales de cada uno de los países. Inicio con un análisis comparativo de China y Japón, y de ahí demuestro por qué Japón está en recesión, y cómo le hace China para abaratar sus productos y continuar creciendo, posteriormente sigo con los Estados Unidos, ya que fue el país que inició la crisis mundial, continuo con México, ya que se verá muy afectado por la crisis de su vecino del norte. Continúo con los países europeos más industrializados incluyendo a todos los que forman parte de la Comunidad Económica Europea, al analizar Europa, analizaremos las estrategias y acuerdos que han seguido, dentro de ellas la formación del sistema monetario europeo en 1979 a través del cual en forma coordinada manejan su política monetaria desde esa fecha, con esto se podrán observar los efectos que estos países generan en la economía mundial, y las causas por las cuales los Estados Unidos tuvieron una etapa de crecimiento de 10 años (1990 al 2000), y también por qué los países Europeos entraron en recesión a partir del 2000, la causa de su virtual recuperación a partir del mes de febrero del 2002, y las causas de la crisis que están sufriendo actualmente.

Presento análisis sobre los principales países asiáticos: La India, Bangladesh, Corea, Singapore, Hong Kong, Malasia, Indonesia, y Tailandia.

Se analizan los principales países Latinoamericanos: Chile, Brasil, Colombia, Argentina, Venezuela, Ecuador, República Dominicana, Costa Rica, Panamá, y Guatemala, y la razón por la cual, muchas empresas productivas y maquiladoras se están cambiando de México a Centroamérica y a otros países.

Por su importancia se presenta el análisis de Australia.

Por último incluyo información relacionada con alternativas de inversión (Capítulo VIII) en diferentes instrumentos y divisas, los lugares y los modelos que existen en Internet, a efecto de que sin que arriesgue su dinero aprenda a analizar el comportamiento de las opciones que ofrecen los mercados en el mundo, principalmente el de divisas, derivados, y el de inversiones. Un aspecto muy valioso de este libro son los cuadros comparativos de sobrevaluación y subvaluación de los 40 países, aspectos que le permitirán definir diferentes estrategias de inversión, por ejemplo en qué países me conviene vender mis productos, y en cuales estoy fuera de mercado.

Y así de acuerdo a las opiniones y perspectivas de los expertos, hace unos cuantos meses, tanto nacionales como internacionales, decían que en México estábamos muy bien, ya que la inflación y las tasas de interés son bajas, se tiene control sobre el gasto público, se dice que somos la novena economía del mundo y la séptima en lo que se refiere a exportaciones, y que tenemos elevadas reservas internacionales.

Desafortunadamente la realidad es otra, ya que México está sufriendo la devaluación de su moneda, incrementando la inseguridad y el desempleo desde hace varios años, debido a que la actividad industrial va disminuyendo, hay fuga de empresas e inversiones que se están yendo a otros países, mientras que treinta y cinco millones de jóvenes, se esfuerzan para terminar sus estudios con el fin de obtener un trabajo y poner en práctica sus conocimientos, pero siendo realistas ¿en dónde los van a obtener?, si las fuentes de trabajo se están reduciendo, y el gobierno no está tomando medidas que resuelvan el origen de la crisis.

Pero también en el mundo están sucediendo cosas aparentemente inexplicables, por ejemplo: si hace treinta años se hubiera realizado una encuesta para determinar de acuerdo a la opinión de los encuestados, qué países tenían más probabilidades de ganar la guerra comercial en la globalización, seguramente que China y la India hubieran obtenido un porcentaje de 0% o muy cerca de este porcentaje, mientras que los Estados Unidos, Alemania, Francia, Italia, Inglaterra y Japón se hubieran llevado los más altos porcentajes, sin embargo de manera aparentemente inexplicable está ocurriendo lo contrario.

Sólo basta con ver el crecimiento que está teniendo China y como muestra de ello podemos observar el incremento que han tenido sus reservas internacionales, aspecto que también se refleja en el crecimiento del ingreso per cápita de los Chinos y en el resto de sus variables económicas.

RESERVAS INTERNACIONALES DE CHINA EN DÓLARES

Cifras en miles de millones de dólares a dólares del 31 de diciembre del 2008:

	M.M.D.		M.M.D.		M.M.D.
1978	$ 5.0	1989	$ 31.2	2000	$ 211.6
1979	$ 6.1	1990	$ 48.4	2001	$ 267.0
1980	$ 6.5	1991	$ 69.3	2002	$ 352.1
1981	$ 11.8	1992	$ 31.8	2003	$ 484.5
1982	$ 25.4	1993	$ 33.6	2004	$ 706.5
1983	$ 32.4	1994	$ 77.3	2005	$ 913.3
1984	$ 36.1	1995	$ 107.4	2006	$ 1,158.4
1985	$ 25.5	1996	$ 147.7	2007	$ 1,594.0
1986	$ 22.7	1997	$ 193.6	*2008	$ 1,758.7
1987	$ 30.9	1998	$ 199.1		
1988	$ 33.7	1999	$ 205.0		

Fuente: Fondo Monetario Internacional.

Seguramente algún día se van a dar de topes la mayoría de los gobernantes, cuando se den cuenta de lo sencillo que pudo haber sido llevar a sus países por el camino de la prosperidad, crecimiento, y estabilidad, un ejemplo es China y sólo basta analizar su crecimiento en tan solo 30 años.

Por otra parte vemos cómo la globalización nos envuelve, ya que gracias a la tecnología, se están rompiendo las barreras de tiempo y espacio debido a que es factible realizar transferencias de bienes, servicios, y dinero al instante en cualquier lugar del mundo, por lejano y escondido que éste se encuentre, lo curioso es que los países que más han contribuido en su investigación y desarrollo: Rusia y los Estados Unidos, el primero ya quebró y el segundo está sufriendo una terrible crisis económica, en la que ya tienen más de 13 millones de desempleados y en donde sus grandes empresas, como la General Motors, que durante muchos años fue la más grande del mundo, está en proceso de quiebra.

Yo considero que debemos de tomar al toro por los cuernos, quitarnos la venda de los ojos y poner los pies en la tierra, y no soñar con las cifras y datos que flotan en la superficie, ya que no nos están mostrando el verdadero fondo de las cosas. Yo los invito a que analicemos "Las Finanzas y la Economía de México y el mundo a través de este libro bajo otro ángulo, y para ello les sugiero que tomemos en cuenta ocho aspectos que considero importantes:

* Debemos de abrirnos a la posibilidad de que los criterios y paradigmas sostenidos durante muchos años, puedan estar equivocados.

* La herramienta básica en la globalización lo constituye la mercadotecnia, y de sus cuatro elementos: plaza, producto, promoción y **precio,** este último es el más importante, ya que para poder competir, normalmente había que reducir los costos y el margen de ganancia, pero si en estos momentos la reducción de los costos y los gastos no dependen únicamente

de eficientes sistemas de producción, ni de economías de escala, sino que el factor más importante lo constituye las políticas monetarias, entonces resulta que esta variable está rompiendo todos los esquemas tradicionales.

* Los efectos económicos de un país, no se pueden visualizar en los hechos y variables económicas del momento, sino que éstos se generan a través de una serie de situaciones que se van encadenando a través del tiempo, y así la gota que derrama un vaso, no es la única culpable de que el agua se haya derramado.

* Con la globalización, no se pueden visualizar las causas de los fenómenos en las monedas locales que cada país utiliza, sino que además de, es necesario analizar los efectos monetarios en las monedas aceptadas internacionalmente para dicho intercambio, como es el caso del dólar y el euro. (muchas veces en pesos se tienen utilidades, sin embargo en dólares o en euros no existen, e inclusive se convierten en pérdidas).

* Para poder comparar y analizar las cifras de varios países es necesario compararlas contra un solo país, convertirlas a una sola moneda, y al mismo poder adquisitivo, ya que $ 1,000.00 dólares o euros de la actualidad no tienen el mismo poder adquisitivo de hace 38 años.

* Para entender mejor los efectos y las causas, se deben visualizar los fenómenos desde diferentes posiciones y situaciones, por ejemplo hay que ponerse en los zapatos del exportador, del importador, del productor, del distribuidor, desde nuestro país, y vernos como nos ven desde el extranjero.

* La tecnología y los medios de comunicación están facilitando el comercio internacional, el principal problema es que debido a la falta de conocimientos, no se tienen establecidas las reglas para que el intercambio comercial sea realizado de una manera justa y equitativa en un mundo globalizado.

* La economía como todo en la vida, está sujeta a ciclos, (ley del ritmo) los cuales se pueden conocer y medir, a efecto de establecer las estrategias adecuadas en el momento oportuno, de acuerdo a cada fase de los ciclos, con esto podamos conocer:

  * ¿Cuándo es más propicio invertir y endeudarse y cuándo es muy riesgoso?

  * ¿Cuándo es conveniente exportar y cuándo importar?

  * ¿En qué momento conviene ser productor o distribuidor?

  * ¿De qué manera puedo proteger mi patrimonio en el caso de una devaluación importante y como puedo conocer, cuándo se va a efectuar?

  * ¿Cuándo me conviene invertir en pesos o cuándo en dólares o en otras monedas?

  * En que países me conviene vender mis productos y en cuales comprarlos, maquilarlos o producirlos.

  * En que países puede ser muy riesgoso invertir, y en cuales tengo mayores oportunidades. Para esto va a ser interesante que vean la tabla comparativa entre la inflación y los ajustes del tipo de cambio de cada país contra los Estados Unidos.

Con esto la consultoría, la planeación estratégica, las finanzas, la contabilidad y la economía van a tener que complementarse con aspectos que comento en este libro, ya que muchas veces los consultores piensan que para que una empresa salga a flote es necesario invertir para elevar la productividad, modernizar su maquinaría, reforzar su infraestructura y sus sistemas; sin embargo, la fase del ciclo económico que está viviendo su país en ese momento, puede no ser la adecuada para la actividad que está desarrollando, situación que los puede descapitalizar y frustrar. **Actualmente ninguna empresa en el mundo especializada en la asesoría sobre inversiones, mide el riesgo**

cambiario de los países, y por desconocer esto evitan que sus clientes inviertan en países que se volvieron competitivos, sin embargo, alientan la inversión en otros que se ven muy estables, pero que sin embargo están a punto de sufrir una crisis económica, sólo hay que recordar a nuestro país en 1982 y 1993, a Japón y a los países orientales de 1996 a 1998.

Este libro es el resultado de mi experiencia profesional analizando la información de Grupos Empresariales y empresas tanto nacionales como internacionales a través de más de más de 40 años, desde épocas de estabilidad económica durante el Gobierno de Gustavo Díaz Ordaz, y de la época en la que existían reglas en el aspecto monetario a través de los acuerdos de Bretton Woods, hasta las épocas de las mayores inflaciones y crisis económicas de México, América Latina y el mundo. He comprobado los cambios en la rentabilidad y competitividad de las empresas a través de los cambios de color de mi semáforo, para tal efecto les pido que lean el caso de la empresa ERSA (Exportaciones y Representaciones, S.A. de C.V.), en el capítulo VIII, el cual es un ejemplo que explica en forma muy clara los efectos que un cambio en las variables económicas de un país pueden afectar a una misma empresa. Me ha tocado realizar auditorías de compra de Grupos Empresariales con excelentes sistemas operacionales y financieros y con profesionales de primer orden, pero que desafortunadamente solicitaron préstamos en épocas en las que el semáforo estaba en rojo, indicando que la olla, o la economía estaba a punto de explotar, situación que los llevó a perder todo su patrimonio, estoy convencido que si hubieran conocido los principios y las mediciones realizadas en este libro, dichos grupos aún seguirían generando empleos y obteniendo excelentes resultados. He sido testigo de los esfuerzos del Instituto Mexicano de Contadores Públicos para conocer y medir el riesgo cambiario, esfuerzo que se derogó nunca supe por quién, de un día para otro, seguramente para que no se conociera la verdadera realidad del país, y que siguiéramos pensando que la economía de México era un milagro económico.

Me ha tocado aprender y entender las razones por las cuales, a pesar de que en las monedas locales de varios países, sus empresas mostraban excelentes utilidades, y un costo de producción bajo y controlado, al momento de convertir las cifras en dólares, sus ganancias se reducen o se convierten en pérdidas, y su costo se eleva de forma extraordinaria y en un forma aparentemente inexplicable.

Todo lo que he aprendido de nada serviría, si mis comentarios, conclusiones y análisis no estuvieran apoyadas con las cifras reales de los 40 países analizados en este libro, aspecto que me ha llevado varios años en conseguirlos.

Con base a lo anterior, considero que los aspectos contenidos en éste libro, si se analizan a detalle, y se aplican en las empresas en forma adecuada, será **"oro molido"**, ya que contiene información valiosa que evitarán que se sigan perdiendo patrimonios en el mundo, o que estos cambien de manos, y lo más importante debe ser el que se encuentre la solución a la crisis mundial, y que por su desconocimiento **se pueda recurrir a crear otra gran guerra**, o la propagación de epidemias, para tratar de reactivar la economía, situación que pondría en peligro la existencia de la humanidad.

Considero que lo que está sucediendo en el mundo **es algo muy grave**, ya que está teniendo consecuencias en nuestro mundo, nuestro país, nuestra familia, y la va a tener con mayor fuerza en nuestros hijos y nuestros nietos. Desafortunadamente ni usted ni yo tenemos el poder para modificar los errores que están cometiendo los gobernantes de la mayoría de los países, sin embargo si tenemos la capacidad y oportunidad de aprovechar las oportunidades que el medio ambiente nos ofrece, aun en épocas de crisis, ya que les puedo asegurar que estas ofrecen grandes oportunidades, pero para ello, además de su gran experiencia acumulada en su vida, no está de más el conocer los aspectos importantes que nos ofrece este libro, ya que no podemos perder el pequeño o gran patrimonio que hemos logrado obtener gracias a nuestro trabajo de toda una vida, y en muchos casos, de varias generaciones que nos precedieron. No nos debemos espantar si vemos que grandes corporaciones se derrumban durante esta crisis, en cambio, debemos pensar que la vida nos ha enseñado que en los momentos de grandes cambios, no es el más grande y fuerte el que sobrevive, sino el que mejor se sabe adaptar a los cambios que se presentan en el medio ambiente que nos rodea, ya que sólo basta recordar que cuando la tierra tuvo grandes cambios, por el choque de un meteorito, desaparecieron los grandes dinosaurios, los cuales eran los animales más grandes y poderosos sobre la tierra, sin embargo seres más pequeños y aparentemente más frágiles, sobrevivieron gracias a que se supieron adaptar a las circunstancias del medioambiente. A través de este libro mostraré cómo conocer, medir, y entender los ciclos económicos, para que en base a ello, adaptemos nuestros recursos para aprovechar los riesgos y oportunidades que el medio ambiente nos ofrezca.

Y ahora, póngase cómodo, porque lo quiero invitar a realizar un interesante e ilustrativo viaje a través del mundo, la historia y el tiempo, analizando los negocios, las finanzas y la economía, con el fin de que usted conozca las verdaderas causas que están generando esta crisis mundial, pero bajo un ángulo diferente, tomando como base las cifras y los hechos reales que mayor influencia están teniendo en este mundo tan cambiante. Yo tengo la seguridad de que su enfoque y forma de ver el mundo de la economía y las Finanzas va a ser diferente a partir de la lectura este libro, sin embargo:

"Eso es lo que digo yo, lo importante va a ser lo que usted piense y opine". [2]

ROLANDO COLCHADO VALENZUELA

---

[2] Frase de Don Fernando Marcos.

CAPÍTULO I

¿Cuáles son las causas de la crisis?

"La vida para mí, no es una vela que se apaga, es más bien una espléndida antorcha que sostengo en mis manos durante un momento, y quiero que arda con la máxima claridad posible antes de entregarla a las futuras generaciones".

GEORGE BERNARD SHAW

El problema más grave de esta crisis mundial, es que los países que la están padeciendo no se han dado cuenta de las **causas** que la están originando, razón por la cual, las medidas que se están tomando para reactivar la economía, únicamente van a reducir sus efectos en forma temporal, ya que únicamente son aspirinas que quitan las molestias y los síntomas en forma temporal, sin embargo, no están atacando el origen de la enfermedad, situación que en el mediano plazo va a agravar la crisis aún más, ya que para reactivar la economía están inyectando flujos que no se están soportados a través de una mayor producción, sino a través de préstamos y fabricación de billetes. De lo que sí se han dado cuenta es que sus productos y servicios no pueden competir contra los precios de las mercancías y servicios de China y la India, situación que está originando el cierre de muchas empresas y el incremento del desempleo en forma alarmante, por ejemplo: *"En los Estados Unidos, de marzo del 2008 a marzo del 2009, quedaron desempleadas 4,917,000 personas, alcanzando el desempleo en los Estados Unidos al mes de marzo del 2009 una cifra record del 8.9%. Situación no vista ni al final de la segunda guerra mundial".[3] "Lo mismo está ocurriendo en España, un país de tan solo 44.5 millones de habitantes y en donde actualmente se alcanzó la cifra de 4,010,700 cuatro millones diez mil setecientos desempleados, lo que significa una tasa de desempleo del 17.36%".[4]*

Los expertos lo atribuyen a los salarios tan bajos que se pagan en China y la India, lo cual es cierto en parte, sin embargo como lo vamos a ver a detalle, la causa por la cual se tienen diferencias tan grandes en los precios de los bienes y servicios de los países que están realizando operaciones comerciales en este mundo globalizado no depende únicamente de la diferencia de salarios que se pagan en países desarrollados contra países en desarrollo, sino que la causa principal se origina por las políticas monetarias que cada país está aplicando.

Y tal y como lo menciono en una de las ocho reglas mencionadas en la introducción de éste libro la cual dice:

La herramienta básica en la globalización lo constituye la mercadotecnia, y de sus cuatro elementos: plaza, producto, promoción y precio, este último es el más importante, ya que

---

[3] Intercam servicios financieros.
[4] Karla Casillas el Financiero 27 de abril del 2009.

19

para poder competir, normalmente había que reducir los costos y el margen de ganancia, pero si en estos momentos la reducción de los costos y los gastos no dependen únicamente de eficientes sistemas de producción, ni de economías de escala, sino que el factor más importante lo constituyen las políticas monetarias, entonces resulta que esta variable está rompiendo todos los esquemas tradicionales.

A partir de 1971 los ciclos económicos de la mayoría de los países se han generado debido a las políticas monetarias que han adoptado, para tratan de reducir la inflación y mantener una moneda estable, situación que origina que los precios de sus bienes y servicios se eleven en los mercados globalizados; cuando esto sucede, sus empresas pierden competitividad, ya que no pueden competir en precio contra bienes y servicios de empresas extranjeras que han reducido sus precios a través de devaluaciones graduales de su moneda (China y la India). Esto ocasiona que se agoten sus reservas en dólares, debido a que los flujos se canalizan hacia los países cuyos bienes y servicios son más económicos, esto les genera la devaluación de su moneda, y con ello la desaparición de empresas que se habían endeudado pensando que la economía de su país iba sobre ruedas. Esto también incrementa la inflación, la desconfianza y el desempleo, lo curioso es que al devaluarse sus monedas nuevamente vuelven a ser competitivos en precio, aspecto que influye para que su economía y sus finanzas se vuelva a recuperar; cuando esto sucede, vuelven a controlar la devaluación de sus monedas para reducir la inflación, nuevamente se eleva el precio de los bienes y servicios que sus empresas producen y así se continúa con otro ciclo. Esta es la razón por la cual han desaparecido una gran cantidad de empresas en la mayoría de los países, situación que incrementa el desempleo, reduce el consumo e incrementa la inseguridad. Por otra parte, países como China y la India, devaluando sus monedas han logrado reducir de precio la materia prima, la mano de obra y los gastos indirectos de los bienes y servicios que se producen en su país, atrayendo con esto a una gran cantidad de inversiones. Por ejemplo: *"General Motors se enorgullecía de haber logrado ahorros del 48%, a través de comprar partes chinas, lo cual representaba un ahorro por $14,000 millones de dólares anuales"*[5]. Sin embargo no pensaron que, al comprar partes chinas, estaban quebrando a fabricantes y distribuidores nacionales que les surtían dichas refacciones, los cuales al quebrar o reducir su producción, dejaron sin empleo a miles de trabajadores norteamericanos.

Lo anterior originó que los trabajadores Norteamericanos y de otros países en donde se fabricaban o ensamblaban los autos de la General Motors, al perder su empleo, redujeron su capacidad para poder comprar diversos artículos, dentro de ellos automóviles, situación que tiene en la quiebra a la empresa que durante muchos años fue la Compañía más grande del mundo. Por otra parte la General Motors realizó importantes inversiones en China, reduciendo el desempleo en dicho país, pero incrementándolo en el suyo. Y como ejemplos similares podemos hablar de las mueblerías, de las industrias del juguete, del calzado, ropa, electrodomésticos, etc. etc. Por su parte, la mano de obra de la India, al ser más barata debido a las causas mencionadas anteriormente y a su vez a lo calificado de su personal, están dejando sin empleo a muchos profesionistas de diversas partes del mundo.

Todas estas situaciones son perfectamente medibles como lo vamos a ver a través de este libro, y para ello utilizo los colores del semáforo: rojo sobrevaluación mayor al 25%, amarillo sobrevaluación del 10% al 25%, y verde sobrevaluación menor al 10%. En base a los colores ustedes se van a dar cuenta porqué están en crisis la mayoría de los países, y a su vez van a poder entender el origen de las devaluaciones que a través de los años han padecido la mayoría de los países a partir de septiembre de 1971.

Yo sé que en este momento usted pensará que no existen bases para decir lo anterior, sin embargo le pido que por lo menos **se abra a la posibilidad de que los criterios y paradigmas sostenidos durante muchos años, puedan estar equivocados.**

---

[5] Fuente: China consulting, foreign affairs 2004, Banco Mundial

Eventos que han generado cambios importantes en las finanzas y en la economía en el mundo, a partir del siglo XX.

Me gustaría iniciar reproduciendo dos enfoques o puntos de vista de personas importantes que están influyendo en las Finanzas y la Economía Mundial en esta era de globalización en pleno siglo XXI, una de ellas es un destacado economista ganador del Premio Nobel de economía, su nombre es Milton Friedman, economista de la escuela de Chicago y gran conocedor de los aspectos monetarios, y el otro es Deng Xiaoping iniciador del tremendo desarrollo chino a principios de los 80's:

Milton Friedman comenta:

El AUGE DE LOS 90 SE DESINFLÓ. ¿QUÉ VIENE?

"Para los economistas, los años 90 tiene un parecido misterioso con los sucesos de dos décadas anteriores: los años 20 en los Estados Unidos y los 80 en Japón. En las tres décadas, los cambios tecnológicos produjeron un crecimiento económico extraordinario, hablándose en cada ocasión de una "nueva era" y disparando un alza en la bolsa que terminó con un colapso, apodado el reventón de la burbuja. Luego de los años 20 vino la Gran Depresión de los 30 en Estados Unidos y después de los 80 Japón sufrió un estancamiento, seguido de la gran recesión.

¿Qué sucederá ahora y cuál ha sido el papel de la política monetaria?

El crecimiento económico durante los primeros 10 años de cada episodio ha sido sorprendentemente similar. El crecimiento real del producto interno bruto (PIB) alcanzó un promedio anual de 3.3% en Estados Unidos entre 1919 y 1929; 3.75% en Japón entre 1980 y 1990; y de 3.2% en Estados Unidos desde 1990 al 2000. Tal similitud es notable". [6]*(6)*

Deng Xiaoping:

"Ahora vamos a utilizar el dinero que los capitalistas han generado, para hacer crecer nuestro comunismo".

Con relación a **Milton Friedman**, Premio Nobel de economía en 1976, puedo comentar que es que es un economista muy famoso y prestigiado, siendo la principal figura de la Escuela de Chicago y del monetarismo que ésta propugnaba, sin embargo a pesar de que sus conocimientos son innegables, en el artículo anterior únicamente comenta las tendencias que él observa, sin explicar las **causas** y el **porqué** de los hechos que originaron los fenómenos que el comenta, y por otra parte tenemos a **Deng Xiaoping,** ex Presidente de China e iniciador del desarrollo de su país, en donde se aprecia dentro de la sencillez de sus palabras, una tremenda seguridad sobre el camino que deberían de seguir, con el fin de llevar a su pueblo por un camino de crecimiento y prosperidad, afirmando que iban a utilizar el dinero que los capitalistas habían creado a través de muchos años, para el beneficio de su pueblo, de sus creencias y de sus principios.

Decía Deng Xiaoping en 1978:

"La esencia de las reformas, era construir los cimientos para un desarrollo sostenido para la próxima década y los primeros cincuenta años del próximo siglo". La cual se basaba en tres pasos: "En este siglo, nosotros daremos dos pasos, - que representan la solución de los problemas de una adecuada alimentación y vestido de nuestra gente. En el próximo siglo, pasaremos otros 30 o 50 años para alcanzar la meta del otro paso – que es alcanzar el nivel que tienen los países de desarrollo moderado en el mundo"[7]

---

[6] www.elcato.org/friedman_auge90.htm
[7] Wang Mengkui, China´s Economic,pp.32-38

Ahora bien, ¿qué conocimiento o bajo qué perspectiva estaba observando Deng al mundo para firmar lo anterior? Y por otro lado ¿por qué Milton Friedman a pesar de su gran preparación y sus grandes conocimientos, no logra entender lo que está ocurriendo en el mundo?, ya que únicamente menciona lo ocurrido, pero no sus causas.

Con relación a la interrogante anterior, la respuesta a ello se debe **al ángulo** desde el cual Milton y Deng estaban observando los efectos económicos y financieros de éste mundo globalizado, aspectos que me comprometí a mostrar y a demostrar, tal y como lo comenté en la introducción de este libro.

Así que los con mucho gusto los invito a que se desconecten de su celular y del mundo y disfrute de la lectura de este libro.

Época de oscurantismo monetario

Estamos viviendo en un periodo que yo le llamaría "periodo de oscurantismo monetario", en donde la mayoría de los países están caminando en la oscuridad, situación que puede ocasionar que los países ricos y las grandes potencias económicas dejen de serlo en el mediano plazo, mientras que los países que están visualizando y entendiendo claramente las causas de los efectos monetarios están atrayendo la riqueza y la prosperidad a sus países, lo curioso es que esto está ocurriendo en China y la India, países en donde la pobreza y el hambre vivieron incrustadas durante muchos años en ellos, naciones que en forma conjunta cuentan con más de la tercera parte de la población mundial, y que hace aproximadamente 30 años, no tenían la infraestructura para competir en los mercado globalizados, sin embargo en estos momentos están poniendo de cabeza a todos los países, incluyendo a las grandes potencias económicas.

¿Por qué es tan importante entender las causas de los efectos monetarios?

Por algo muy sencillo, y es que a través del manejo de ciertas variables, se pueden reducir o incrementar los precios de todos los bienes y servicios que un país produce; si aunque usted no lo crea, se pueden reducir e incrementar los precios de todos los bienes y servicios de "todos los bienes y servicios que se generan desde un país, con relación a los demás países del mundo", aspecto que es muy importante entender en esta época de mercados abiertos, donde la tecnología está facilitando enormemente el intercambio comercial. Esto está creando una competencia injusta y desleal, y lo triste y paradójico es que las dos grandes instituciones mundiales que se crearon para regular y controlar el comercio mundial como son: el Banco Mundial y el Fondo Monetario Internacional, instituciones que reciben grandes fondos de todos los países del mundo, se encuentran también en el oscurantismo, sin embargo según ellos, piensan que son los salvadores de la humanidad y que con sus grandes conocimientos, indicaciones e instrucciones, están salvando al mundo de la pobreza y de sus problemas económicos, y no se dan cuenta que no están cumpliendo con los objetivos para los que fueron creados.

Eventos importantes en las finanzas y en la economía en el mundo, a partir del siglo XX

Para analizar y entender las causas y los fenómenos que están influyendo en la economía y las finanzas del mundo actual, considero importante realizar un pequeño resumen de los eventos más importantes:

Desde que apareció el ser humano sobre la tierra, hasta la segunda guerra mundial, el elemento de poder más importante era la fuerza, y así los países que desarrollaban los mejores armamentos o sistemas de combate eran los que dominaban al mundo, y así, culturas con grandes avances y desarrollos, fueron sometidos por pueblos guerreros los cuales imponían su religión, sus costumbres, cultura y tradiciones. A partir del descubrimiento de la bomba atómica, el mundo se transformó y como lo menciona Alvin Toffler, sociólogo y escritor norteamericano: El conocimiento se convirtió en el elemento de poder más importante, no obstante éste no está basado exclusivamente en los grandes avances tecnológicos y en la ciencia, sino principalmente en la capacidad ilimitada del ser humano para observar, analizar, reflexionar, intuir, y dejar volar su mente y su imaginación. La tecnología es algo increíble, sin embargo no debemos dejar que nos limite y controle, sino que debemos de utilizarla como una herramienta que debe de estar a nuestro servicio, desafortunadamente el hombre "civilizado" se está convirtiendo en su esclavo.

Los niños y jóvenes modernos están dejando de ser reflexivos y analíticos, y sus dudas y preguntas ya no se las resuelven sus padres o mayores, sino que son resueltas por la televisión y el cine, nuestros hijos y nosotros nos pasamos horas frente a la computadora, sin embargo es importante tomar en cuenta, que estas son herramientas que deben de estar a nuestro servicio, y que a pesar de las maravillas que pueden lograr, no son más que objetos programables a través de algoritmos (recetas de cocina) prediseñadas por alguien que las elabora con base a ciertos parámetros y condiciones, dentro de los cuales pueden realizar operaciones rápidamente y con exactitud, pero dentro de ciertos límites, en cambio la capacidad de la mente humana es ilimitada. Las noticias realmente trascendentes son sustituidas por noticias que generan escándalos, y llaman la atención, pero son intrascendentes, todo ello está ocasionando que dejemos de observar y analizar aspectos de la vida que realmente son importantes, y esto lo digo principalmente debido a que actualmente los países más reflexivos y que dedican una parte importante de su tiempo en la meditación y la observación de su entorno, son los que más están creciendo, mientras que en los países más tecnificados y "desarrollados", se está incrementando el desempleo, la recesión y están teniendo crecimientos muy reducidos, razón por la cual considero que es importante pensar en lo comentado en los párrafos anteriores.

1. Las Guerras Mundiales.

La primera y la segunda guerra mundial fueron factores importantes para el crecimiento y desarrollo de los Estados Unidos, quienes aprovecharon que la guerra se estaba realizando en Europa y Asia, para abastecer con toda clase de bienes y servicios a los países aliados. Debido a que los billetes no son un medio seguro de pago de las mercancías y servicios durante las guerras, el pago se realizaba a través de oro.

2. El dólar y el patrón oro.

Ya para terminar la segunda guerra mundial, en 1944 se reunieron 44 países en Bretton Woods Estados Unidos, a efecto de decidir el sistema monetario que debería establecerse después de la guerra. El sistema que adoptaron implicó el establecimiento de **"un tipo de cambio fijo",** en donde cada país tenía la obligación de mantener la paridad oficial de su moneda sin cambio ante el dólar; para asegurarse que todos los países cumplieran con esta regla, se consideró importante crear a una institución que fuera reconocida internacionalmente para vigilar este punto, y entonces se creó el **Fondo Monetario Internacional**. Como los Estados Unidos tenían una gran cantidad de reservas en oro, se comprometieron a garantizar los dólares en circulación con oro. Este sistema se llamó el patrón oro y se mantuvo vigente durante casi 30 años, sin embargo el exceso de gastos que originó la guerra fría y la carrera espacial, orillaron a los Estados Unidos a reconocer que no contaban con el oro suficiente para respaldar con dicho metal los dólares en circulación, y entonces el 15 de agosto de 1971. Richard Nixon abandonó el sistema de paridad fija, razón por lo cual, a partir de esa fecha, se dio fin al famoso sistema monetario conocido como el patrón oro.

A pesar de que no estoy de acuerdo con este sistema, sí debo reconocer que por lo menos obligó a los países a mantener orden en sus finanzas públicas, así también a pesar de que muchas economías no se abrían completamente, permitía una mayor equidad y equilibrio en el comercio internacional.

3. Ausencia de reglas y caos monetarios

Con la terminación del patrón oro, se inicia una nueva etapa, en la cual cada país puede establecer el sistema monetario que considere adecuado para regular su comercio con el mundo, generándose desde esa fecha un **caos monetario**, ya que la mayoría de los países no ven el daño que una determinada política monetaria puede generarle a sus empresas. Esto se origina debido a que actualmente están compitiendo en los mercados globalizados: **cientos de países**, monedas, inflaciones, tipos de cambios, y criterios monetarios los cuales se han aplicado sin ningún control o análisis de la situación real, a través de 38 años, aspectos que tienen efectos en las variables económicas de los países, pero que sin embargo su medición se sale del campo de los economistas y los expertos, ya que para medirlos y poder observar su comportamiento es necesario realizar una serie de procesos para poder hacer comparables las cifras, por ejemplo, los datos analizados deben de ser comparables a través del tiempo, ya que el valor del dinero va teniendo diferente poder adquisitivo o poder de compra.

Debido a que los efectos no se visualizan en el corto plazo, ni en sus monedas locales, los países que no ajustan adecuadamente los diferenciales de inflaciones, pierden competitividad, debido a que sus productos se pueden elevar de precio en dólares o en cualquier divisa que sea aceptada en los mercados internacionales, situación que explicaré con detalle posteriormente.

Actualmente la mayoría de los gobernantes y sus expertos, **no** están entendiendo la importancia del **tipo de cambio,** y al dejarlo fijo, o dejarlo que se ajuste a través de diversos mecanismos, sin tomar en cuenta la inflación, están perdiendo de vista que sus productos y servicios están variando de precio en los mercados globalizados, situación que les afecta enormemente, ya que las variaciones de precios en forma constante tanto al alza como a la baja, generan desconfianza, entre los consumidores, desafortunadamente las variaciones en forma general son al alza, situación que deja a sus empresas en desventaja ante productos contra los cuales no pueden competir por efecto del precio.

El colmo son los países que están confundiendo al "tipo de cambio" con una mercancía, permiten que las fuerzas del mercado a través de la oferta y la demanda sean quienes lo ajusten, originando con ello la pérdida de competitividad de sus productos, ya que por la especulación del mercado, los precios de los bienes y servicios cambian constantemente.

El tipo de cambio es un instrumento que sirve para regular los diferenciales de inflaciones entre los países, y la ley de la oferta y la demanda debe de utilizarse únicamente en el intercambio de bienes y servicios, si se utiliza en situaciones que tienen diferente naturaleza origina caos, imagínense que la oferta y la demanda se utilizara para modificar la polaridad de una brújula, y esta se instalara en los instrumentos de navegación, ocasionaría grandes catástrofes. Es lo mismo que le está pasando a los países que la aplican, van sin rumbo, si les preguntamos a los conductores del país, ¿a dónde vamos?, considero que lo único que nos pueden contestar sería: vamos a donde las fuerzas de mercado nos lleven.

Esta confusión es algo muy grave para nuestro país, sobre todo en estos momentos en que ya **no** somos una economía cerrada: si seguimos ajustando una variable tan importante a través de la ley del mercado, nuestro país se va a convertir precisamente en eso, **"un gran mercado" en donde únicamente se van a comprar y vender productos producidos en otras partes del mundo",** ya que gradualmente está desapareciendo la actividad industrial en nuestro país. Japón a pesar de su alta tecnología y competitividad, ya tuvo una crisis económica importante en 1998, y lleva varios años con crecimientos mínimos, y recesiones.

De acuerdo con este sistema, entre más divisas capte un país, se incrementa la oferta de dólares o divisas, situación que ocasiona que se abarate el dólar y con ello todo lo que proviene del exterior, y se encarezca todo lo que proviene del interior. Si analizamos la inflación del Japón podemos ver que no es muy elevada, sin embargo como son excelentes exportadores, el incremento de divisas ha ocasionado que su moneda se haya revaluado, y así de 360 yenes por dólar, en 1971, en la actualidad el valor de su moneda es menor a 100 yenes por dólar.

Las variaciones de inflaciones se deben de ajustar con base en un análisis de las inflaciones y del tipo de cambio de los países con los que tenemos mayor intercambio comercial, realizando dicho ajuste de una manera gradual, evitando con esto romper el equilibrio de su economía, ya que a nadie le conviene una fuerte devaluación, por ejemplo: a China y a la India, les tomó 14 años el ajustar su moneda, para bajar sus precios, de forma tal, que están poniendo a temblar al mundo entero.

¿Qué Sistemas Monetarios existen actualmente en el mundo?

De acuerdo a un estudio realizado por la Secretaría de Hacienda y Crédito Público, a través de su Boletín Agenda Internacional América y Asia Pacífico publicada en la segunda quincena de julio del 2000, existen los siguientes sistemas monetarios en el mundo:

1. *Tipo de cambio fijo:* Este sistema lo utilizó México en la época de López Portillo ex presidente de México, y a pesar de que el diferencial de inflaciones entre nuestro país y los Estados Unidos fue del 360%, aún así decía que iba a defender el tipo de cambio como un perro. Lógicamente que esto le generó a nuestro país la peor crisis económica de su historia.

2. *Flotación con bandas:* El centro de la banda es el tipo de cambio fijo, en términos de una o varias monedas.

3. *Variación lenta con bandas:* Sistema de bandas por el cual la paridad central se arrastra todo el tiempo. Se pueden usar diferentes reglas, las dos más comunes son:

    a) *Backward-looking crawl (basado en los diferenciales pasados de inflaciones).*

    b) *El tipo de cambio nominal es fijo, sin embargo el Banco Central no está obligado a mantener indefinidamente la parid*ad (Ejemplo: Malasia).

4. *Completa dolarización:* En este sistema se adopta el dólar, ejemplo: Ecuador y Argentina.

5. *Flotación con intervención (Chile):*

    a) *Esporádica intervención del tipo de cambio por parte del Banco Central.*

    b) *Intervención activa.*

6. *Consejo Monetario:* El sistema cambiario es estrictamente fijo, con limitaciones. La autoridad monetaria sólo podrá emitir dinero interno, siempre y cuando esté respaldado por la misma cantidad de reservas (Hong Kong).

7. *Libre flotación:* El valor del tipo de cambio es determinado por el mercado. Los cambios actuales y esperados en la oferta y demanda de las divisas reflejan los cambios en el tipo de cambio" 8(Este sistema lo utilizan muchos países, dentro de ellos: México, Japón, Corea, etc.

Como pueden ustedes observar, la mayoría de los sistemas monetarios que existen en el mundo, demuestran un gran desconocimiento por parte de los gobernantes y de sus asesores, sobre los efectos que puede originarles a sus países el no ajustar en forma adecuada la inflación a través del tipo de cambio.

Como se ve, en este mundo globalizado cada país puede adoptar el sistema monetario que prefiera, situación que se vuelve un gran riesgo y oportunidad para todos los países y sus empresas.

---

[8] http://www.shcp.gob.mx/publica/agenda/aai_300.html

¿Cómo llegué a estas conclusiones, y cuál es la razón por la que la mayoría de los expertos no están visualizando los efectos monetarios en forma integral?

En principio les quiero decir que he tenido la fortuna de vivir en un país y en un Continente, con economías muy inestables, y les voy a explicar por qué digo esto.

Cuando comencé a trabajar en mi profesión, todo era muy estable: la contabilidad, las finanzas, los aspectos fiscales y la economía de mi país, les estoy hablando del año de 1968, cuando estaba como Presidente de México el Lic. Gustavo Díaz Ordaz, en ese tiempo aún era estudiante, sin embargo ya estaba trabajando en mi profesión en un despacho de Contadores, y recuerdo muy bien que había estabilidad económica, la cual se percibía en muchos aspectos de la vida, por ejemplo en sus leyes que regulaban la cuestión fiscal (Ley del Impuesto sobre la Renta) era tan estable que le llamaban la ley del centenario, debido a que no había sufrido cambios a través del tiempo. Lo mismo ocurría en casi todo el mundo, sin embargo a partir de 1971, los Estados Unidos cambiaron las reglas que hasta ese momento operaban los aspectos monetarios del Mundo, y desde entonces empezaron a emitir dólares sin ningún soporte, esta situación generó un descontrol en los mercados mundiales, situación que elevó la inflación en todos los países, para colmo en México y en América Latina se inició una época de Presidentes prepotentes cuya mala administración desencadenó inflaciones elevadas y crisis económicas.

A través de los años, la mayoría de los países empezaron a controlar su inflación, situación que no ocurrió con los países de América Latina, los cuales vivieron fuertes crisis y devaluaciones, aspectos que elevaron la inflación a cifras enormes, situación que orilló a las Asociaciones e Institutos de Contadores Públicos, a buscar reglas para analizar las cifras de sus estados financieros, con el fin de que reflejaran los efectos de la inflación, por otra parte también los países que tenían inversiones en países con alta inflación y continuas crisis, emitieron reglas para medir la información de las empresas bajo dos esquemas:

- Las economías con una baja inflación.

- Las economías de alta inflación, dentro de las cuales estaban casi todos los países de América Latina

Lógicamente esto nos orilló a entender los efectos de la inflación en los estados financieros, situación que fue un gran avance, sin embargo esto no fue suficiente para entender en forma completa los efectos monetarios que empezaban a generarse en la globalización.

¿En qué momento pude entender las causas y los efectos monetarios?

En 1985 prestaba mis servicios en el Grupo Televisa, sin embargo desde que terminé una maestría en el Tecnológico de Monterrey, recibía llamadas continuas de agencias de colocaciones ofreciéndome puestos similares a los míos, no obstante tenía buen sueldo y excelentes prestaciones en Televisa, razón por la cual nunca había hecho caso a las llamadas, sin embargo en una ocasión me comentaron de una compañía transnacional que iniciaba la implementación de la Planeación Estratégica en todas sus filiales en el mundo, y este importante Grupo solicitaba un Contralor General. Este aspecto me llamó la atención, ya que la planeación estratégica en esos años no se utilizaba en la mayoría de las empresas de mi país, incluyendo la empresa en donde prestaba mis servicios en esa época. A final de cuentas me presenté a la entrevista, y la sorpresa para mí fue que me seleccionaron para cubrir la vacante de Contralor General, y a pesar de que el sueldo era inferior al salario que percibía en ese momento en Televisa, ese puesto representaba un reto, y principalmente la posibilidad de aprender aspectos muy interesantes, principalmente lo que sería la planeación estratégica en una empresa que tenía sucursales en todo el Mundo, aspecto que resultaba muy interesante para mí, razón por la cual después de mucho pensarlo, me decidí a hablar directamente con el Vicepresidente de Finanzas del Grupo y solicitarle un permiso sin goce de sueldos por 5 años; razón por la cual después de una larga plática, me autorizó el permiso, a cambio de que únicamente los dos lo supiéramos, y me pidió que se manejara ante los demás como una renuncia voluntaria, y me advirtió que si él salía del Grupo, yo perdería la antigüedad que tenía acumulada hasta esa fecha. Acepté el riesgo y me cambié de empresa. Casualmente el día que me presentaron con el Presidente y los directivos de la empresa, en la Televisión se estaba trasmitiendo la entrada de México al GATT (El GATT era el nombre que tenía la Organización Mundial del Comercio).

La nueva empresa en donde laboraba en ese tiempo cotizaba en la Bolsa de Valores de Nueva York, por lo que casi de inmediato nos informaron que la traducción de los estados financieros que anteriormente se elaboraba desde el corporativo, tenía que realizarse desde cada país, así que nos llamaron para enseñarnos directamente desde el corporativo en la ciudad de Chicago, la mecánica para traducir los estados financieros de pesos a dólares, esto se hace en base a un procedimiento norteamericano (boletín FASB 52) con el cual se realiza la traducción de los estados financieros de pesos a dólares, tomando en cuenta la inflación.

Gracias a que en ese tiempo se empezaban a utilizar los computadores personales, compré la mía, y para ello preparé un programa en mi computadora, al que paulatinamente le fui integrando varios amarres los cuales me permitían asegurarme que la traducción era correcta. A través de la mecánica que establece dicho boletín, todos los efectos por traducción se reflejan en una cuenta del estado de resultados después de la utilidad de operación llamada: ajuste por traducción (traslation adjustment). Un gran aprendizaje para mí fue el entender cómo dependiendo de la estructura del estado de situación financiera o balance general, los efectos de los ajustes bruscos en el tipo de cambio podían reducirse y eliminarse, ya que antes de entender eso, los efectos por traducción excedía de un millón de dólares, y qué decir en el caso de una devaluación, en donde los efectos en el patrimonio de la empresa eran fulminantes. Posteriormente les voy a explicar las razones por las cuales pueden ser tan diferentes los resultados en las monedas locales cuando se convierte en dólares; por lo pronto les voy a dar un ejemplo: si yo tengo una inversión en dólares y el peso sufre una devaluación; en pesos se genera una utilidad cambiaria, la cual es un supuesto incremento en el patrimonio de la empresa, con lo cual yo adquiero un adeudo con el fisco, mismo que tengo la obligación de pagarles. Cuando yo traduzco a dólares, yo mantengo los mismos dólares y por consecuencia mi patrimonio no se modifica, ya que sigo manteniendo los mismos dólares, sin embargo, si el inversionista extranjero me pidiera que le devolviera el monto de su inversión en dólares, yo no podría devolverle el 100% de lo que invirtió después de una devaluación, ya que en pesos tuve una utilidad cambiaria, la cual me genera un pasivo con el gobierno el cual disminuye el patrimonio del inversionista extranjero, así que ahora tengo que restarle a mi inversión en dólares, la deuda con el gobierno, efecto que origina una reducción en el patrimonio del inversionista extranjero y un efecto en los resultados debido a la reducción del patrimonio de la empresa. A través de este ejemplo se puede ver cómo los resultados de una empresa en su moneda local pueden ser tan diferentes cuando se convierten en dólares.

En resumen:

- En pesos yo tengo una utilidad, ya que al devaluarse el peso los dólares ahora valen más, aspecto que incrementa el patrimonio de la empresa debido a la utilidad cambiaria.

- En dólares yo tengo una pérdida, ya que mi patrimonio no se modifica, debido a que sigo teniendo los mismos dólares, sin embargo el adeudo con el fisco que me generó la utilidad cambiaria en México, reduce el patrimonio.

Otro aspecto importante eran las juntas semestrales de planeación estratégica, en donde nos reuníamos con representantes de todas partes del mundo con el fin de que cada país presentara su plan estratégico. La presentación por país tenía que mostrar tres aspectos:

- La política económica y social del país.

- El plan estratégico.

- La proyección a cinco años de los resultados con el plan estratégico y sin el plan estratégico.

Esta tenía que ser presentada a través de acetatos, no se aceptaba directamente de la computadora y uno de los aspectos que nos daban a entender era que todos los que asistían defendían a una institución, no a un país, y que éste en realidad era un mercado con oportunidades y riesgos.

Por último la cereza del pastel fue cuando nombraron a México país responsable de la operación, y la información y las finanzas de las filiales en América Latina, esto en la etapa de los mayores desórdenes económicos y crisis de nuestro continente, como referencia les quiero decir que en 1989 la inflación en Argentina fue del 4,923.55%, en Brasil 1,863.56%, y en México de 126.1%.

Posteriormente nos solicitaron un reporte llamado el World Wide Report, a través del cual se presentaban estados financieros desglosados por familias de productos traducidos a dólares (estado de situación financiera o balance general, estado de costo de producción y el estado de resultados). Por ejemplo en las plantas de México se fabricaban 2,500 productos estándar, y estos quedaban agrupados en treinta y cinco agrupaciones o familias de productos, razón por la cual se tenían que presentar un estado financiero por cada familia, debiendo coincidir la suma de las treinta y cinco familias con los resultados combinados de la empresa. Lo interesante de este reporte era ver cómo variaban los precios de los productos cada trimestre en forma tan importante, al principio no me explicaba la razón de dichos cambios, y me preguntaba: ¿cómo era posible que a pesar del esfuerzo para reducir costos y gastos de producción?, y de que el gobierno de México había instrumentado un acuerdo que duró varios años entre: los sindicatos, el gobierno y los empresarios para **no** incrementar los precios de los productos, ni de los sueldos de los trabajadores, con el fin de reducir la inflación, este esfuerzo únicamente se reflejaba en los estados financieros en pesos, no así en los estados financieros en dólares. Y así mientras en las cifras en pesos reflejaban los esfuerzos para controlar los costos y los gastos de la empresa, lo cual se traducía en altas utilidades, en dólares se reflejaban pérdidas. Otro aspecto muy interesante de trabajar en esta empresa, fue el de apoyarlos desde el corporativo en el análisis y consolidación de este reporte, ya que me permitió conocer las finanzas y la mercadotecnia a nivel internacional y de la gran utilidad de este reporte. Su objetivo era comparar por cada familia de productos y por países, en dónde se podían vender a mayores precios, y en qué países se podían producir a precios más bajos, con esto se decidía, en qué países convenía enfocar las ventas y los esfuerzos de mercadotecnia, y en cuáles convenía producirlos, construyendo, o ampliando para dicho efecto plantas industriales, lo cual genera empleos. Este panorama no lo están visualizando la mayoría de los gobiernos y las empresas en el mundo, y es la causa principal por la que está aumentando el desempleo en algunos países, mientras que en otros se está reduciendo.

Con el fin de que pueda ser más claro con relación al reporte que se realizaba en base al World Wide Report, le voy a poner un ejemplo: Todos los artículos que se producían en Square D se fabricaban exactamente con los mismos componentes y el proceso de producción pasaba exactamente por los mismos pasos, o sea que si usted sacaba lo que le llamaban una explosión de materiales en las diferentes plantas en el mundo, podía comprobar que los componentes que se utilizaban eran iguales, ya que eran productos estándar diseñados desde la casa matriz, y a su vez, si usted sacaba una hoja de proceso y una hoja de ruta, se daba cuenta que los procesos y los pasos para producir un artículo eran exactamente los mismos, a su vez el desperdicio (scrap) que se tenía en cada planta no variaba mucho, por otra parte el costo de la mano de obra no era tan importante, ya que por lo general, el costo de un producto se integraba de la siguiente manera:

- Materia prima representaba el 55% del costo de un producto.

- Mano de obra representaba el 10%.

- Gastos indirectos el 35%.

Entonces ¿por qué variaban tanto en dólares los precios de los productos?, sobre todo el precio de los países latinoamericanos. Esto lo voy a explicar con ejemplos en el siguiente capítulo, sin embargo los precios varían en forma importante dependiendo de la forma como se vaya ajustando la inflación de cada país, por lo tanto es importante tomar en cuenta los siguientes aspectos:

- Todos los países en el mediano y largo plazo tienen inflación, y para tal efecto les pido que vean en el Capítulo II en donde se muestra una tabla comparativa la cual muestra los porcentajes de inflación desde el año de 1971 al 31 de diciembre del 2008, de las monedas de los 40 países analizados en este libro.

- Cuando el ajuste en el tipo de cambio es **menor** a la inflación, se tiene un incremento de **"todos"** los bienes y servicios que un país produce en los mercados globales.

- Cuando el ajuste en el tipo de cambio es **mayor** a la inflación, entonces se obtiene una reducción de **"todos"** los bienes y servicios que un país produce, si no me creen, va a ser interesante que lean el capítulo V, que habla sobre China, Japón y la India, y vean la tabla comparativa entre la inflación y los ajustes a los tipos de cambio de cada país contra los Estados Unidos.

- Cuando una moneda se **sobrevalua**, como por ejemplo el euro, los precios de los productos de los bienes y servicios de dichos países se elevan en los mercados globales.

- En el caso de una **devaluación**, los precios de los bienes y servicios del país que sufrió la devaluación se reducen y es la causa por la cual su economía se empieza a recuperar.

Si un país ajustara la devaluación de su moneda en base a su inflación anual, por ejemplo si la inflación en este año fuera del 4% y ese país ajustara su tipo de cambio un 4%, entonces el precio de sus bienes y servicios que producen se mantendrían estables en los mercados internacionales, y no existirían las devaluaciones, ya que con la globalización, lo que rige son los precios internacionales, no los locales.

Desafortunadamente no es así, y a pesar de que en la producción de un artículo, se utilicen los mismos procesos y materiales, y la producción se realizara sin que intervenga la mano del hombre, a través de la producción automatizada por medio de robótica, o que los sueldos fueran los mismos, debido a la diversidad de políticas y estrategias monetarias que utilizan los gobiernos de los países que están compitiendo en los mercados globalizados a nivel internacional, los precios de venta y de costo variarían, entonces al momento de que los directivos de una empresa transnacional analizaran en dónde vender sus productos y en dónde producirlos, analizarían un cuadro comparativo por clase de artículo similar al cuadro presentado a continuación.

Mercados Internacionales

Interruptor ABC 80

Escenarios	España	México	Australia	Corea	China
Precio de Venta	225.00	180.00	130.00	100.00	48.91
Costo	157.50	126.00	91.00	70.00	34.24
Utilidad	67.50	54.00	39.00	30.00	14.67

De acuerdo a este cuadro en los países en donde conviene enfocar todo el esfuerzo de mercadotecnia y realizar las ventas de este producto es en España y en México, debido a que el interruptor ABC 80 se puede vender más caro, y por el contrario en los países en donde conviene producirlo sería en China y Corea.

Esto qué consecuencias tiene para España y para México:

1. La primera es que seguramente van a cerrar las plantas productivas en estos países dejando sin empleo a los trabajadores Españoles y mexicanos

2. Por otra parte las plantas productivas las tendrían que cerrar o vender, o las utilizarían como bodegas para almacenar los productos antes de su venta.

Las consecuencias para China y Corea por el contrario serán:

1.   La construcción de plantas adicionales y mientras las terminan tratarán de ocupar las existentes a su máxima capacidad.

2.   A su vez con esto se crearán las fuentes de trabajo que se perdieron en España y México.

Anticipándoles un poco les quiero comentar que China y la India fueron devaluando gradualmente su moneda durante más de 14 años, cuidando que la inflación no se fuera a elevar demasiado.

Yo considero que la razón por la cual los expertos, y gobernantes de los países más desarrollados del mundo aún no logran entender la importancia de las políticas monetarias, se debe a que sus economías son muy estables, y en el corto plazo los precios de sus productos no varían, además de que la traducción en sus estados financieros es una simple división de sus cifras, entre la moneda a la cual la convierten. Ellos piensan que China, la India y Chile abaratan sus productos gracias a que su mano de obra es muy barata, pero como vamos a ver a detalle, esa es sólo la punta del iceberg, y no la enorme montaña de hielo que se esconde debajo de la superficie la cual si no se logra ver, puede llegar a hundir a los países más poderosos, en el mediano plazo.

Conclusiones

El origen de la crisis económica mundial se debe a que actualmente están compitiendo en los mercados globalizados: cientos de países, monedas, inflaciones, tipos de cambios, y criterios monetarios los cuales se han aplicado sin ningún control, a través de 38 años, aspectos que tienen efectos en sus variables económicas, pero que sin embargo su medición se sale del campo de los economistas y los expertos, ya que para medirlos y poder observar su comportamiento es necesario realizar una serie de procesos con el fin de que las cifras a analizar puedan ser comparables, por ejemplo, las cifras analizadas deben ser comparables a través del tiempo, ya que el valor del dinero va teniendo diferente poder adquisitivo o poder de compra, y así:

- $1,000 dólares americanos de 1971 podían comprar (o tenían un poder de compra) equivalente a $5,115.04 dólares de diciembre del 2008.

- $1,000 pesos mexicanos de 1971 tenían el poder de compra equivalente a $5,191,767 pesos de diciembre del 2008. (Nota: es importante mencionar que estas cifras ya incluyen la reducción de tres ceros, realizada en el año de 1993).

- $ 1,000 pesos argentinos tenían el poder de compra equivalente a, **363,473,722,664,470** pesos argentinos de diciembre del 2008, aunque usted no lo crea.

Nota: En el caso de México, en las cifras aparecen eliminados tres ceros, situación que se realizó en 1993, esto lo presento de esta forma con el fin de que se pueda tener un panorama del diferencial de precios en base a los precios que rigen actualmente, o sea que usted seguramente se preguntaría, que con $1,000 pesos en 1971 no compraba una casa, y que sin embargo con 5 millones de pesos actuales sí la puede comprar, sin embargo es importante comentar que los $1,000 pesos, en 1971 eran un millón de pesos en aquella época, y que si no se le hubieran quitado tres ceros a nuestra moneda los 5 millones de pesos actuales, serían ahora cinco mil millones de pesos. Esto le dará una idea de la razón por la cual la mayoría no logra aún entender los efectos monetarios, ya que la mayoría de los países no ha tenido las inflaciones tan elevadas como hemos tenido en nuestro país, y en general en América Latina.

Si yo quiero analizar las cifras de varios países, sin hacerlas comparables a **una misma moneda, a una misma fecha, y a un solo país como punto de referencia, las conclusiones y los análisis que se obtengan no le van a decir nada**, además de que se van a perder en las cifras.

Para esto se necesita hacer comparables las cifras a: una misma moneda, a una misma fecha, y a un solo país como punto de referencia.

Esto es muy importante ya que la falta de regulaciones en el aspecto monetario, está generando una competencia inequitativa en el intercambio comercial que se realiza a través de la compra venta de los bienes y servicios que se producen en el mundo; esto está generando que las empresas de todo el mundo, incluyendo las eficientes y modernas empresas japonesas, norteamericanas, inglesas, alemanas, italianas, y francesas, dentro del resto de empresas de todo el mundo, no puedan competir contra el precio de los productos chinos, ni contra la barata mano de obra hindú, los cuales al robarles mercado, han causado la quiebra de muchas empresas, dejando desempleados a millones de personas, las cuales dejaron de consumir los productos y servicios que normalmente realizaban. En general se piensa que el tipo de cambio afecta únicamente a los exportadores e importadores, sin embargo debido a la globalización y a la apertura comercial, al encarecerse los productos de un país por efecto del tipo de cambio, se encarecen **todos los bienes y servicios que un país produce** y entonces si una empresa produce: cinturones, o camisas, o calzones, o lo que sea, debido al encarecimiento de los productos que se genera por el erróneo manejo del tipo de cambio, en estos momentos llegan a su país, competencia de productos extranjeros que le roban su mercado, y que orillan a la quiebra, esto se debe a que no pueden competir contra el precio de productos que provienen de países que reducen sus precios gracias al tipo de cambio; y no quiero parecer catastrofista, pero si no se toman las medidas adecuadas **"en este momento"**, en breve empezaremos a padecer además de las crisis económicas, crisis en el aspecto social en la mayoría de los países, así como un incremento de la pobreza extrema, debido al desempleo.

Y así, los países que fueron las potencias económicas hasta el siglo XX, en el siglo XXI serán los países más pobres, mientras que los países más poblados, y que fueron los más pobres, serán los más ricos y poderosos de este siglo.

CAPÍTULO II

Las políticas monetarias y su influencia en los precios de los productos y servicios de un país en el exterior

LA LLAVE DE ORO

*"El tipo de cambio es una llave de **"oro"** que le puede abrir a cualquier país la puerta que conduce por el camino de prosperidad, confianza, estabilidad y riqueza.*

"Si no me creen, observen a China". Además de que el tiempo me permitirá demostrarlo, únicamente les pido tres cosas para que lo vean: paciencia, paciencia y paciencia ".

ROLANDO COLCHADO V.

Los gobernantes, los expertos y los asesores de las empresas determinan el riesgo de un país, analizando la inflación, el control del gasto público, y sus reservas internacionales; sin embargo no miden la pérdida o ganancia de competitividad de sus empresas, que se origina por la variación de los precios de sus productos en el exterior, originada por la política monetaria que su gobierno adopte, aspecto que está fuera del alcance de los empresarios, y sin embargo originan una reducción en sus ventas y una disminución en su rentabilidad, aspectos que **no** únicamente afectan a los exportadores, **sino a todas las empresas que producen artículos o prestan servicios desde dicho país**, independientemente del origen del capital, de sus accionistas y propietarios, así como de los insumos que se requieren para producir o mover su maquinaria.

Adicionalmente surge otro aspecto que cuando ocurre, produce efectos importantes y que han sido la causa de la desaparición de empresas o la pérdida o reducción del patrimonio de la mayoría de personas que viven en el país que la padece, esto se conoce como una devaluación o un ajuste brusco de la moneda de un país.

Estos dos factores se pueden monitorear y medir, y al conocerlos nos darán la pauta para entender aspectos que parecen no tener lógica en el contexto económico nacional e internacional. Por otra parte nos van a permitir observar los ciclos económicos y sus fases, facilitando la implementación estratégica que se puede seguir en cada fase de los mismos.

Antes de seguir considero importante tomar en cuenta lo que dice la regla 8.

La economía como todo en la vida, está sujeta a ciclos, (ley del ritmo) los cuales se pueden conocer y medir, a efecto de establecer las estrategias adecuadas en el momento oportuno, de acuerdo a cada fase de los ciclos, con esto podamos conocer:

- ***¿ Cuándo es más propicio invertir y endeudarse y cuándo es muy riesgoso?***

- ***¿ Cuándo es conveniente exportar y cuándo importar?***

- *¿En qué momento conviene ser productor, o distribuidor?*

- *¿De qué manera puedo proteger mi patrimonio en el caso de una devaluación importante y como puedo conocer, cuándo se va a efectuar?*

- *¿Cuándo me conviene invertir en pesos o cuándo en dólares o en otras monedas?*

- *En qué países me conviene vender mis productos y en cuales comprarlos, maquilarlos o producirlos.*

- *En que países puede ser muy riesgoso invertir, y en cuales tengo mayores oportunidades.*

Con esto, la consultoría, la planeación estratégica, las finanzas, la contabilidad y la economía se van a tener que complementar con aspectos que comento en este libro, ya que muchas veces los consultores piensan que para que una empresa salga a flote es necesario invertir para elevar la productividad, modernizar su maquinaría, reforzar su infraestructura y sus sistemas; sin embargo la fase del ciclo económico que está viviendo su país en ese momento, puede no ser la adecuada para la actividad que está desarrollando, situación que los puede descapitalizar y frustrar. En las escuelas y universidades especializadas para el entrenamiento de los ejecutivos en diferentes universidades o instituciones en el mundo, tratan de preparar a los estudiantes mostrándoles casos de éxito de la vida real sobre las empresas: japonesas, norteamericanas, alemanas, etc. sin embargo no se dan cuenta que los casos que presentan fueron situaciones de éxito en otros momentos de la economía, en donde no existía la apertura comercial ni el crecimiento de países que actualmente están metiendo en una crisis global a las economías de los países triunfadores en el siglo XX, pero que a principios del XXI se están derrumbando ante la falta de visión de sus gobernantes y sus expertos, y así esos casos de éxito que se analizan en las grandes instituciones, que por cierto cobran un ojo de la cara, son casos de grandes corporaciones que en este momento huelen a cadáveres debido a que no se han dado cuenta de que lo más importante no son los eficientes sistemas de producción, ni las economías de escala, ni los sistemas de producción justos a tiempo, ni las tarjetas Kan Ban, ni los círculos de calidad, sino que lo más importante es entender los ciclos económicos que se generan en las economías de los países, debido a que sus gobernantes quieren mantener una moneda fuerte para mostrar su poderío al mundo, aspecto que funcionó bien en el siglo pasado, con economías cerradas, pero no en esta época de globalización, y así **actualmente ninguna empresa o despacho de asesoría, ni universidades o institución especializada en el mundo, mide el encarecimiento o abaratamiento de los bienes y servicios de los países que se generan en base a las políticas monetarias que se aplican, aspectos que ocasionan que sus empresas ganen o pierdan competitividad a nivel mundial, originando esto a su vez los ciclos en la economía de los países.**

Originándose lo siguiente:

- Por mantener una moneda fuerte los bienes y servicios de los países se encarecen en relación al resto.

- Esto origina que la gente de dicho país compre sus productos en el exterior ya que están más baratos, a su vez los países al ver que dicho país se encareció tratan de vender sus productos en el mismo, ya que pueden obtener más divisas.

- Las empresas del país que se encareció no pueden competir con las empresas extranjeras, razón por la cual quiebran.

- Al quebrar aumenta el desempleo y la inseguridad en el país que se encareció.

- Todo esto origina a su vez que la empresa que se encareció se quede sin divisas para sus operaciones internacionales.

- Esto origina la devaluación de su moneda, a pesar de que sus gobernantes quieran defender la estabilidad de su moneda como un perro o como gato boca arriba.

- Al devaluarse la moneda, se abaratan los productos de este país, esto a su vez trae quiebra de empresas, crisis e inseguridad, pero a su vez sale el sol y sus productos se vuelven baratos y su economía se empieza a recuperar, y así sucesivamente.

El desconocer esto es como desconocer los ciclos de la lluvia en la agricultura, y entonces lo que está ocurriendo es que están asesorando a sus clientes y alumnos para que apliquen sus mejores técnicas de cultivo, utilicen la mejor semilla y abono y compren la mejor y más cara maquinaria para sembrar y cosechar, y contraten al personal que se requiere para trabajar durante los tres turnos, pero desconocen los ciclos y las temporadas de lluvia, y entonces sin conocer los ciclos de la lluvia, de nada les sirve todos los conocimientos que están adquiriendo. Para esto voy a dedicar un capítulo en este libro para que ustedes comprueben que es cierto lo que les estoy diciendo, incluyendo las cifras de los 40 países analizados en este libro, esto con el fin de que ustedes comprueben que no los estoy engañando, y para ello vamos a analizar y recordar las crisis económicas que sufrió nuestro país en 1982 y 1993 y que está sufriendo en estos momentos nuestra moneda, a pesar de que el Doctor Ortiz, quiera defender el peso como gato boca arriba, acabando con las reservas del país y pidiendo préstamos para tratar de defender lo indefendible, pero les aseguro algo, y para ello les pido paciencia; **"no va a poder"**. También hay que recordar a Japón y a los países orientales de 1996 a 1998, a Brasil, Argentina, Ecuador y Guatemala, etc. etc.

La Inflación

A pesar de que en mayor o menor grado todos los países la han padecido, no todos han experimentado sus verdaderos efectos debido a que en muchos países ha sido muy reducida, un ejemplo son los Estados Unidos, país que desde mi punto de vista no entiende la inflación y sus efectos, situación que se refleja en las reglas contables o principios de contabilidad, ya que los activos fijos no se actualizan con la inflación, sino que mantienen su valor a nivel histórico, o sea que los dólares de hace 10, 20, 50 ó 100 años valen lo mismo según ellos, imaginen un terreno que se adquirió en 1954, lógicamente que en el año 2003 su valor ya cambió, ya que la inflación acumulada desde esa fecha ha sido mayor al 650%, esto debido a que con la inflación sucede lo mismo que con el interés compuesto, no es el resultado de una simple suma de porcentajes por cada uno de los años, sino que la base sobre la que se calcula trae consigo los porcentajes acumulados de los años anteriores. Y así la inflación puede descapitalizar a una empresa aun sin operar, y son impresionantes sus efectos, aspecto que sí se reflejara en el resultado del año de las empresas en forma directa, serviría para ponerle mayor atención; en México los efectos principales se pierden en el capital contable de las empresas. Pero a pesar de ello, estamos muy conscientes que éste tiene un efecto directo en el incremento en los precios y en los costos de los productos; si la inflación en un mes fue del 10%, ya sabemos que los precios y los costos de todos los productos se van a incrementar en la misma proporción, ya que los sueldos, los energéticos, y todos los insumos aumentan en general en la misma proporción.

Para que se den una idea de las diferencias tan abismales que existen entre los países por efecto de la inflación, le pido que observen la siguiente tabla la cual muestra la inflación acumulada desde septiembre de 1971 al 31 de diciembre del 2008 de los 40 países analizados en este libro:

INFLACIONES ACUMULADAS

	PAÍS	INPC		INFLACIÓN	SOBRE/(SUB)
		2008	1971	DE 2008 A 1971	VALUACIÓN
1	BRASIL	10,388,960.3397	0.0000	278474262884747.0%	-32.10%
2	ARGENTINA	283.7567	0.00000000078068	36347372266347.0%	-30.10%
3	CHILE	133.3447	0.0019	7172462.7%	-67.50%
4	MÉXICO	133.761	0.026	519076.7%	11.50%
5	ECUADOR	203.600	0.041	492761.3%	-3.60%
6	VENEZUELA	448.81	0.15	292109.3%	11.50%
7	COLOMBIA	161.180	0.342	47033.7%	-13.90%
8	COSTA RICA	237.400	0.777	30438.7%	-28.60%
9	REPUBLICA DOMINIC	291.249	1.826	15854.4%	-37.00%
10	INDONESIA	280.802	2.706	10276.2%	-44.50%
11	GRECIA	143.296	1.817	7787.5%	71.70%
12	GUATEMALA	182.294	3.685	4846.7%	23.50%
13	PORTUGAL	127.300	2.8090	4431.9%	66.80%
14	HONDURAS	180.600	4.186	4214.0%	-14.20%
15	BANGADESH	165.131	5.321	3003.5%	-36.10%
16	ESPAÑA	129.915	7.282	1684.1%	88.70%
17	INDIA	148.0379	8.904	1562.5%	-51.40%
18	COREA	129.139	8.341	1448.2%	-17.50%
19	ITALIA	121.108	7.982	1417.3%	27.80%
20	IRLANDA	134.9133	11.208	1103.8%	64.50%
21	INGLATERRA	126.163	11.937	956.9%	46.20%
22	AUSTRALIA	128.366	14.266	799.8%	8.80%
23	HONG KONG	102.009	13.117	677.7%	13.10%
24	TAILANDIA	126.239	16.572	661.8%	-14.00%
25	FINLANDIA	113.903	17.037	568.6%	31.50%
26	SUECIA	116.153	17.595	560.1%	-20.50%
27	FRANCIA	116.686	19.238	506.5%	32.70%
28	CHINA	120.216	20.217	494.6%	-61.00%
29	CANADA	119.601	21.941	445.1%	-14.90%
30	ESTADOS UNIDOS	210.228	41.100	411.5%	0.00%
31	AUSTRIA	117.8	24.474	381.1%	114.70%
32	BELGICA	120.311	28.269	325.6%	23.70%
33	LUXEMBURGO	122.700	28.866	325.1%	28.90%
34	MALASIA	121.285	29.477	311.5%	-34.70%
35	HOLANDA	105.342	28.971	263.6%	58.80%
36	PANAMÁ	121.582	38.634	214.7%	-37.90%
37	SINGAPUR	113.402	36.634	209.6%	14.00%
38	JAPÓN	99.872	33.827	195.2%	87.00%
39	SUIZA	108.792	39.058	178.5%	89.00%
40	ALEMANIA	114.797	41.869	174.2%	27.10%

Con esta tabla podemos ver que el incremento de precios es muy diferente en todos los países, razón por la cual existe una variable que tiene una función reguladora, esta es "el tipo de cambio", variable que si no existiera, haría imposible el intercambio comercial entre los países de este mundo, el problema es que cuándo los gobernantes no la ajustan adecuadamente, esta se ajusta automáticamente a través de las grandes devaluaciones y crisis económicas.

¿Qué sucede cuando se realiza intercambio de bienes y servicios entre países que manejan diferentes inflaciones?

Lo que sucede es que los países con mayor inflación están en desventaja ante los países de menor inflación, ya que el incremento de sus precios es mayor, sin embargo a través del tipo de cambio se deben ajustar esos desequilibrios, ya que vía tipo de cambio, el país con mayor inflación debe reconocer una mayor pérdida en el poder adquisitivo de su población. Esto quiere decir que el tipo de cambio debería de utilizarse para ajustar esos desequilibrios, desafortunadamente no es así. De tal forma que si mi inflación en un año es del 10% y el de los países con los que realizo el mayor intercambio fuera del 2%, entonces debería de ajustar mi tipo de cambio un 8%, ya que estoy ajustando ese diferencial de inflaciones, lo mismo sucede con todas las cosas, les voy a poner un ejemplo: El suelo de la ciudad de México se va hundiendo en forma gradual, fenómeno que se puede observar en algunos edificios antiguos de la ciudad, este fenómeno lo podemos observar en el monumento del Ángel de la Independencia, ya que alrededor del mismo se han construido escaleras a efecto de poder llegar a su base, si revisamos fotografías antiguas, podremos ver que originalmente no tenía escaleras, esto se debe a que los pilotes que la sostienen son fijos, lo cual no sucede con los edificios modernos, ya que a través de sus gatos hidráulicos van ajustando el nivel del edificio, a efecto de que se mantengan siempre al nivel del suelo. Pero qué sucedería si el ajuste de los mismos no fuera con base al hundimiento de la ciudad, sino que estuvieran conectados al índice general de precios y cotizaciones de la Bolsa de Valores, o sea que la especulación y las noticias los estuviera moviendo independientemente del hundimiento de la ciudad.

Lo que sucedería con los edificios de la ciudad de México, se los dejo a su imaginación.

Lo mismo está sucediendo en el comercio a nivel mundial, en donde algunos países adoptan su tipo de cambio de acuerdo a una la libre flotación, en virtud de la oferta y demanda de dólares, situación que es equivocada ya que se están mezclando aspectos que son de naturaleza diferente: Estoy de acuerdo que la oferta y la demanda es una ley que opera igual que la fuerza de gravedad, sin embargo, no se puede aplicar a todo en la vida, imaginen que las matemáticas se aplicaran de acuerdo a la ley de la oferta y la demanda, simplemente dejarían de tener validez y perderían su carácter científico, pues lo mismo sucede con el tipo de cambio, cuya función básica es regular el diferencial de inflaciones y permitir entre dos o más países un intercambio justo de bienes y servicios, desafortunadamente el tipo de cambio en los países que eligen la libre flotación, se ajusta con base a la oferta y la demanda de divisas, además de que se ve influenciado por la especulación, los comentarios, y/o las variaciones de todo lo que ocurre en el mundo, incluyendo los comentarios y declaraciones del Secretario del Tesoro o el Presidente de los Estados Unidos. De tal forma que todas las variaciones en el tipo de cambio, ocasiona cambios en los precios de nuestros productos en el exterior, sólo se requiere dividir el valor de un bien en pesos entre el tipo de cambio a una fecha determinada y les va a dar su valor de dicho producto en el exterior. Como consultor, sugiero a mis clientes que determinen el precio en dólares de sus productos a través de diferentes años, por ejemplo si lo hacen desde agosto de 1998 a agosto del 2008 van a encontrar la causa por la cual las empresas en México han perdido competitividad en el exterior, y por qué han quebrado y desaparecido tantas empresas.

Gracias a que en nuestro país se habían incrementado el ingreso de divisas por diversos motivos los cuales vamos a analizar en la parte de México, originó una oferta extraordinaria de dólares, situación que ocasionó que nuestro tipo de cambio "Súper Peso" se mantuviera estable durante 10 años. Y así si usted analiza la gráfica siguiente verá que nuestra moneda se mantuvo alrededor de los $10.00 pesos por dólar, sin embargo si analizamos nuestra inflación acumulada en ese periodo encontraremos que tuvimos una inflación acumulada del **82.75%,** y vamos a comprobarlo.

Con el fin de demostrar el error tan grave que estamos cometiendo en México al haber adoptado el sistema monetario de la oferta y la demanda, voy a poner el siguiente ejemplo, el cual es real.

Si tomamos el Índice General de precios al consumidor del mes de agosto del 2008, y lo dividimos entre el Índice del mes de agosto de 1998 encontraremos lo siguiente:

INPC al mes de agosto del 2008 = 129.576 y lo dividimos entre el INPC del mes de agosto de 1998 el cual fue 70.90296 resulta lo siguiente:

129.576/70.90296 = 1.827512 menos 1 = al 82.75%

Por otra parte el tipo de cambio en agosto de 1998 fue de $9.91 pesos por dólar, y casualmente en agosto del 2008 de $9.85 pesos por dólar. O sea que de acuerdo a la siguiente gráfica la cual está construida tomando como base los tipos de cambio del peso dólar de cada año observamos que nuestra moneda se mantuvo estable durante 10 años.

Tipo de cambio
Peso/Dólar

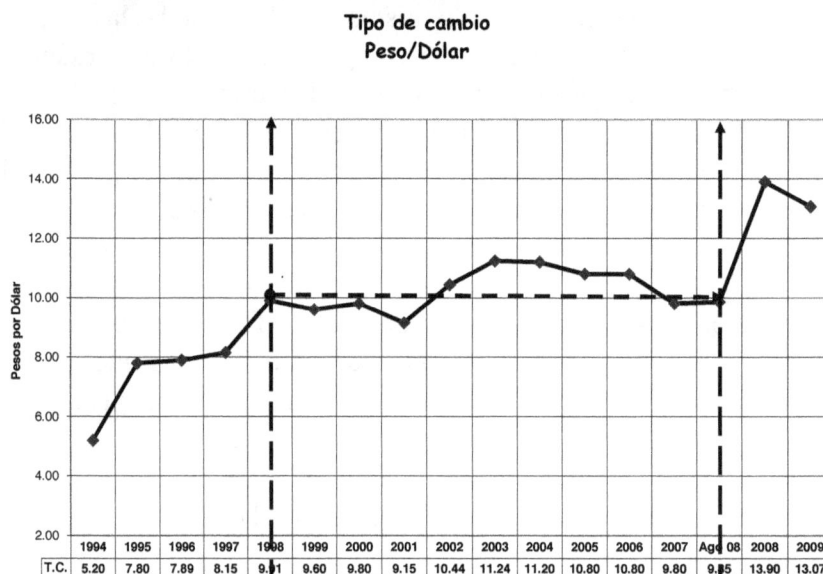

	1994	1995	1996	1997	1998	1999	2000	2001	2002	2003	2004	2005	2006	2007	Ago 08	2008	2009
T.C.	5.20	7.80	7.89	8.15	9.91	9.60	9.80	9.15	10.44	11.24	11.20	10.80	10.80	9.80	9.85	13.90	13.07

Pero antes de seguir debemos de recordar lo que nos dice nuestra regla N° 5 que mencionamos en el índice:

Con la globalización, no se pueden visualizar las causas de los fenómenos en las monedas locales que cada país utiliza, sino que además de, es necesario analizar los efectos monetarios en las monedas aceptadas internacionalmente para dicho intercambio, como es el caso del dólar y el euro. (muchas veces en pesos se tienen utilidades, sin embargo en dólares o en euros no existen, e inclusive se convierten en pérdidas).

En este caso si un producto producido en México en agosto de 1998 se vendía en $1,000.00 (UN MIL PESOS 00/100 M.N.), en el mes de agosto del 2008 por efecto de la inflación acumulada, se vendía ahora en $1,820.75 (UN MILOCHOSCIENTOS VEINTE PESOS 75/100 M.N.).

Eso es dentro de nuestro país, pero qué ocurre con el precio de ese producto en los mercados internacionales: En agosto de 1998 el precio para un extranjero era de $100.00 dólares, y en agosto del 2008, su precio era de $182,75 dólares, o sea que se encarecieron todos los bienes y servicios que se producen en México el **82.75%,** siendo esta la causa por la cual cerraron muchas fábricas en México y se incrementó el desempleo. Todavía muchas personas piensan que estas situaciones no nos generan ningún problema, sin embargo ahora ya estamos globalizados, y si mi empresa, taller, o fábrica elabora: cinturones, zapatos o peines o el producto que sea, el mercado de México va a ser muy atractivo para los productores extranjeros, los cuales de inmediato van a venir a vendernos sus productos a precios con los que no podemos competir, debido a que nuestros precios en un lapso de 10 años se encarecieron más del 80% razón por la cual, todas las empresas mexicanas salvo las muy especializadas en productos que no se pueden producir fuera de México quedan fuera de mercado. En el siguiente capítulo le mostraré la cantidad de dólares que ingresaron a nuestro país, de los cuales no solo ya no tenemos nada, sino que además fue necesario solicitar dos préstamos de 40 mil millones de dólares al Fondo Monetario Internacional y otro de 30 mil millones de dólares con el Tesoro de los Estados Unidos.

¿Por qué se encarecen o abaratan de precio los productos y servicios de un país en el exterior, por causa de las políticas monetarias?

Es cierto que existen países en donde la mano de obra es más barata que en otros países, siendo éste el principal argumento que la mayoría encuentra para explicar la razón por la cual los productos chinos son tan baratos, sin embargo existe otro razón que tiene un impacto incomparablemente mayor en los precios de los productos y servicios que los países producen, y este es lo que yo llamo efecto por causa de las políticas monetarias, el cual ya explique desde la introducción de este libro y este se origina por efecto del tipo de cambio, y para tal efecto es importante que analice el siguiente ejemplo, y para esto no hay nada mejor que poner un ejemplo, tomando cifras reales de dos países: México y China.

Ejemplo:

En el año de 1998 en un país "X", una empresa vende licuadoras a un precio de $1,000.00 pesos; esta licuadora tiene un costo del 70%, razón por la cual su utilidad es de $300.00 pesos.

Por otra parte el tipo de cambio de la moneda frente al dólar es de $10.00 por un dólar, entonces para cualquier extranjero que no radique en el país "X", esa licuadora se vende en $100.00 dólares y tiene un costo de $70.00 dólares.

AÑO	MERCADO LOCAL M.N. PESOS					T.C.	MERCADOS INTERNACIONALES USD			
	VENTAS	COSTO	UTILIDAD	%	Inflación		VENTAS	COSTO	UTILIDAD	Inflación
1998	1,000	700	300	30.0%	0.00%	$10.00	$100.00	$70.00	$30.00	0.00%

AÑO 1998

En el año 2008 la inflación acumulada del país "X" fue del 80%, entonces los precios y los costos en el mercado local se elevaron en ese mismo porcentaje por efecto de la inflación.

Sin embargo para el año 2008 vamos a suponer tres escenarios para la misma empresa, con el mismo producto, la misma capacidad instalada, el mismo personal directivo y operativo, lo único que va a cambiar va a ser la política monetaria que va a manejar el gobierno de su país; escenarios que van a cambiar completamente su competitividad y su vulnerabilidad ante los productos extranjeros.

Escenario "A"

En el primer escenario vamos a suponer que su país adopta la política de que el tipo de cambio lo defina la oferta y la demanda, y entonces para la mala fortuna del productor, a su país entran muchos dólares, situación que eleva la oferta de dólares lo cual ocasiona que a pesar de la inflación del 80%, el tipo de cambio se mantiene en $10.00 pesos por dólar. Vamos a ver qué le sucede a este productor.

AÑO 2008 ESCENARIO A										
2008	1,800	1,260	540	30.0%	80.00%	$10.00	$180.00	$126.00	$54.00	80.00%

Vemos que en su mercado local, los productos que hace 10 años se vendían en $1,000 pesos, ahora por efecto de la inflación del 80% acumulada en los 10 años, se venden en el 2008 en $1,800 pesos; lógicamente que su costo se eleva en esa misma proporción y ahora le cuesta $1,260 pesos producir las lavadoras en lugar de los $700 pesos, sin embargo su utilidad sigue siendo el 30%.

Ahora vamos a ver qué sucede en el extranjero, con el precio de sus lavadoras.

Como su tipo de cambio se mantuvo en $10.00 pesos por dólar, sus precios y sus costos se elevaron en el extranjero el 80%, y ahora un producto que en el país "X" se vendía en $100 dólares en 1998, ahora se vende en $180 dólares; lógicamente lo mismo sucede con el costo y con la utilidad.

Escenario "B"

Ahora vamos a suponer que a esta misma empresa, le tocó otro gobierno, y este ajustó su tipo de cambio de acuerdo a la inflación; entonces como la inflación acumulada fue del 80% a través de los 10 años (1998 al 2008), el tipo de cambio es de $18.00 pesos por dólar en el año 2008.

Como podemos ver, internamente es la misma situación, sin embargo en el extranjero sus productos se mantuvieron en el mismo precio que hace 10 años, o sea que su precio de venta es de $100 dólares y su costo de $70 dólares.

AÑO 2008 ESCENARIO B										
2008	1,800	1,260	540	30.0%	80.00%	$18.00	$100.00	$70.00	$30.00	0.00%

Ahora vean cual es más competitiva a nivel internacional, ¿la empresa cuyo gobierno mantuvo el tipo de cambio en $10.00 pesos por dólar, o la que la ajustó de acuerdo a la inflación e incrementó el tipo de cambio a $18.00 pesos por cada dólar.

Si comparan éstos dos escenarios, podrán ver que la empresa cuyo gobierno adoptó el escenario "B", puede incrementar el precio de sus productos fuera de su país a $125.00 dólares, y venderlos en el país que adoptó el escenario "A", mientras que las empresas del escenario "A" no pueden competir, ya que su costo es de $126.00 dólares.

Esta situación va a originar que la empresa en el escenario "A" tenga que cerrar, ya que no tiene posibilidad de competir en los mercados globalizados.

Pero vamos a ver otro escenario, siendo éste el que adoptó China y es la causa por la que es imposible competir contra los productos de las empresas Chinas.

Escenario "C"

En este escenario el gobierno ajusta el tipo de cambio en un porcentaje mayor a la inflación y lleva el tipo de cambio a $36.80 pesos por dólar. En los capítulos siguientes les voy a demostrar como determino ese valor de $36.80 pesos por dólar

AÑO 2008 ESCENARIO C										
2008	1,800	1,260	540	30.0%	80.00%	$36.80	$48.91	$34.24	$14.67	-51.09%

Como pueden ustedes ver, la empresa "X" cuyo gobierno devaluó por arriba de la inflación, podrá vender sus licuadoras en $50.00 dólares en los países del escenario "A" y "B", precio en el que las empresas que se ubicaron en dichos escenarios no podrán competir.

De acuerdo con este ejemplo las empresas del país que adopto el escenario "A" serán las más afectadas ya que no puede competir contra los productos elaborados en países que adoptaron el escenario "B" o "C", de esta forma sucede lo siguiente:

	P. Venta	Costo	Utilidad	Variación
A	$180.00	$126.00	$54.00	80.00%
B	$100.00	$70.00	$30.00	0.00%
C	$48.91	$34.24	$14.67	-51.09%

La empresa del escenario "B" podrá vender sus productos en $120.00 dólares en el país del escenario "A", lo cual es un 20% más elevado que en su país, mientras que las empresas del país del escenario "A" no le pueden competir debido a que les cuesta $126.00 dólares el producir cada licuadora.

Por otra parte la empresa que se encuentre ubicada en el país del escenario "C" podrá vender sus productos en $50.00 dólares en los países que escogieron la política monetaria "A", y "B", y lógicamente las empresas que se encuentren ubicadas en dichos países no podrán competir ya que el costo de las empresas del escenario "A" es de $126.00 dólares, y la del escenario "B" es de $70.00, razón por la cual, las empresas tenderán a desaparecer.

Estos ejemplos son reales, el escenario "A" lo mantuvo México de Agosto de 1998 a agosto del 2008, y aún tratan de defender el peso como perros a costa de seguirse endeudando, y a costa de que sigan quebrando empresas en nuestro país.

El tipo de cambio de $36.80 por un dólar sería el tipo de cambio del peso para que mantuviera una sub valuación igual a la de China la cuál es del -60%.

Esto lógicamente China y la India lo lograron a través de 14 años, en el cuál su devaluación fue mayor a su inflación de tal forma que a través de esto lograron abaratar sus productos en el extranjero, cubrieron su inflación interna, y invirtieron en infraestructura.

Esta situación ocasiona que los dólares o divisas se vayan de países que adoptan políticas monetarias del escenario "A", a otros países que están optando por las políticas monetarias que favorecen a sus empresas. Desafortunadamente el gobernador del Banco de México optó por el escenario "A", situación que afectó a miles de empresas mexicanas, las cuales ya desaparecieron, situación que ha incrementado el desempleo, la inseguridad y la desintegración de millones de familias, ya que los que sostenían a sus familias tuvieron que irse a los Estados Unidos a buscar oportunidades de trabajo que no encontraron en su país, si a esto aumentamos el efecto del "corto" sistema que reduce la inflación pero por el contrario restringe el dinero que los bancos anteriormente utilizaban para otorgar créditos a los inversionistas, esto da por resultado que la economía país, es la que está mostrando los peores resultados en el Mundo.

Esta es la razón por la cual sale más económico comprar artículos importados que nacionales y de que salga más económico viajar al extranjero que en México, esta es también la razón por la cual está creciendo el desempleo en el mundo.

Posteriormente voy a explicar un método que tengo para analizar la competitividad en precio de los productos de los países, a través de los cuales se pueden analizar y prever con mucha anticipación los ciclos económicos.

CAPÍTULO III

¿Cómo se pueden medir las variaciones de precios que se originan por la diversidad de políticas monetarias, y cuál sería la solución para que no se generaran esas desigualdades?

Este capítulo es muy importante, ya que si no se miden las diferencias que se generan en los precios debido a la aplicación sin controles en los tipos de cambios, sus efectos serán cada día más graves para las economías de la mayoría de los países. Es algo similar a una enfermedad no detectada: por ejemplo: el cáncer, la esclerosis múltiple o la diabetes, mientras más tiempo pase sin detectarla, será más difícil su curación, o puede llegar a ser incurable y les aseguro que si no se establecen regulaciones en forma inmediata, no van a pasar muchos años para que las potencias económicas que florecieron hasta el siglo XX, se terminen de derrumbar en este siglo XXI.

Las medidas económicas que se están tomando en estos países incluyendo los Estados Unidos, Japón, los países europeos y México, no están solucionando el problema de raíz, sino que únicamente están inyectando dinero prestado o fabricado para tratar de posponer los derrumbes de sus economías, sin embargo hay dos variables que son fundamentales para medir la salud de una economía, estas son: la disminución de la tasa de desempleo y el incremento del PIB, y como podrán ustedes comprobar, por lo menos hasta el momento (Noviembre del 2009), no las han podido controlar, ni lo podrán hacer si antes no se dan cuenta de lo que expongo en este libro, y una parte muy importante lo pueden encontrar en este capítulo.

¿Con qué herramienta puedo medir el encarecimiento o abaratamiento de los bienes y servicios que produce un país?

Después de las grandes devaluaciones ocurridas durante los gobiernos de Luis Echavarría y José López Portillo, el Instituto Mexicano de Contadores Públicos se plantearon lo siguiente. ¿El tipo de cambio que se maneja en nuestro país, no refleja una realidad sobre la situación económica de nuestro país?, ya que muchas veces pensamos que tenemos una moneda fuerte, que nuestro país tiene estabilidad, y que las condiciones económicas son favorables, situación que genera que paguemos impuestos y dividendos a los socios sobre situaciones irreales. De repente se presenta la realidad y resulta que lo que pensábamos que teníamos de pasivos, se duplica o triplica, situaciones que la empresa no puede afrontar, produciéndose la quiebra y el cierre de muchas empresas. En base a ello, el Instituto Mexicano de Contadores Públicos diseñó una tabla para determinar el tipo de cambio real para nuestra moneda. A este tipo de cambio se le llamó, tipo de cambio técnico y se estableció en forma obligatoria el cálculo. Y así se comparaba el tipo de cambio de mercado, contra el tipo de cambio técnico, razón por la cual; si el tipo de cambio técnico era mayor al de mercado, se deberían de ajustar los pasivos de las empresas, esto con el fin de reflejar la realidad económica en los estados financieros de las empresas dentro de la República Mexicana.

Esto fue obligatorio mientras nuestra moneda estuvo subvaluada (de 1982 a 1987), pero cuándo el cálculo empezó a mostrar que nuestra moneda se estaba sobre valuando, en ese momento y de manera mágica, se quitó la obligatoriedad de dicho principio, y en el año de 1988 todas las revistas y periódicos que mostraban el valor técnico del peso, dejaron de publicarlo. ¿De quién fue la orden de eliminar dicho cálculo? O ¿porqué razón, el Instituto Mexicano de Contadores Públicos ¿cambió tan repentinamente de parecer.? Nunca se dijo, la verdadera razón, ni creo que nunca se sepa, sin embargo, se derogó la obligatoriedad de dicho principio. Desde mi punto de vista, si no se hubiera quitado ese principio, la devaluación del peso en 1994 no hubiera causado el daño que generó en las empresas y en el patrimonio de muchísimas personas.

Las razones que nos dieron para quitar dicho principio fueron las siguientes:

- Para poder calcular en forma correcta la paridad técnica, es importante que "X" pesos representen un valor real de un dólar a una fecha determinada, en el caso de la paridad técnica se decía que $22.74 pesos de mayo de 1974 representaba un valor exacto al de un dólar. Desafortunadamente no se tuvieron, o no se quisieron aceptar los argumentos que daba el Instituto Mexicano de Contadores Públicos y entonces se derogó el cálculo de la paridad técnica, argumentando que no pudieron demostrar que el valor real de un dólar equivalía a $22.74 pesos de mayo de 1974.

Sin embargo a pesar de lo que digan, el método para ir comparando el valor real del peso contra el dólar es un método que técnicamente tiene buenas bases, razón por la cual yo lo adopté para calcular la proporción en la que el precio de los productos de los diferentes países se van encareciendo a abaratando contra el dólar, a partir de septiembre de 1971, ya que fue la fecha en la cual todos los países dejaron de manejar paridad fija, y están aplicando diferentes métodos para determinar la paridad de su moneda contra el dólar de los Estados Unidos. Otro aspecto que es valioso recordar es que el dólar de los Estados Unidos es la moneda reconocida internacionalmente para las transacciones internacionales, actualmente también se reconocen otras monedas como el euro, sin embargo, hasta la fecha no han podido quitar la supremacía a la moneda de los Estados Unidos.

En el capítulo II se muestra, como pueden variar los precios de los productos y servicios de un país, dependiendo de la forma como ajusto la inflación a través del tipo de cambio, presentándose las siguientes situaciones:

- Todos los países en el mediano y largo plazo tienen inflación, a pesar de que muchos piensan que no es así, y para tal efecto les pido que vean el Capítulo II en donde se muestra una tabla comparativa en la cual se pueden observar los porcentajes de inflación desde el año de 1971 al 31 de diciembre del 2008, de las monedas de los 40 países analizados en este libro.

- Cuando un país **no ajusta su inflación** a través del tipo de cambio, los precios de todos sus bienes y servicios se incrementan en los mercados Internacionales, por ejemplo López Portillo con una inflación del 360% quiso mantener el peso sin cambios, situación que originó la salida de divisas de este país, hasta que vino la devaluación en 1982, la cual fue mayor al diferencial que no se quiso ajustar en su momento.

- Cuando un país ajusta su inflación **en el mismo porcentaje** que su tipo de cambio, entonces sus precios por efectos monetarios permanecen sin cambios en los mercados internacionales.

- Cuando un país ajusta su tipo de cambio en un porcentaje **menor** a su inflación, entonces sus precios en los mercados internacionales se incrementan en base a ese diferencial, por ejemplo si la inflación es el 6% anual y el tipo de cambio se ajusta el 3%, entonces los precios de todos los bienes y servicios de ese país se incrementan el 3%.

* Cuando un país ajusta su tipo de cambio en un porcentaje **mayor** a su inflación, entonces los precios de todos sus bienes y servicios se reducen en los mercados internacionales, y esta fue la estrategia que siguió China y la India, a través de 14 años, si no me creen, va a ser interesante que lean el capítulo V, que habla sobre China, Japón y la India, y analicen la hoja de cálculo en los archivos en Excel.

* Cuando un país **revalúa** su moneda (por ejemplo en estos momentos el euro), todos los bienes y servicios que se producen desde dicho país se incrementan en proporción a la re-valuación de la moneda, más la inflación que se haya generado. Un ejemplo son los países que adoptaron el euro como moneda común y es la causa del incremento del desempleo en ésta región.

* Cuando un país sufre una devaluación, el precio de sus bienes y servicios en el extranjero se reducen, y es la causa por la cual a pesar de que la devaluación quiebra a muchas empresas, su economía se empieza a recuperar paulatinamente.

Si un país ajustara la devaluación de su moneda en base a su inflación anual, los precios de sus productos y servicios en los mercados internacionales no tendrían variación, por ejemplo: si la inflación en este año fuera del 4% y ese país ajustara su tipo de cambio un 4%, entonces el precio de sus bienes y servicios que producen se mantendrían estables en los mercados internacionales, y no existirían las devaluaciones, ya que con la globalización, lo que rige son los precios internacionales, no los locales.

En base a ello podemos observar la importancia de estas dos variables: la inflación y el tipo de cambio.

Aspectos importantes en un análisis entre varios países

1) Un punto muy importante, es tener siempre un mismo punto de partida. En éste caso sería septiembre de 1971, esto debido a que a partir de esa fecha Richard Nixon abandonó el sistema de paridad fija (todos los países tenían el mismo sistema de paridad), quedando sin control a partir de esa fecha los sistemas monetarios, (ya que cada país aplica el sistema monetario que considera que es el mejor).

2) Comparar siempre contra un mismo país. En este caso tomo los Estados Unidos, ya que hasta este momento es la economía eje, y la más poderosa. En el caso de que todos los países ajustaran su tipo de cambio en base a la inflación, los Estados Unidos se encontrarían en desventaja ya que ellos siempre tienen que manejar su moneda al mismo precio (un dólar), incrementándose los precios de los bienes y servicios que producen de acuerdo a su inflación. En la forma como manejamos la tabla, todos los precios de todos los bienes y servicios de los países que se ajusten a este sistema, se incrementarían sus precios exactamente en la misma proporción a la inflación de los Estados Unidos, y por consecuencia al mismo porcentaje de incremento de los productos y servicios que se producen en los Estados Unidos. De esta forma la única desigualdad en precios se originarían por la eficiencia en la producción.

Para explicar el cálculo voy a tomar como ejemplo la tabla para comparar el franco francés contra el dólar americano, y posteriormente la moneda de la India, la rupia contra el dólar de los Estados Unidos.

TABLA PARA DETERMINAR SI A TRAVÉS DEL VALOR DE UNA MONEDA, LOS BIENES Y SERVICIOS DE UN PAÍS ESTÁN SOBREVALUADOS (CAROS) O SUBVALUADOS (BARATOS)

FRANCIA
DETERMINACIÓN DEL TIPO DE CAMBIO TÉCNICO

FECHA		ÍNDICE FRANCIA		USA	Anual	FRANCIA	USA	Factor	5.2245 Técnico	Mercado	Sobre/ (Sub) Valua- ción %
(1)		(2)	(3)	(4)	(5)	(6)	(7)	(8)	(9)	(10)	(11)
SEP	1971	19.238		41.100		100.00%	100.00%	1.000	5.2245	5.2245	0.0%
DIC	1972	20.414	6.11%	42.500	3.4%	106.11%	103.41%	1.026	5.3611	5.1157	4.8%
DIC	1973	21.919	7.37%	46.200	8.7%	113.93%	112.41%	1.014	5.2954	4.7085	12.5%
DIC	1974	24.835	13.30%	51.900	12.3%	129.09%	126.28%	1.022	5.3410	4.4445	20.2%
DIC	1975	27.752	11.74%	55.500	6.9%	144.25%	135.04%	1.068	5.5810	4.4855	24.4%
DIC	1976	30.480	9.83%	58.200	4.9%	158.43%	141.61%	1.119	5.8453	4.9698	17.6%
DIC	1977	33.302	9.26%	62.100	6.7%	173.10%	151.09%	1.146	5.9854	4.7050	27.2%
DIC	1978	36.406	9.32%	67.700	9.0%	189.24%	164.72%	1.149	6.0021	4.1800	43.6%
DIC	1979	40.263	10.59%	76.700	13.3%	209.29%	186.62%	1.121	5.8591	4.0200	45.7%
DIC	1980	45.720	13.55%	86.300	12.5%	237.65%	209.98%	1.132	5.9130	4.5160	30.9%
DIC	1981	51.834	13.37%	94.000	8.9%	269.43%	228.71%	1.178	6.1547	5.7480	7.1%
DIC	1982	58.043	11.98%	97.600	3.8%	301.70%	237.47%	1.270	6.6377	6.7250	-1.3%
DIC	1983	63.594	9.56%	101.300	3.8%	330.55%	246.47%	1.341	7.0068	8.3475	-16.1%
DIC	1984	68.391	7.54%	105.300	3.9%	355.49%	256.20%	1.388	7.2492	9.9520	-27.2%
DIC	1985	72.437	5.91%	109.300	3.8%	376.52%	265.94%	1.416	7.3970	7.5610	-2.2%
DIC	1986	74.224	2.47%	110.500	1.1%	385.81%	268.86%	1.435	7.4972	6.4550	16.1%
DIC	1987	76.670	3.30%	115.400	4.4%	398.52%	280.78%	1.419	7.4154	5.3400	38.9%
DIC	1988	78.739	2.70%	120.500	4.4%	409.28%	293.19%	1.396	7.2933	6.0590	20.4%
DIC	1989	81.562	3.58%	126.100	4.6%	423.95%	306.81%	1.382	7.2192	5.7880	24.7%
DIC	1990	84.290	3.34%	133.800	6.1%	438.13%	325.55%	1.346	7.0313	5.1290	37.1%
DIC	1991	87.018	3.24%	137.900	3.1%	452.31%	335.52%	1.348	7.0430	5.1800	36.0%
DIC	1992	89.087	2.38%	141.900	2.9%	463.07%	345.26%	1.341	7.0073	5.5070	27.2%
DIC	1993	90.875	2.01%	145.800	2.7%	472.36%	354.74%	1.332	6.9567	5.8955	18.0%
DIC	1994	92.474	1.76%	149.700	2.7%	480.67%	364.23%	1.320	6.8947	5.3460	29.0%
DIC	1995	94.073	1.73%	153.500	2.5%	488.99%	373.48%	1.309	6.8403	4.9000	39.6%
DIC	1996	95.955	2.00%	158.600	3.3%	498.77%	385.89%	1.293	6.7527	5.2370	28.9%
DIC	1997	97.084	1.18%	161.300	1.7%	504.63%	392.46%	1.286	6.7178	5.9881	12.2%
DIC	1998	97.800	0.74%	163.900	1.6%	508.36%	398.78%	1.275	6.6600	6.5596	1.5%
DIC	1999	98.300	0.51%	168.300	2.7%	510.96%	409.49%	1.248	6.5191	6.5294	-0.2%
DIC	2000	100.000	1.73%	174.000	3.4%	519.79%	423.36%	1.228	6.4146	7.0496	-9.0%
DIC	2001	101.700	1.70%	176.700	1.6%	528.63%	429.93%	1.230	6.4239	7.4431	-13.7%
DIC	2002	103.600	1.87%	180.900	2.4%	538.50%	440.15%	1.223	6.3920	6.2552	2.2%
DIC	2003	105.800	2.12%	184.300	1.9%	549.94%	448.42%	1.226	6.4073	5.1939	23.4%
DIC	2004	108.100	2.17%	190.300	3.3%	561.90%	463.02%	1.214	6.3402	4.8160	31.6%
DIC	2005	110.000	1.76%	196.800	3.4%	571.77%	478.83%	1.194	6.2386	5.5605	12.2%
DIC	2006	111.800	1.64%	201.800	2.5%	581.13%	491.00%	1.184	6.1835	4.9807	24.2%
DIC	2007	113.400	1.43%	210.036	4.1%	589.44%	511.04%	1.153	6.0261	4.8213	25.0%
DIC	2008	117.300	3.44%	210.228	0.1%	609.72%	511.50%	1.192	6.2276	4.6921	32.7%
		(9)		(10)						(11)	

Fuente: (9), (11) International Monetary Fund: International Financial Statistics; (10) Boreau of Labor Statistics, Consumer Price Index.

Esta tabla en resumen lo que hace es comparar la inflación acumulada de Francia contra la de Estados Unidos, y lo que busca es igualar el incremento de precios en ambos países a través del tipo de cambio técnico. En el caso de que el tipo de cambio técnico sea mayor al de mercado, entonces el tipo de cambio está sobre valuado, en caso contrario el tipo de cambio de Francia está subvaluado. Por ejemplo de 1999 al 2001 el franco está subvaluado con respecto al dólar, en cambio del 2002 al 2008 el Franco está sobrevaluado con relación al dólar.

Cuando está sobrevaluado significa que los precios de los bienes y servicios de Francia están más caros que los bienes y servicios de Estados Unidos, y cuándo están subvaluados significan lo contrario.

Con el fin de que sea más claro en entendimiento de la tabla vamos a tomar diciembre del 2007 en la cual la inflación acumulada de Francia es 15.3% por ciento mayor a la de Estados Unidos columna (8), entonces multiplica el tipo de cambio de Francia del año base el cual es $5.2245 por 1.153 entonces el tipo de cambio de Francia debería de ser de $6.0261, esto con el fin de que a través del tipo de cambio se nivelen los incrementos en los precios de los bienes y servicios de los productos de ambos países.

Por ejemplo la causa por la cual en Francia están en recesión y ha aumentado el desempleo se debe a la sobrevaluación de su moneda. Pero esto lo vamos a ver un poco más adelante, en este caso lo importante es que entiendan la tabla y la importancia de la misma, ya que mide el encarecimiento o abaratamiento de los productos de los países contra el dólar de los Estados Unidos, esto a partir de septiembre de 1971 por las razones que comenté en los capítulos anteriores.

Ahora vamos a analizar la tabla en cada una de sus columnas:

(1)   Nos dice la fecha

(2)   Representa el Índice General de precios al consumidor de Francia.

(3)   Representa la inflación anual de Francia y se determina dividiendo el IGPC del año actual entre el IGPC del año anterior menos 1.

(4)   Es el índice General de Precios al Consumidor de los Estados Unidos

(5)   Representa la inflación anual de los Estados Unidos.

(6)   Representa la inflación acumulada de Francia a partir de septiembre de 1971.

(7)   Representa la inflación acumulada de los Estados Unidos a partir de septiembre de 1971.

(8)   Es el factor que resulta de dividir la inflación acumulada de Francia contra la inflación acumulada de los Estados Unidos.

(9)   Es el tipo de cambio técnico el cual se calcula al multiplicar el tipo de cambio del año base, contra el factor del punto (8).

(10) Es el tipo de cambio de mercado del franco.

(11) Representa el porcentaje de sobre o subvaluación del franco contra el dólar. El semáforo lo manejo de la siguiente manera:

  a.   Es verde, desde que un país tiene subvaluación, y hasta una sobrevaluación que no rebase el 10%

  b.   Es amarillo cuándo la sobrevaluación es mayor al 10.001% y menor al 25%.

  c.   Es rojo cuando la sobrevaluación es mayor al 25%.

Ahora vamos a ver como a través de esta tabla, el valor de los bienes y servicios de ambos países se incrementarían en el mismo porcentaje de inflación que el de los Estados Unidos. Para tal efecto estoy ocultando las columnas (2) a la (5) y estoy creando las columnas (12, (13) y (14).

FRANCIA
DETERMINACIÓN DEL TIPO DE CAMBIO TÉCNICO

FECHA		FRANCIA	USA	Factor	5.2245 Técnico	Mercado	Sobre/(Sub)Valua-ción %	Inflación Francia	USA	Inflac Francia Entre TCT
(1)		(6)	(7)	(8)	(9)	(10)	(11)	(12)	(13)	(14)
DIC	1971	100.00%	100.00%	1.000	5.2245	5.2245	0.0%	5,224.50	1,000.00	1,000.00
DIC	1972	106.11%	103.41%	1.026	5.3611	5.1157	4.8%	5,543.72	1,034.06	1,034.06
DIC	1973	113.93%	112.41%	1.014	5.2954	4.7085	12.5%	5,952.47	1,124.09	1,124.09
DIC	1974	129.09%	126.28%	1.022	5.3410	4.4445	20.2%	6,744.43	1,262.77	1,262.77
DIC	1975	144.25%	135.04%	1.068	5.5810	4.4855	24.4%	7,536.39	1,350.36	1,350.36
DIC	1976	158.43%	141.61%	1.119	5.8453	4.9698	17.6%	8,277.25	1,416.06	1,416.06
DIC	1977	173.10%	151.09%	1.146	5.9854	4.7050	27.2%	9,043.67	1,510.95	1,510.95
DIC	1978	189.24%	164.72%	1.149	6.0021	4.1800	43.6%	9,886.72	1,647.20	1,647.20
DIC	1979	209.29%	186.62%	1.121	5.8591	4.0200	45.7%	10,934.15	1,866.18	1,866.18
DIC	1980	237.65%	209.98%	1.132	5.9130	4.5160	30.9%	12,415.88	2,099.76	2,099.76
DIC	1981	269.43%	228.71%	1.178	6.1547	5.7480	7.1%	14,076.44	2,287.10	2,287.10
DIC	1982	301.70%	237.47%	1.270	6.6377	6.7250	-1.3%	15,762.55	2,374.70	2,374.70
DIC	1983	330.55%	246.47%	1.341	7.0068	8.3475	-16.1%	17,269.83	2,464.72	2,464.72
DIC	1984	355.49%	256.20%	1.388	7.2492	9.9520	-27.2%	18,572.73	2,562.04	2,562.04
DIC	1985	376.52%	265.94%	1.416	7.3970	7.5610	-2.2%	19,671.25	2,659.37	2,659.37
DIC	1986	385.81%	268.86%	1.435	7.4972	6.4550	16.1%	20,156.65	2,688.56	2,688.56
DIC	1987	398.52%	280.78%	1.419	7.4154	5.3400	38.9%	20,820.87	2,807.79	2,807.79
DIC	1988	409.28%	293.19%	1.396	7.2933	6.0590	20.4%	21,382.91	2,931.87	2,931.87
DIC	1989	423.95%	306.81%	1.382	7.2192	5.7880	24.7%	22,149.32	3,068.13	3,068.13
DIC	1990	438.13%	325.55%	1.346	7.0313	5.1290	37.1%	22,890.19	3,255.47	3,255.47
DIC	1991	452.31%	335.52%	1.348	7.0430	5.1800	36.0%	23,631.05	3,355.23	3,355.23
DIC	1992	463.07%	345.26%	1.341	7.0073	5.5070	27.2%	24,193.09	3,452.55	3,452.55
DIC	1993	472.36%	354.74%	1.332	6.9567	5.8955	18.0%	24,678.48	3,547.45	3,547.45
DIC	1994	480.67%	364.23%	1.320	6.8947	5.3460	29.0%	25,112.78	3,642.34	3,642.34
DIC	1995	488.99%	373.48%	1.309	6.8403	4.9000	39.6%	25,547.08	3,734.79	3,734.79
DIC	1996	498.77%	385.89%	1.293	6.7527	5.2370	28.9%	26,058.02	3,858.88	3,858.88
DIC	1997	504.63%	392.46%	1.286	6.7178	5.9881	12.2%	26,364.59	3,924.57	3,924.57
DIC	1998	508.36%	398.78%	1.275	6.6600	6.5596	1.5%	26,559.10	3,987.83	3,987.83
DIC	1999	510.96%	409.49%	1.248	6.5191	6.5294	-0.2%	26,694.89	4,094.89	4,094.89
DIC	2000	519.79%	423.36%	1.228	6.4146	7.0496	-9.0%	27,156.55	4,233.58	4,233.58
DIC	2001	528.63%	429.93%	1.230	6.4239	7.4431	-13.7%	27,618.21	4,299.27	4,299.27
DIC	2002	538.50%	440.15%	1.223	6.3920	6.2552	2.2%	28,134.18	4,401.46	4,401.46
DIC	2003	549.94%	448.42%	1.226	6.4073	5.1939	23.4%	28,731.63	4,484.18	4,484.18
DIC	2004	561.90%	463.02%	1.214	6.3402	4.8160	31.6%	29,356.23	4,630.17	4,630.17
DIC	2005	571.77%	478.83%	1.194	6.2386	5.5605	12.2%	29,872.20	4,788.32	4,788.32
DIC	2006	581.13%	491.00%	1.184	6.1835	4.9807	24.2%	30,361.02	4,909.98	4,909.98
DIC	2007	589.44%	511.04%	1.153	6.0261	4.8213	25.0%	30,795.53	5,110.36	5,110.36
DIC	2008	609.72%	511.50%	1.192	6.2276	4.6921	32.7%	31,854.63	5,115.04	5,115.04

En esta tabla se demuestra cómo los precios de los productos de ambos países se incrementarían en la misma proporción.

Como se podrá ver estoy tomando como punto de partida 1971 en la que $1,000.00 mil dólares americanos, tienen el mismo poder adquisitivo de $5,224.50 francos Franceses.
Vamos a tomar como ejemplo 2005.

Si a $5,224.50 francos los multiplico por la inflación acumulada que ha tenido Francia, desde septiembre de 1971, entonces tenemos 5,225.50 X 571.77% (Columna 6) = 29,872.20 francos, si a su vez estos $ 29,872.20 que como vimos, ya están actualizados por la inflación, y los divido entre el tipo de cambio técnico del 2005 el cual es de $ 6.2386 entonces tendría:

29,872.20 / 6.2386 (Col 9)= $4,788.32 dólares.

Si a su vez a los $1,000.00 dólares los actualizo, multiplicando la inflación acumulada en los Estados Unidos la cual fue del 491 %(Col 7), entonces equivaldrían a $4,788.32 dólares, a valores de diciembre del 2005.

Esto lo puede hacer año con año y con esto se demuestra que, de esta forma, se eliminarían las diferencias en precios de los productos en los mercados globalizados que se generan por los diferentes métodos monetarios que utilizan los países.
Ahora vamos a ver la misma tabla pero con cifras de la India.

INDIA (RUPIA)
DETERMINACIÓN DEL TIPO DE CAMBIO TÉCNICO

FECHA		ÍNDICE INDIA		Anual USA		INDIA	USA	Factor	7.279 Técnico	Mercado	Sobre/(Sub) Valuación %
(1)		(2)	(3)	(4)	(5)	(6)	(7)	(8)	(9)	(10)	(11)
DIC	1971	8.904		41.100		100.00%	100.00%	1.000	7.2790	7.2790	0.0%
DIC	1972	9.375	5.28%	42.500	3.4%	105.28%	103.41%	1.018	7.4112	8.0900	-8.4%
DIC	1973	10.972	17.04%	46.200	8.7%	123.22%	112.41%	1.096	7.9792	8.2030	-2.7%
DIC	1974	14.097	28.48%	51.900	12.3%	158.32%	126.28%	1.254	9.1258	8.1500	12.0%
DIC	1975	14.861	5.42%	55.500	6.9%	166.90%	135.04%	1.236	8.9963	8.9370	0.7%
DIC	1976	13.750	-7.48%	58.200	4.9%	154.42%	141.61%	1.090	7.9376	8.8810	-10.6%
DIC	1977	14.861	8.08%	62.100	6.7%	166.90%	151.09%	1.105	8.0402	8.2090	-2.1%
DIC	1978	15.278	2.80%	67.700	9.0%	171.57%	164.72%	1.042	7.5819	8.1880	-7.4%
DIC	1979	16.250	6.36%	76.700	13.3%	182.49%	186.62%	0.978	7.1181	7.9070	-10.0%
DIC	1980	18.056	11.11%	86.300	12.5%	202.77%	209.98%	0.966	7.0292	7.9300	-11.4%
DIC	1981	20.417	13.08%	94.000	8.9%	229.29%	228.71%	1.003	7.2973	9.0990	-19.8%
DIC	1982	22.083	8.16%	97.600	3.8%	248.00%	237.47%	1.044	7.6019	9.6340	-21.1%
DIC	1983	24.653	11.64%	101.300	3.8%	276.86%	246.47%	1.123	8.1764	10.4930	-22.1%
DIC	1984	26.736	8.45%	105.300	3.9%	300.26%	256.20%	1.172	8.5305	12.4510	-31.5%
DIC	1985	28.194	5.45%	109.300	3.8%	316.63%	265.94%	1.191	8.6666	12.1660	-28.8%
DIC	1986	30.694	8.87%	110.500	1.1%	344.71%	268.86%	1.282	9.3326	13.1220	-28.9%
DIC	1987	33.333	8.60%	115.400	4.4%	374.35%	280.78%	1.333	9.7046	12.8770	-24.6%
DIC	1988	36.528	9.58%	120.500	4.4%	410.22%	293.19%	1.399	10.1846	14.9490	-31.9%
DIC	1989	38.750	6.08%	126.100	4.6%	435.18%	306.81%	1.418	10.3244	17.0350	-39.4%
DIC	1990	42.222	8.96%	133.800	6.1%	474.17%	325.55%	1.457	10.6021	18.0730	-41.3%
DIC	1991	48.056	13.82%	137.900	3.1%	539.68%	335.52%	1.608	11.7081	25.8340	-54.7%
DIC	1992	53.750	11.85%	141.900	2.9%	603.63%	345.26%	1.748	12.7263	26.2000	-51.4%
DIC	1993	57.153	6.33%	145.800	2.7%	641.85%	354.74%	1.809	13.1700	31.3800	-58.0%
DIC	1994	62.986	10.21%	149.700	2.7%	707.36%	364.23%	1.942	14.1361	31.3800	-55.0%

DIC	1995	69.444	10.25%	153.500	2.5%	779.89%	373.48%	2.088	15.1997	35.1800	-56.8%
DIC	1996	75.694	9.00%	158.600	3.3%	850.08%	385.89%	2.203	16.0350	35.9300	-55.4%
DIC	1997	81.111	7.16%	161.300	1.7%	910.91%	392.46%	2.321	16.8948	39.2800	-57.0%
DIC	1998	91.900	13.30%	163.900	1.6%	1032.07%	398.78%	2.588	18.8384	42.4800	-55.7%
DIC	1999	96.100	4.57%	168.300	2.7%	1079.24%	409.49%	2.636	19.1843	43.4900	-55.9%
DIC	2000	100.000	4.06%	174.000	3.4%	1123.04%	423.36%	2.653	19.3089	46.7500	-58.7%
DIC	2001	103.700	3.70%	176.700	1.6%	1164.59%	429.93%	2.709	19.7174	48.1800	-59.1%
DIC	2002	108.200	4.34%	180.900	2.4%	1215.12%	440.15%	2.761	20.0954	48.0300	-58.2%
DIC	2003	112.400	3.88%	184.300	1.9%	1262.29%	448.42%	2.815	20.4903	45.6050	-55.1%
DIC	2004	116.600	3.74%	190.300	3.3%	1309.46%	463.02%	2.828	20.5857	43.5850	-52.8%
DIC	2005	121.5000	4.20%	196.800	3.4%	1364.49%	478.83%	2.850	20.7424	45.0650	-54.0%
DIC	2006	128.6000	5.84%	201.800	2.5%	1444.22%	491.00%	2.941	21.4105	44.2450	-51.6%
DIC	2007	136.8000	6.38%	210.036	4.1%	1536.31%	511.04%	3.006	21.8826	49.4150	-55.7%
DIC	2008	148.5000	8.55%	210.228	0.1%	1667.71%	511.50%	3.260	23.7325	48.8800	-51.4%
	(15)		(16)							(17)	

Fuente (15) y (17) International Monetary Fund. International Financial Statistics; (16) Boreau of Labor Statistics, Consumer Price Index.

Como pueden ver, la razón por la cual la India está creciendo y Francia está en recesión se debe a la sobrevaluación de la moneda de Francia y a la subvaluación de la moneda de la India, la rupia.

Ahora vamos a ocultar las columnas (2) a la (5) y vamos a adicionar la columna (12), (13) y (14) para verificar que a través del tipo de cambio técnico se igualarían los precios de los productos (en los mercados internacionales) por efecto del tipo de cambio.

INDIA (RUPIA)
DETERMINACIÓN DEL TIPO DE CAMBIO TÉCNICO

FECHA	INDIA	USA	Factor	7.279 Técnico	Mercado	Sobre/ (Sub) Valua- ción %	Rupia Precios Constantes	Rupia entre T.C. Técnico	Dlls Precios Constantes
(1)	(6)	(7)	(8)	(9)	(10)	(11)	(12)	(13)	(14)
DIC 1971	100.00%	100.00%	1.000	7.2790	7.2790	0.0%	7,279.00	1,000.00	1,000.00
DIC 1972	105.28%	103.41%	1.018	7.4112	8.0900	-8.4%	7,663.66	1,034.06	1,034.06
DIC 1973	123.22%	112.41%	1.096	7.9792	8.2030	-2.7%	8,969.32	1,124.09	1,124.09
DIC 1974	158.32%	126.28%	1.254	9.1258	8.1500	12.0%	11,523.88	1,262.77	1,262.77
DIC 1975	166.90%	135.04%	1.236	8.9963	8.9370	0.7%	12,148.32	1,350.36	1,350.36
DIC 1976	154.42%	141.61%	1.090	7.9376	8.8810	-10.6%	11,240.04	1,416.06	1,416.06
DIC 1977	166.90%	151.09%	1.105	8.0402	8.2090	-2.1%	12,148.32	1,510.95	1,510.95
DIC 1978	171.57%	164.72%	1.042	7.5819	8.1880	-7.4%	12,488.93	1,647.20	1,647.20
DIC 1979	182.49%	186.62%	0.978	7.1181	7.9070	-10.0%	13,283.68	1,866.18	1,866.18
DIC 1980	202.77%	209.98%	0.966	7.0292	7.9300	-11.4%	14,759.65	2,099.76	2,099.76
DIC 1981	229.29%	228.71%	1.003	7.2973	9.0990	-19.8%	16,689.75	2,287.10	2,287.10
DIC 1982	248.00%	237.47%	1.044	7.6019	9.6340	-21.1%	18,052.18	2,374.70	2,374.70
DIC 1983	276.86%	246.47%	1.123	8.1764	10.4930	-22.1%	20,152.59	2,464.72	2,464.72
DIC 1984	300.26%	256.20%	1.172	8.5305	12.4510	-31.5%	21,855.63	2,562.04	2,562.04
DIC 1985	316.63%	265.94%	1.191	8.6666	12.1660	-28.8%	23,047.76	2,659.37	2,659.37
DIC 1986	344.71%	268.86%	1.282	9.3326	13.1220	-28.9%	25,091.40	2,688.56	2,688.56
DIC 1987	374.35%	280.78%	1.333	9.7046	12.8770	-24.6%	27,248.58	2,807.79	2,807.79
DIC 1988	410.22%	293.19%	1.399	10.1846	14.9490	-31.9%	29,859.90	2,931.87	2,931.87
DIC 1989	435.18%	306.81%	1.418	10.3244	17.0350	-39.4%	31,676.47	3,068.13	3,068.13

DIC	1990	474.17%	325.55%	1.457	10.6021	18.0730	-41.3%	34,514.87	3,255.47	3,255.47
DIC	1991	539.68%	335.52%	1.608	11.7081	25.8340	-54.7%	39,283.37	3,355.23	3,355.23
DIC	1992	603.63%	345.26%	1.748	12.7263	26.2000	-51.4%	43,938.33	3,452.55	3,452.55
DIC	1993	641.85%	354.74%	1.809	13.1700	31.3800	-58.0%	46,719.96	3,547.45	3,547.45
DIC	1994	707.36%	364.23%	1.942	14.1361	31.3800	-55.0%	51,488.46	3,642.34	3,642.34
DIC	1995	779.89%	373.48%	2.088	15.1997	35.1800	-56.8%	56,767.87	3,734.79	3,734.79
DIC	1996	850.08%	385.89%	2.203	16.0350	35.9300	-55.4%	61,876.98	3,858.88	3,858.88
DIC	1997	910.91%	392.46%	2.321	16.8948	39.2800	-57.0%	66,304.87	3,924.57	3,924.57
DIC	1998	1032.07%	398.78%	2.588	18.8384	42.4800	-55.7%	75,124.33	3,987.83	3,987.83
DIC	1999	1079.24%	409.49%	2.636	19.1843	43.4900	-55.9%	78,557.65	4,094.89	4,094.89
DIC	2000	1123.04%	423.36%	2.653	19.3089	46.7500	-58.7%	81,745.73	4,233.58	4,233.58
DIC	2001	1164.59%	429.93%	2.709	19.7174	48.1800	-59.1%	84,770.33	4,299.27	4,299.27
DIC	2002	1215.12%	440.15%	2.761	20.0954	48.0300	-58.2%	88,448.88	4,401.46	4,401.46
DIC	2003	1262.29%	448.42%	2.815	20.4903	45.6050	-55.1%	91,882.21	4,484.18	4,484.18
DIC	2004	1309.46%	463.02%	2.828	20.5857	43.5850	-52.8%	95,315.53	4,630.17	4,630.17
DIC	2005	1364.49%	478.83%	2.850	20.7424	45.0650	-54.0%	99,321.07	4,788.32	4,788.32
DIC	2006	1444.22%	491.00%	2.941	21.4105	44.2450	-51.6%	105,125.01	4,909.98	4,909.98
DIC	2007	1536.31%	511.04%	3.006	21.8826	49.4150	-55.7%	111,828.16	5,110.36	5,110.36
DIC	2008	1667.71%	511.50%	3.260	23.7325	48.8800	-51.4%	121,392.42	5,115.04	5,115.04

TABLAS COMPARATIVAS SOBRE LA SUBVALUACIÓN O SOBRE VALUACIÓN DE LAS MONEDAS DE LOS 40 PAÍSES DE 1971 A 2008.

En los archivos en Excel usted podrá consultar tres cuadros resúmenes por continente sobre la sobrevaluación o subvaluación de los 40 países cuyas cifras se presentan en este libro, y en el mismo podrá ver en base a los colores los ciclos económicos que se presentan debido a la sobre o sub valuación de las monedas en la cual se puede apreciar cómo van cambiando de verde, a amarillo, y a rojo y cuando permanece en ese color durante aproximadamente 10 años se tiene que ajustar las monedas a través de una devaluación.

En los tres cuadros pongo como referencia los Estados Unidos, China y la India y en la parte de abajo línea 44 de Excel un renglón que dice T.C. el cual se refiere al tipo de cambio que debería de tener la moneda mexicana (el peso) para que estuviera sobre o sub valuada en el porcentaje que muestran los 40 países al 31 de diciembre del 2008, por ejemplo: Si la moneda mexicana estuviera sub valuada él:

- - 61% como China, en tipo de cambio sería de $39.70, entonces un producto cuyo costo en México fuera de $1,000 en los mercados externos tendría un valor de $25.19 dólares

- -51.4% de la India su tipo de cambio sería de $31.90 y en el extranjero su valor sería de $ 31.35 dólares

- 32.7% Francia, su tipo de cambio sería de $ 11.78 y su valor en el extranjero de $85.61 dólares

- 88.7% España, si tipo de cambio sería de $8.21 y su valor en el extranjero de $ 121.80 dólares.

A su vez ustedes podrán observar cómo los países que están en rojo actualmente tienen graves problemas de desempleo.

¿Cuál sería la solución para que el comercio en los mercados globalizados se realice de una manera justa, sin la influencia de las diferencias que genera el tipo de cambio?

Como ya lo comentamos, si cada país ajustara su tipo de cambio en base al incremento de su inflación, sus productos en los mercados internacionales no tendrían variación, desafortunadamente hasta el momento, los gobiernos no se han dado cuenta de ello, y por mantener una moneda fuerte, elevan los precios de los bienes y servicios que se producen en su país.

Vamos a analizar el caso de Francia:

En 1971 $5,224.50 francos equivalían a $1,000.00 dólares y su tipo de cambio era de $5.2245.

Sin embargo en diciembre del 2008 y debido a que su inflación acumulada fue del 609.72%, entonces el precio de sus productos se elevó de $5,224.50 a $31,854.72 Francos.

Por el contrario, los productos norteamericanos se elevaron de precio, por efecto de la inflación acumulada en los Estados Unidos de $1,000.00 dólares a $5,115.04.

Sin embargo a pesar del diferencial de inflaciones si dividimos los $31,843.72 francos de diciembre del 2008 entre el tipo de cambio técnico, el cual es de $6,2276 nos daría los $ 5,115.04 dólares

En base a esto yo propongo que los tipos de cambio de todos los países se ajusten en base al diferencial de inflaciones que vaya teniendo entre cada país, contra la inflación de los Estados Unidos, tal y como lo propongo en las tablas mostradas de Francia y la India, y así en Francia su tipo de cambio que debería de manejar sería de $ 6.2276 en lugar de los $4.6921. De esa forma los precios de los productos de todos los países se incrementarían en la misma proporción, al aumento de los bienes y servicios de los Estados Unidos.

Por último, les comento cómo determiné el tipo de cambio de mercado de Francia, ya que lo que se publica es el valor del euro.

Cuando Francia optó por apegarse al euro el 31 de diciembre de 1998, se estableció un tipo de cambio de $6.5596 francos por cada euro.

Ahora bien:

*Si el tipo de cambio del euro con relación al dólar al 31 de diciembre del 2008 fue de 0.7153, entonces $6.5596 X 0.7153 = **$4.6921 francos por dólar al 31 de diciembre del 2008.***

Conclusiones

Como se puede comprobar en este capítulo, las devaluaciones se producen debido a que los países por querer mantener una moneda estable y para reducir la inflación, no permiten que las monedas se ajusten o devalúen con relación a la inflación, situación que produce un encarecimiento de todos los bienes y servicios que un país produce, situación que genera que salgan más divisas al país, de las que logran entrar, debido a que los bienes y servicios extranjeros están más baratos, esto a su vez origina que se acaben las divisas de un país, y al ocurrir esto viene una devaluación.

Un ejemplo de esto son las épocas en las cuales al estar nuestro peso sobre valuado lo extranjero es muy barato razón por la cual a los habitantes del país que se sobre valúa, le sale más barato comprar y viajar al extranjero que a su país, también es la razón por la cual el Real Madrid está pagando cantidades estratosféricas por los jugadores que está contratando dentro de ellos a Cristiano Ronaldo por el cual pagaron 94 millones de euros y por Kaká 65 millones de euros.

Ocurre lo mismo en la naturaleza con los temblores, ya que estos se producen cuando dos capas de tierra que están en movimiento se ajustan a través de un temblor, si estos ajustes se van realizando en forma constante no hay peligro ya que únicamente se van a tener pequeños temblores, pero cuando no se ajustan y se concentra demasiada energía contenida, cuando se libera produce un gran terremoto, que son los que destruyen poblaciones enteras.

Ahora bien, volviendo a los ciclos económicos les puedo decir que a través de muchos años, de vivir varios ciclos económicos y del aprendizaje a través de experiencias valiosas a través de mi vida, en la cual me ha tocado analizar la información de una infinidad de empresas de diferentes países, y en diferentes monedas, he observado que a partir de septiembre de 1971, las grandes devaluaciones y los ciclos económicos de los países se han originado por efectos monetarios que se originaron por el inadecuado manejo de las políticas monetarias que cada país ha utilizado a través de estos casi 40 años.

Alguna vez escuché que la economía se comporta de la misma manera como se comportan las leyes de la hidráulica (agua), por eso se habla en economía de liquidez, de flujos, etc. entonces de acuerdo a ello vamos a suponer que el agua y las divisas son lo mismo, entonces hablando metafóricamente, el agua o las divisas que cada país genera las almacena en un gran tinacos el cual en este caso son las reservas de los Bancos Centrales de cada país.

Flujos   *Liquidez*

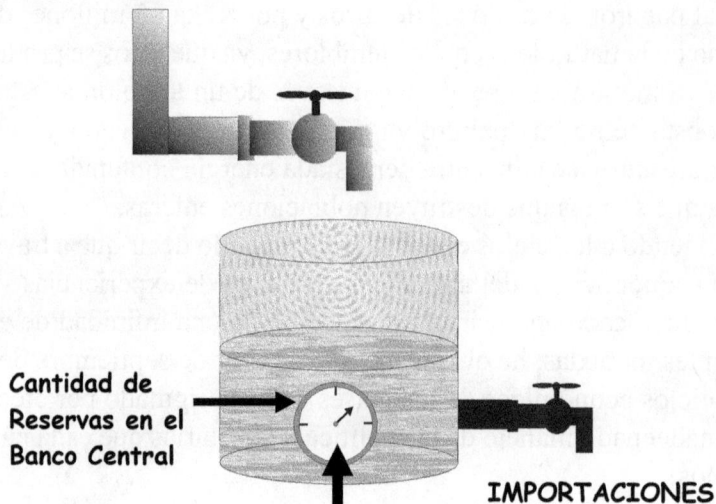

EXPORTACIONES

Cantidad de
Reservas en el
Banco Central

IMPORTACIONES

Medidor (Tabla) para medir la sobre o (sub)valuación con relación a los Estados Unidos

De acuerdo con esto, las exportaciones son las entradas de agua para ir llenando el tinaco, las importaciones son las salidas de agua, a través de las cuales sale el agua de mi tinaco.

Situación Actual del mundo

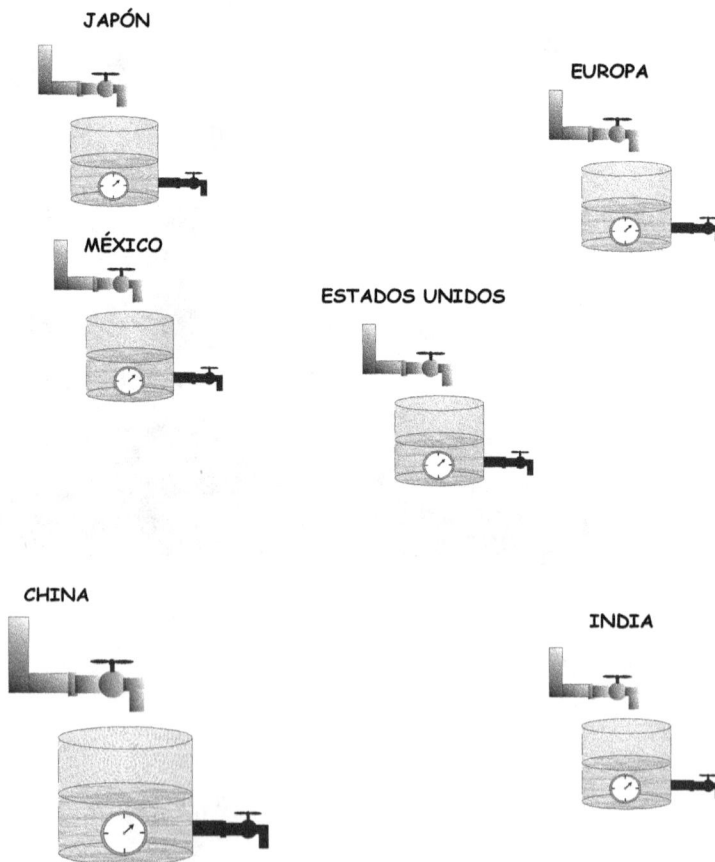

JAPÓN

EUROPA

MÉXICO

ESTADOS UNIDOS

CHINA

INDIA

El medidor o la tabla de sobre o (sub) valuación, mide el nivel o altura en la que se encuentra cada tinaco con relación a la economía eje (Los Estados Unidos), entonces, como todos los tinacos están interconectados, gracias a la globalización, por efecto de la fuerza de gravedad, el agua se va a ir en forma natural hacia los tinacos que están en un nivel inferior como es el caso de China y la India.

La diferencia por la cual se va más agua hacia China que a la India, a pesar de que los dos están al mismo nivel, ya que la subvaluación de la moneda China es del (57.9%) y la de la India del (51.4%), se debe a que China "**amplió su tinaco**" construyendo carreteras, vías férreas, ciudades industriales, aeropuertos, puertos, y abriéndose más a la inversión extranjera que la India.

Así de sencillo es entender lo que está pasando en este mundo globalizado.

Solución

China Japón Alemania México U.S.A   India Francia Corea España

Única solución que visualizo para solucionar esta crisis mundial:

Establecer reglas para que se tenga control en los precios de los productos y servicios de los países, a través de un estricto control en el manejo del tipo de cambio, el cual deben de ajustarse en base al diferencial de inflaciones entre cada uno de los países con la inflación del país eje, en este momento los Estados Unidos, tal y como se determina a través de las tablas que presento por cada país, de tal forma que las variaciones en los precios de los productos y servicios dependan únicamente de la eficiencia en la producción, de la calidad de los productos, del control de los costos y de las características propias de los mismos, y no del manejo del tipo de cambio.

Una gran ventaja es que dentro de la Organización Mundial del Comercio OMC) la mayoría de los países dentro de ellos los económicamente más poderosos están sobrevaluados, y dentro de las reglas se podía establecer desde el inicio que los países que tuvieran una subvaluación mayor al 25% tendrían que ajustar su tipo de cambio en forma inmediata, y en caso de no hacerlo quedarían fuera de la OMC, los diferenciales de los demás países se podrían ir ajustando en forma gradual en un periodo máximo de cinco años.

Archivos en Excel

Como complemento a este libro se incluye la parte que considero es la más valiosa, ya que son las cifras de los 40 países analizados en este libro en valores nominales y reales.

Cómo acceder en forma rápida

Dentro de Excel busque el archivo llamado "**MUNDO @ 08**" y al momento de marcarlo va a aparecer un mapamundi con 40 botones en azul claro con el nombre de los países, con el fin de que usted seleccione el que quiera analizar, de tal forma que al marcar con el Mouse el botón lo lleve a los datos del país seleccionado.

Lo primero que va a aparecer va a ser un resumen con los datos a valores reales con poder adquisitivo del 31 de diciembre del 2008, por los ejercicios de 1971 a diciembre del 2008. Los datos mostrados son los siguientes:

- Año.
- Crecimiento del PIB.
- Ingreso per cápita en dólares.
- Tasa de desempleo.
- Porcentaje de crecimiento de la población acumulada partiendo de 1971.
- Porcentaje de inflación anual.

- Reservas en dólares.
- Sobre o subvaluación de la moneda del país que corresponda.
- Balanza comercial.
- Saldo en cuenta corriente.

Estos datos provienen de cifras a valores reales los cuales se encuentran a la derecha de la hoja. Para que sea más claro vamos a tomar como ejemplo el archivo de Alemania:

De la columna "B" a la "K" aparece el cuadro resumen con cifras a valores reales.

De la columna "V" a la "Z" aparecen los datos a valores nominales de las reservas internacionales, la balanza comercial y el saldo en cuenta corriente en un campo en color amarillo.

De la columna "AB" a la "AN" aparece la determinación del PIB y del ingreso per cápita el cual voy a explicar.

En los informes financieros aparece el PIB de cada país en billones de marcos valuados a valores de 1991.

A partir de 1991 aparece el PIB en billones de marcos pero valuados a marcos de 1995, entonces las cifras de 1972 a 1991, las actualizo a marcos de 1995 con el fin de que sean comparables a esa fecha.

En enero de 1999, algunos países europeos inician con euros, por lo que a partir de ahí el PIB se maneja en euros, entonces convierto los marcos anteriores, entre el valor que se le dio al marco con relación al euro el cual fue de $2.1019305, entonces divido los marcos entre este importe con el fin de convertir todas las cifras a euros.

El PIB de los años siguientes aparecen a valores del 2000, razón por la cual actualizo en base a la inflación de ese periodo los euros a valores del 31 de diciembre del 2008.

Esos valores los divido entre el tipo de cambio del euro con el dólar al 31 de diciembre y entonces obtengo su PIB en dólares a valores del 31 de diciembre del 2008.

De acuerdo a estos valores determino el porcentaje de crecimiento por año con el fin de obtener el porcentaje de incremento o decremento del PIB columna "AJ".

El PIB columna "AI" en dólares del 31 de diciembre entre la población en cada uno de los años columna "AK" se obtiene el ingreso per cápita.

Por otra parte se determina el porcentaje de crecimiento de la población a partir de 1972, ya que no obtuve el de 1971

.En las columnas "AO" a "AT" (en azul claro), se calculan los datos de las reservas, la balanza comercial y la cuenta corriente a valores reales, los cuales son los que se presentan en el cuadro resumen.

Hoja Cálculo

En la hoja llamada calculo, aparece la determinación de la sobre o sub valuación del país analizado, a través de la mecánica explicada en éste Capítulo.

En las demás hojas se muestran las siguientes gráficas:

- Gráfica de sobre o sub valuación
- Balanza comercial
- Saldo en cuenta corriente
- Reservas internacionales en dólares
- PIB
- Crecimiento de la población
- Tipo de cambio

CAPÍTULO IV

La crisis en los Estados Unidos, México y América Latina

Los Estados Unidos

Forman parte de este país 48 estados, más Alaska y Hawái. De ellos dependen en forma variada: Puerto Rico (estado asociado), las Islas Vírgenes, la Bahía de Guantánamo (Cuba), Las Islas de Samoa Oriental, las Marianas, las Palao, el archipiélago de Midway, los Estados Federados de Micronesia, y varias islas pequeñas dominadas para fines estratégicos.

Estados Unidos es hasta hoy el país más poderoso del mundo, tiene grandes recursos naturales, sistemas de producción de primer orden, tiene la más avanzada tecnología en cuanto a sistemas de información, y comunicación, cuenta con la mejor infraestructura en vías de comunicación, plantas industriales, los mejores sabios, así como personal altamente calificado. Dentro de los estudios sobre competitividad, durante varios años ha sido el número uno, sin embargo actualmente está enfrentando una grave crisis económica, y de ser un país que contaba con las más grandes reservas de oro después de la segunda guerra mundial, los gastos por la guerra fría y la carrera espacial acabaron por agotarlas, situación que los obligó a reconocer en agosto de 1971, que no contaban con los recursos necesarios para garantizar los dólares en circulación, y condenaron a muerte al patrón oro, el cual era inoperante, sin embargo lo grave es que no establecieron reglas para regular el comercio mundial como ya lo he comentado.

A pesar de su importante contribución en los sistemas de información y comunicación para facilitar la globalización, sus productos están quedando fuera de mercado, y sus empresas que hasta hace poco eran las más grandes del mundo como la General Motors, están siendo declaradas en quiebras técnicas, ya que no pueden competir en precio contra los productos elaborados en China, la India y Chile, esto debido a que desconocen los aspectos básicos que deben de predominar para permitir un intercambio justo de bienes y servicios entre países que tienen diferentes inflaciones, y así su deuda externa se incrementa día con día, al igual que su déficit en su balanza comercial y en cuenta corriente, las cuales ya rebasan los setecientos mil millones de dólares anuales.

Sin embargo, el factor que mejor refleja la falta de competitividad en el precio de sus productos, es el relacionado con el desempleo, ya que muchas de sus empresas están cerrando ante la imposibilidad de competir ante los productos elaborados en países que pueden manejar precios más bajos gracias al tipo de cambio, y así tenemos que: ***"Las cifras oficiales en Estados Unidos señalan que de enero de 2008 a marzo de 2009 se perdieron cinco millones 133 mil empleos, la mayor cantidad después del periodo comprendido entre marzo de 1945 y septiembre de ese mismo año, cuando fueron eliminadas tres millones 403 mil plazas laborales a consecuencia del término de la segunda guerra mundial".[9]***

---

[9] Eleazar Rodríguez El Financiero 8 de abril del 2009.

Si no tuvieran la facilidad de emitir billetes reconocidos en el ámbito mundial, y tener un poder de compra tan importante, su situación sería más grave, ya que desde hace muchos años, están gastando más de lo que generan.

¿Qué es lo que está pasando?

El verdadero problema es que los expertos y gobernantes de la mayoría de los países, aún **no** logran visualizar la economía en forma integral:

a)   Sus causas (Medición a través del tiempo, de los efectos monetarios de las diferentes políticas monetarias que se están aplicando en el mundo. Campo de financieros y contadores en la rama Internacional).

b)   Sus efectos (En las variables económicas y en la rentabilidad, competitividad y variaciones en el patrimonio de las empresas, campo de economistas y financieros).

Y esa es la razón por la cual los economistas y expertos no están logrando conocer a fondo, las verdaderas causas de esta crisis económica que tiene al mundo contemporáneo en jaque.

Por otra parte los analistas que evalúan los resultados de las empresas en la rama internacional, únicamente están contemplando un panorama de dos o máximo cinco años, pero no desde el origen, en donde se generó la crisis, que fue el mes de septiembre de 1971.

Y así podemos ver que cada día son mayores:

•   Los déficit y el desempleo de los Estados Unidos y de las potencias económicas.

•   Y también cada día son mayores los incrementos en sus reservas internacionales y en el ingreso per cápita de las economías que devaluaron sus monedas en mayor proporción a su inflación, con el objetivo de abaratar sus productos en los mercados internacionales.

En la siguiente gráfica podrán ustedes observar los déficits de los Estados Unidos.

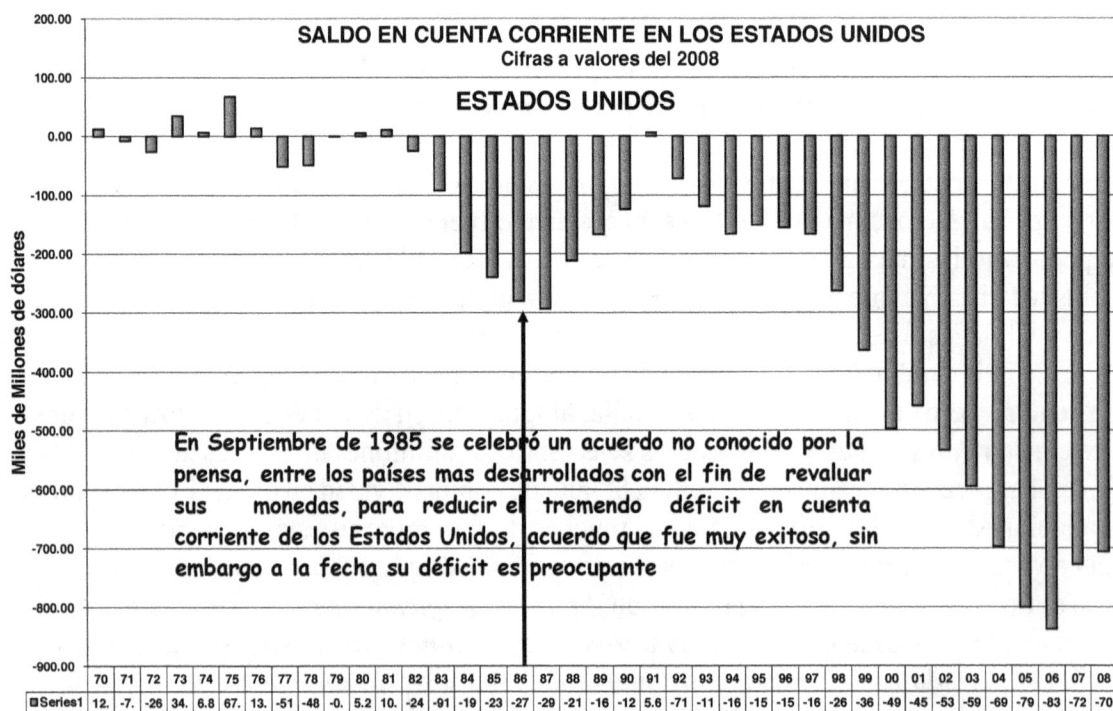

	70	71	72	73	74	75	76	77	78	79	80	81	82	83	84	85	86	87	88	89	90	91	92	93	94	95	96	97	98	99	00	01	02	03	04	05	06	07	08
Series1	12.	-7.	-26	34.	6.8	67.	13.	-51	-48	-0.	5.2	10.	-24	-91	-19	-23	-27	-29	-21	-16	-12	5.6	-71	-11	-16	-15	-15	-16	-26	-36	-49	-45	-53	-59	-69	-79	-83	-72	-70

Fuente: International Monetary Fund, International Financial Statistics

En cifras desde Eisenhower:

SALDO EN CUENTA CORRIENTE DE LOS ESTADOS UNIDOS

Cifras en miles de millones de dólares

Año	Cifras Históricas	INPC USA	Factor Ajuste	Cifras a Dic. 2008		Acumulado por Presidente
60	2,830	29.800	7.0546	19,965	Eisenhower	19,965
61	3,830	30.000	7.0076	26,839	Kennedy	
62	3,380	30.400	6.9154	23,374	Kennedy	
63	4,410	30.900	6.8035	30,003	Kennedy	80,217
64	6,810	31.200	6.7381	45,886	Johnson	
65	5,410	31.800	6.6109	35,765	Johnson	
66	3,030	32.900	6.3899	19,361	Johnson	
67	2,590	33.900	6.2014	16,062	Johnson	
68	590	35.500	5.9219	3,494	Johnson	
69	420	37.700	5.5763	2,342	Johnson	122,911
70	2,330	39.800	5.2821	12,307	Nixon	
71	-1,450	41.100	5.1150	-7,417	Nixon	
72	-5,260	42.500	4.9465	-26,019	Nixon	
73	7,580	46.200	4.5504	34,492	Nixon	13,364
74	1,700	51.900	4.0506	6,886	Ford	
75	17,880	55.500	3.7879	67,728	Ford	
76	3,840	58.200	3.6122	13,871	Ford	
77	-15,100	62.100	3.3853	-51,118	Ford	37,366
78	-15,770	67.700	3.1053	-48,970	Carter	
79	-130	76.700	2.7409	-356	Carter	
80	2,150	86.300	2.4360	5,237	Carter	-44,089
81	4,840	94.000	2.2365	10,825	Reagan	
82	-11,600	97.600	2.1540	-24,986	Reagan	
83	-44,220	101.300	2.0753	-91,770	Reagan	
84	-99,010	105.300	1.9965	-197,670	Reagan	
85	-124,470	109.300	1.9234	-239,406	Reagan Apoyo de los 7 grandes	
86	-147,170	110.500	1.9025	-279,993	Reagan	
87	-160,650	115.400	1.8217	-292,661	Reagan	
88	-121,250	120.500	1.7446	-211,536	Reagan	-1,327,199
89	-99,500	126.100	1.6672	-165,882	Bush	
90	-78,960	133.800	1.5712	-124,063	Bush	
91	3,690	137.900	1.5245	5,625	Bush	
92	-48,480	141.900	1.4815	-71,824	Bush	-356,143
93	-82,480	145.800	1.4419	-118,927	Clinton	
94	-118,200	149.700	1.4043	-165,992	Clinton	
95	-109,890	153.500	1.3696	-150,501	Clinton	
96	117,160	158.600	1.3255	155,298	Clinton	
97	-127,680	161.300	1.3033	-166,410	Clinton	
98	-204,660	163.900	1.2827	-262,509	Clinton	
99	290,870	168.300	1.2491	363,333	Clinton	
00	-411,460	174.000	1.2082	-497,129	Clinton	-842,836
01	-384,700	176.700	1.1897	-457,695	Bush	
02	-461,280	180.100	1.1673	-538,445	Bush	
03	-523400	183.702	1.1444	-598,977	Bush	
04	-624,990	190.300	1.1047	-690,438	Bush	
05	-728,990	196.800	1.0682	-778,730	Bush	
06	-788,110	201.800	1.0418	-821,025	Bush	
07	-731,210	210.036	1.0009	-731,878	Bush	
08	-706,000	210.228	1.0000	-800,000	Bush	-5,417,189

Fuente: International Monetary Fund, International Financial Statistics

Como se puede ver, el incremento en su déficit en cuenta corriente, es demasiado elevado, mientras que China y la India incrementan día con día sus reservas internacionales.

Ahora vamos a ver el incremento de las reservas internacionales de China.

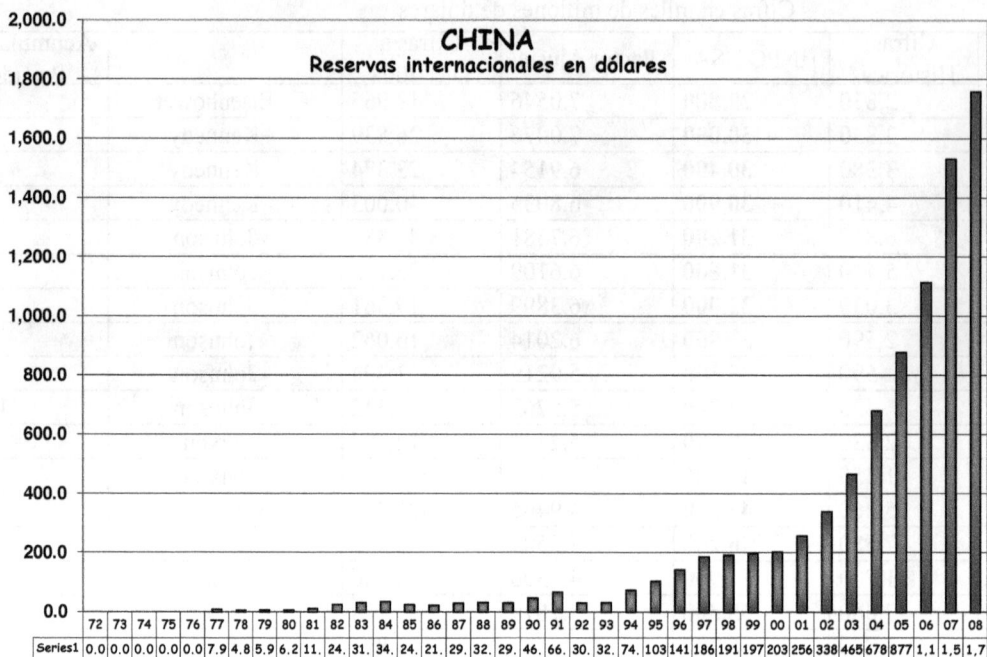

CHINA
Reservas internacionales en dólares

	72	73	74	75	76	77	78	79	80	81	82	83	84	85	86	87	88	89	90	91	92	93	94	95	96	97	98	99	00	01	02	03	04	05	06	07	08
Series1	0.0	0.0	0.0	0.0	0.0	0.0	7.9	4.8	5.9	6.2	11.	24.	31.	34.	24.	21.	29.	32.	29.	46.	66.	30.	32.	74.	103	141	186	191	197	203	256	338	465	678	877	1,1	1,5	1,7

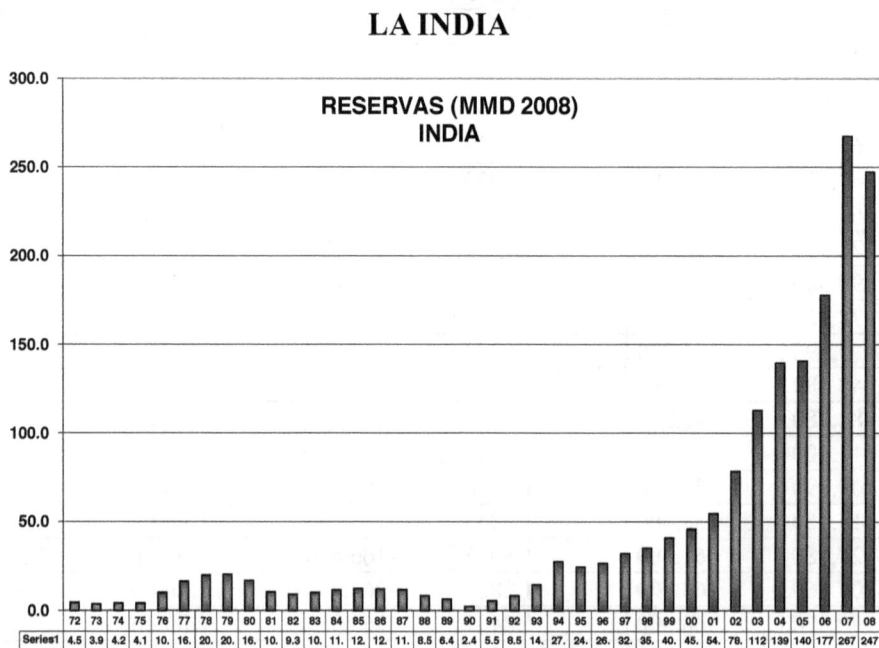

Fuente: International Monetary Fund, International Financial Statistics

Y de la India:

LA INDIA

RESERVAS (MMD 2008)
INDIA

	72	73	74	75	76	77	78	79	80	81	82	83	84	85	86	87	88	89	90	91	92	93	94	95	96	97	98	99	00	01	02	03	04	05	06	07	08
Series1	4.5	3.9	4.2	4.1	10.	16.	20.	20.	16.	10.	9.3	10.	11.	12.	12.	11.	8.5	6.4	2.4	5.5	8.5	14.	27.	24.	26.	32.	35.	40.	45.	54.	78.	112	139	140	177	267	247

Fuente: International Monetary Fund, International Financial Statistics

Como se puede ver en la gráfica sobre el déficit de los Estados Unidos, éstos se incrementaron en forma importante durante el último año de Clinton y durante el periodo de Bush. La forma como los Estados Unidos cubren los mismos "**no**" es a través de préstamos a diferentes países, sino que lo solucionan incrementando los dólares en circulación. Sin embargo, si esos dólares se quedaran en los Estados Unidos, se generaría una hiperinflación, lo cual lo han solucionado a través de la reducción en las tasas de interés, las cuales llegaron a ser del 0%, con esto los inversionistas en lugar de invertir en los bancos norteamericanos, invirtieron fuera de los Estados Unidos en diferentes instrumentos, siendo el más atractivo el invertir en las Bolsas de Valores. Esto a su vez originó, que el crecimiento de las Bolsas en el mundo llegaran a índices récords, desafortunadamente ese crecimiento no estaba soportado por un crecimiento en la producción, ni en la rentabilidad de las empresas, sino por el exceso de dinero en circulación; por otra parte, las reservas internacionales de la mayoría de los países llegaron a montos históricos, situación que se generó por el exceso de dólares.

Al disminuirse las tasas de interés, los bancos norteamericanos perdieron la posibilidad de captar inversiones y entonces para sobrevivir, se enfocaron al financiamiento de bienes inmuebles los que empezaron a tener gran demanda por dos razones:

1. Por la baja en las tasas de interés.

2. Por el crecimiento en la economía de los Estados Unidos a principios del año 2000. Como paréntesis les comentaré que la razón de ese crecimiento se debió a las negociaciones de Ronald Reagan, el cual al ver que los déficits de los Estados Unidos se estaban incrementando en forma importante, solicitó a través de una serie de juntas en secreto, el apoyo de las 7 grandes. Como Reagan era buen negociador y tenía mucho carisma, logró que los principales países revaluaran sus monedas ante el dólar, situación que se empezó a reflejar gradualmente en la disminución de los déficits de los Estados Unidos, y en el crecimiento del país en los 15 años siguientes. Esto lo pueden observar analizando las cifras de los siete grandes (Canadá, Francia, Alemania, Italia, Inglaterra, y Japón), así como todos los países europeos a partir de 1985.

Volviendo a los bancos de Estados Unidos, les puedo decir que no podían captar mucho dinero de los inversionistas por las razones comentadas en los párrafos anteriores, entonces buscaron autofinanciar los préstamos de inmuebles a través de una especie de emisión de obligaciones realizados a través de unos instrumentos llamados la hipoteca sub-prime.

Cuándo la economía de los Estados Unidos empezó a decaer, gracias a la quiebra de sus empresas ante los productos chinos, entonces muchas personas se quedaron sin empleo, y se vieron imposibilitadas de pagar sus préstamos.

En todos los casos de errores de los gobiernos, a los que siempre les echan la culpa es a los bancos, y este caso no es la excepción, pero desde mi punto de vista, el problema fue principalmente generado por el gobierno de los Estados Unidos, y por los genios financieros como Alan Greenspan, quien fue el iniciador de la reducción de las tasas de intereses y el incremento de los dólares en circulación, para cubrir sus altos déficits.

Esta crisis bancaria se inicia a mediados del 2007, debido al aumento de hipotecas en un 93% con relación al año anterior, con esto muchos dejaron de liquidar sus hipotecas ya que no tenían con que pagar, y otros devolvieron sus casas al banco, ya que su valor real era menor a lo que tenían que cubrir; cientos de empresas constructoras vieron desaparecer a sus clientes y se encontraron con fraccionamientos completos que nadie quería, por consecuencia también empezaron a quebrar constructoras, en ese año a su vez, los clientes del banco Británico Northern Rock retiran su dinero, así también en octubre Citigroup anuncia fuertes pérdidas y renuncia su presidente.

Con esto la Reserva Federal de Estados Unidos en lugar de reducir su déficit en la cuenta corriente, empezó a aumentar los intereses, situación que se reflejó directamente en la inflación, ya que en 2007 la inflación de Estados Unidos fue del 4.1%, y al mes de septiembre del 2008 era del 4.2% (inflación mayor a la de México).

Y gracias a la reducción en las tasas de interés, lograron reducir su inflación acumulada al mes de diciembre hasta el 0.01%:

ESTADOS UNIDOS

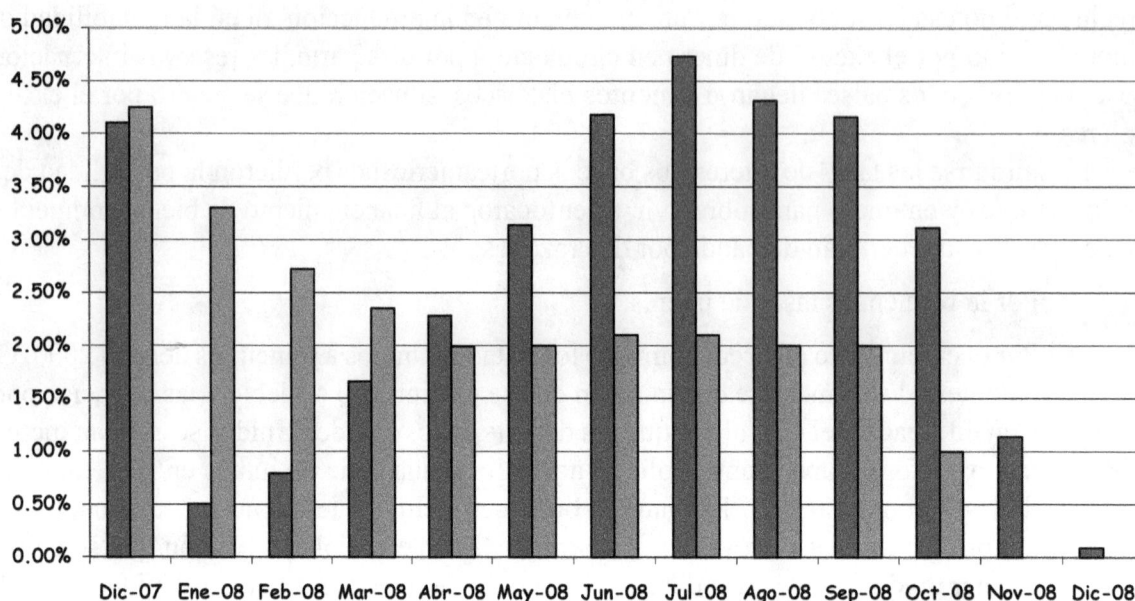

	Dic-07	Ene-08	Feb-08	Mar-08	Abr-08	May-08	Jun-08	Jul-08	Ago-08	Sep-08	Oct-08	Nov-08	Dic-08
■Inflac.acum	4.10%	0.50%	0.79%	1.66%	2.28%	3.14%	4.18%	4.73%	4.31%	4.16%	3.11%	1.14%	0.09%
▣Tasa interes	4.25%	3.30%	2.72%	2.35%	1.99%	2.00%	2.10%	2.10%	2.00%	2.00%	1.00%	0.00%	0.00%

Fuente: International Monetary Fund: International Financial Statistics; y Boreau of Labor Statistics, Consumer Price Index.

Por fin en el 2008 se empezaron a destinar recursos para rescatar instituciones financieras incluyendo los dos grandes pilares de las hipotecas (Fannie Mae y Fredie Mac).

A pesar de eso, en septiembre del 2008, casi estaba destruido el sistema financiero de los Estados Unidos.

Otro gran error fue que el 15 de septiembre decidieron no apoyar a Lehman Brother, y como consecuencia, está institución quebró, siendo un banco ícono en el sistema financiero de los Estados Unidos, el cual fue fundado hace 185 años y sobrevivió a la primera y segunda guerra mundial y a la crisis de 1929.

Así, de la gran Banca de Inversión sólo quedaban con vida Morgan Stanley y Goldman Sachs.

Por fin en octubre de este año, a Bush se le ocurre solicitar un apoyo bancario de $700,000 millones de dólares al congreso de los Estados Unidos, pero esto lo hace de manera tardía y a la vista de todo el mundo, y todavía para complicar más la situación, el Congreso rechaza esa ayuda, situación que generó de forma inmediata reacción en todas las economías y en las bolsas del mundo, y entonces se inicia de manera formal, la crisis económica mundial, la cual puede ser la más grande en la historia de la humanidad.

El resto ya lo saben, entra Obama al poder y promete solucionar la crisis económica apoyando a los bancos, prometiendo realizar mayores inversiones para tratar de reducir la crisis, y reactivar la economía, y yo me pregunto, ¿de dónde van a sacar los dólares, si los Estados Unidos en este momento no tiene la capacidad de generarlos?, ¿a través de la fabricación de más dólares?, y ¿a través de seguir manteniendo la tasa al 0 % ? situación que impide que los bancos se recuperen, debido a que, nadie va a querer invertir en los bancos de los Estados Unidos a tasas del "0"(CERO) por ciento.

No es que sea pesimista, pero no veo soluciones en las medidas que están adoptando los Estados Unidos y las potencias económicas. A pesar de lo anterior la economía de los Estados Unidos va a reflejar una recuperación durante el año 2010, debido a que gran parte de su comercio lo realiza con Europa, cuyos países se han encarecido demasiado gracias a la revaluación del euro, aspecto que estará beneficiando a los Estados Unidos, mientras el euro lo mantengan revaluado, en caso contrario la crisis económica para los Estados Unidos será muy grave.

Por otra parte la razón por la cual las Bolsas de Valores en el mundo están llegando a cifras record, no se debe a la mejoría de la economía, ni a los aumentos en la producción, sino al circulante que están fabricando, o que están pidiendo prestado los gobiernos de los países en el mundo para tratar de reactivar sus economías, crecimiento que no está soportado en una mayor producción, sin embargo debido a que las tasas están muy bajas en los bancos, los inversionistas prefieren invertir en instrumentos de riesgo, situación que se vuelve sumamente peligrosa para la economía mundial, la cual tarde o temprano como una burbuja estallará.

Panorama Económico de México ante la recesión mundial

Desde mi punto de vista considero que el panorama económico de México es difícil por varios aspectos:

1. Debido a la dependencia de sus exportaciones hacia los Estados Unidos (85%), la recesión económica de nuestro vecino del norte le va a afectar a México más que a otros países del mundo.

2. Originado por el inadecuado manejo de la política monetaria del Banco de México, nuestro país está enfrentando la devaluación de su moneda, problema que no se ha reflejando aún en otros países, y a pesar de que quieran defender al peso como perros a través de la emisión de dólares, no van a poder.

3. La recesión mundial por sí sola es para preocupar a cualquier país.

Sin embargo el principal problema de México sigue siendo la demagogia a través de la cual disfrazan su democracia, **ya que no es lógico que el Presidente de la República tenga la responsabilidad de manejar un país, sin la autoridad para manejar la economía,** esto debido a que la economía no la maneja el Presidente de la República, sino que se maneja desde el Banco de México, que según una de las muchas enmiendas de la constitución es un órgano independiente.

Yo considero que la Presidencia de la República debe tener injerencia en el manejo de la economía, en su caso regulado y monitoreado a través del Congreso para la cuestión de préstamos al extranjero y emisión del circulante. La Secretaría de Economía es una secretaría que actualmente realiza las funciones que anteriormente realizaba la Secretaría de Comercio y Fomento Industrial.

Por otra parte se dice que todos los países excepto México, manejan cualquiera de los dos sistemas de medición conocidos en el mundo: El sistema métrico decimal, y el sistema inglés. Sin embargo México maneja un sistema de medición diferente al de todos los países, este se llama: "el sistema métrico sexenal", ya que todo se mide en base a sexenios.

Pero como dice el destripador, vamos por partes:

1. Dependencia de las exportaciones y las importaciones con los Estados Unidos

No se han buscado nuevos mercados y ahora que la economía de nuestro vecino del norte se está derrumbando, es urgente que se busque exportar hacia otros países, por ejemplo el mercado europeo está más caro que el mercado mexicano.

En la gráfica siguiente se podrá observar la dependencia que México tiene con la frontera del norte.

COMERCIO CON ESTADOS UNIDOS.
CIFRAS EN MILLONES DE DÓLARES

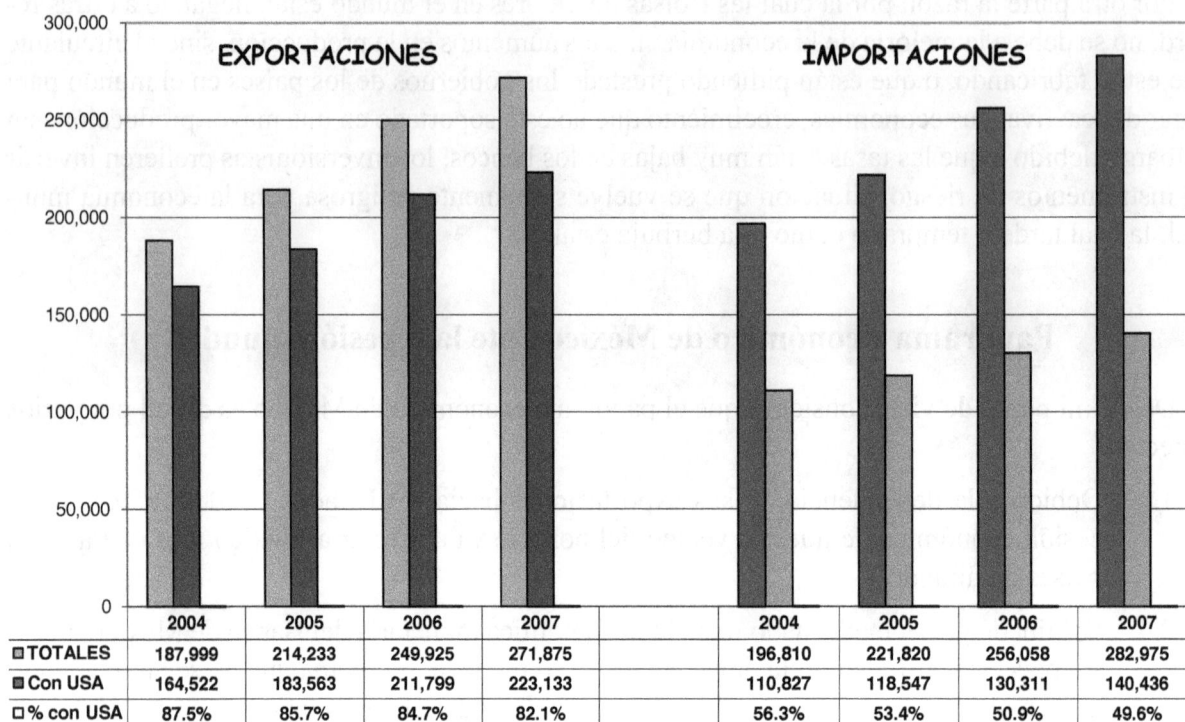

EXPORTACIONES   IMPORTACIONES

	2004	2005	2006	2007		2004	2005	2006	2007
TOTALES	187,999	214,233	249,925	271,875		196,810	221,820	256,058	282,975
Con USA	164,522	183,563	211,799	223,133		110,827	118,547	130,311	140,436
% con USA	87.5%	85.7%	84.7%	82.1%		56.3%	53.4%	50.9%	49.6%

Fuente: Informe anual 2007 y 2008 Banco de México

2. Inadecuado manejo de la política monetaria por parte del Banco de México

El permitir que el tipo de cambio lo fijara la oferta y la demanda fue un gran error, ya que los productos y servicios elaborados por empresas mexicanas se encarecieron más del 82% en el exterior en un lapso de 10 años, originando la quiebra de varias empresas o el cambio de éstas o otros países, Y a pesar de ello continúan con la misma política, lo cual nos está costando reservas que vamos a necesitar para cubrir las eventualidades de la crisis. ¿Si el tipo de cambio llegó hasta $15.00, valor con el cual ya se había casi ajustado a su valor real, para que siguen con la misma política monetaria? que está acabando con la industria, aumentando el desempleo, tal y como lo mencionamos ampliamente en el Capítulo II

Al subir de precios los productos mexicanos en el extranjero, a todos los países les convenía vender sus productos en México, y por efecto del precio, las empresas Mexicanas quedaron imposibilitadas para competir contra los productos producidos fuera de México, situación que originó una disminución de la actividad económica en nuestro país, el cierre de muchas empresas y el cambio de plantas productivas a otros países, situación que provocó que millones de mexicanos tuvieran que migrar a los Estados Unidos y se incrementara el desempleo dentro de nuestro país.

A la industria turística no le afecto tanto esta situación, debido a que el servicio de hotelería se tiene que prestar en México, con productos perecederos que se tienen que comprar en el país, y con mano de obra regulada por las leyes mexicanas.

En el caso de la industria es diferente ya que la única forma que tiene China para producir tan barato y la India para reducir sus servicios es fabricando y prestando los servicios desde sus países, debido a que gracias a que lograron ajustar su tipo de cambio en un mayor porcentaje a su inflación, los yuanes y las rupias que reciben por cada dólar o euro, les alcanza para reducir el precio de sus productos, en el extranjero, cubrir sus costos, inflación interna, gastos y obtener altas utilidades.

Antes de entrar a cifras para demostrar el punto anterior, vamos a conocer la causa por la cual el tipo de cambio se mantuvo en $10.00 pesos por dólar durante 10 años.

Ley de oferta y demanda

De acuerdo a la ley de la oferta y la demanda, al incrementarse la entrada de divisas a nuestro país, origina un incremento en la oferta de dólares, lo cual lo abarata, situación que ocasionó que se mantuviera sin movimiento durante 10 años.

Ahora vamos a ver en qué renglones y por qué montos se incrementaron las entradas de divisas a nuestro país.

1.- Remesas que los mexicanos enviaron a sus familias desde los Estados Unidos por la falta de oportunidades de trabajo en nuestro país. De acuerdo a cifras extraoficiales, migraron a los Estados Unidos en éstos 10 años más de 4 millones de mexicanos.

**REMESAS FAMILIARES
DE MIGRANTES MEXICANOS EN U.S.A.**

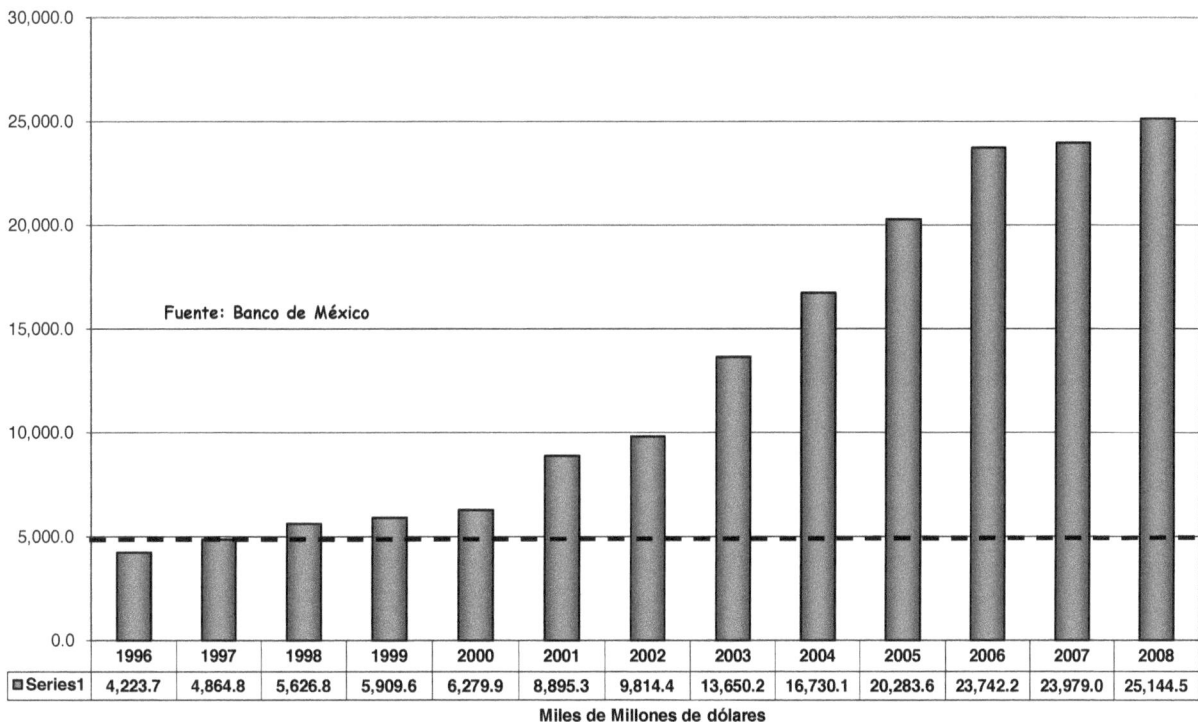

Fuente: Banco de México

	1996	1997	1998	1999	2000	2001	2002	2003	2004	2005	2006	2007	2008
Series1	4,223.7	4,864.8	5,626.8	5,909.6	6,279.9	8,895.3	9,814.4	13,650.2	16,730.1	20,283.6	23,742.2	23,979.0	25,144.5

Miles de Millones de dólares

O sea que tuvimos un excedente de más de $100,000 millones de dólares, únicamente en este renglón, tomando la diferencia entre las divisas de cada año a partir de 1998, contra el monto de $4,864.8 el cual era el monto promedio que los mexicanos enviaban a sus familias en 1997, antes del incremento del desempleo. Desafortunadamente al ver estas cifras perdemos de vista la magnitud de las mismas, sin embargo, para los que **no** somos muy jóvenes y tenemos buena memoria, en 1982 nuestra deuda externa era de $100,000.00 millones de dólares, situación que originó que México fuera considerado como un país incapaz de poder pagar su deuda, debido al monto tan elevado de la misma.

La salida de migrantes mexicanos que se fueron a los Estados Unidos en busca de las oportunidades de trabajo que no encuentran en nuestro país, ha ocasionado la muerte de muchos de ellos, (ver las fotos de abajo). Anteriormente llevaban el conteo de los mexicanos que habían muerto al cruzar la frontera, ya que algunos no pudieron soportar el calor durante el día, o el frío durante la noche al cruzar el desierto, y en la frontera de Tijuana, había un letrero que junto al conteo decía

"es que no te puedes quedar impávido ante el dolor de tanta gente". Por otra parte significó el rompimiento de familias que tuvieron que separarse debido a que los padres y los hijos abandonaban a sus familias. En una ocasión le preguntaba a un migrante, que, ¿por qué dejaban a sus familias?, y algunos me dijeron que preferían dejarlas a cambio de no escuchar el llanto de sus hijos por el hambre, y uno de ellos me comentó que uno de sus hijos murió, debido a que no tuvo dinero para comprarle sus medicinas.

Monumento al migrante Mexicano (Tijuana Baja California)

Frontera México Estados Unidos en Tijuana Baja California

EXPORTACIONES DE PETROLEO

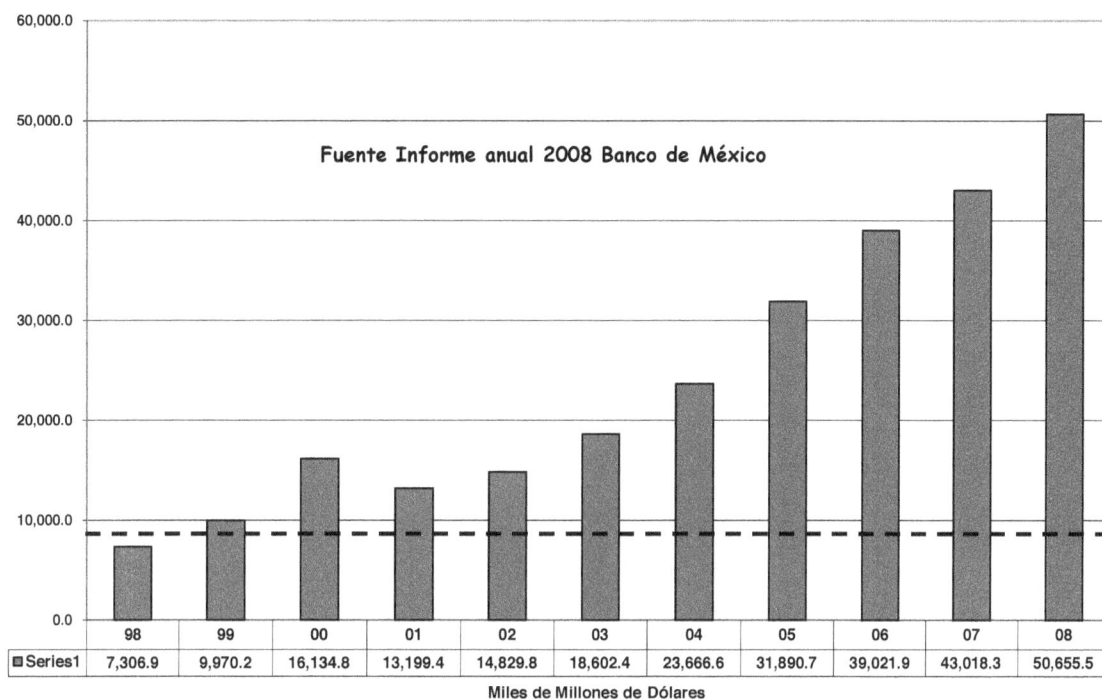

Fuente Informe anual 2008 Banco de México

	98	99	00	01	02	03	04	05	06	07	08
Series1	7,306.9	9,970.2	16,134.8	13,199.4	14,829.8	18,602.4	23,666.6	31,890.7	39,021.9	43,018.3	50,655.5

Miles de Millones de Dólares

Tomando como base las exportaciones de 1994, los excedentes de las Exportaciones de 1998 a septiembre del 2008, fueron de $179,321 millones de dólares.

Inversión Extranjera Directa

INVERSIÓN EXTRANJERA DIRECTA

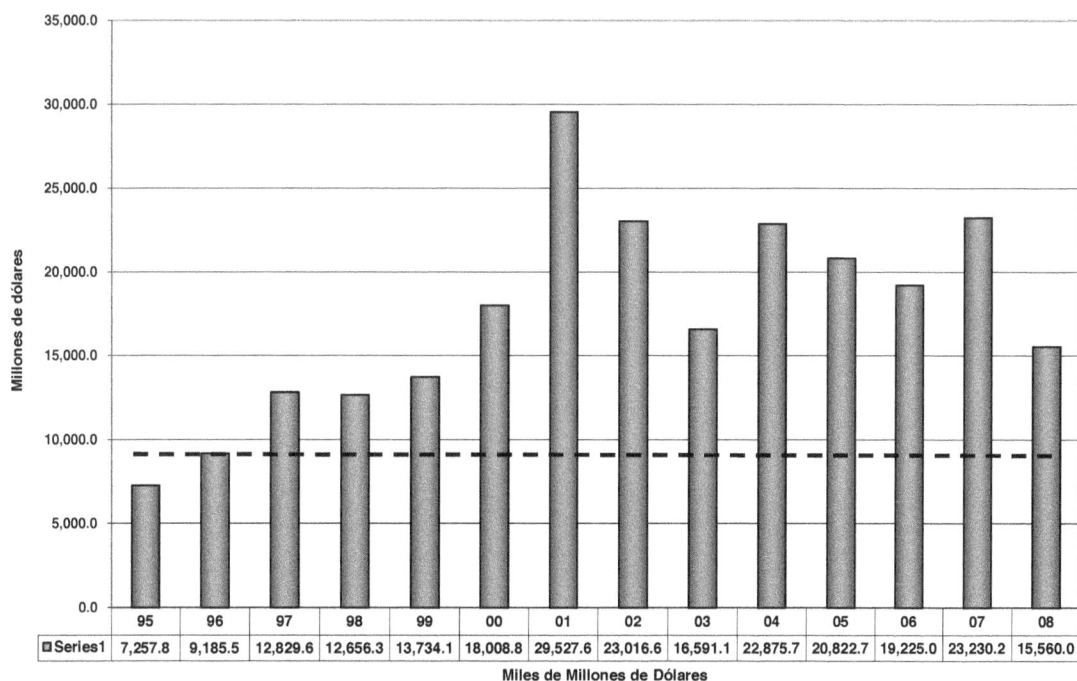

	95	96	97	98	99	00	01	02	03	04	05	06	07	08
Series1	7,257.8	9,185.5	12,829.6	12,656.3	13,734.1	18,008.8	29,527.6	23,016.6	16,591.1	22,875.7	20,822.7	19,225.0	23,230.2	15,560.0

Miles de Millones de Dólares

Tomando como base 1996, los excedentes en Inversión Extranjera Directa incluyendo la venta de los bancos en los 10 años fueron de $114,208 millones de dólares.

Pidiregas

Los Pidiregas son préstamos directos del Gobierno para financiar proyectos para la generación de energéticos, desafortunadamente muchas de esas inversiones se han realizado en plantas que no están trabajando. El monto acumulado es de $58,475 millones de dólares.

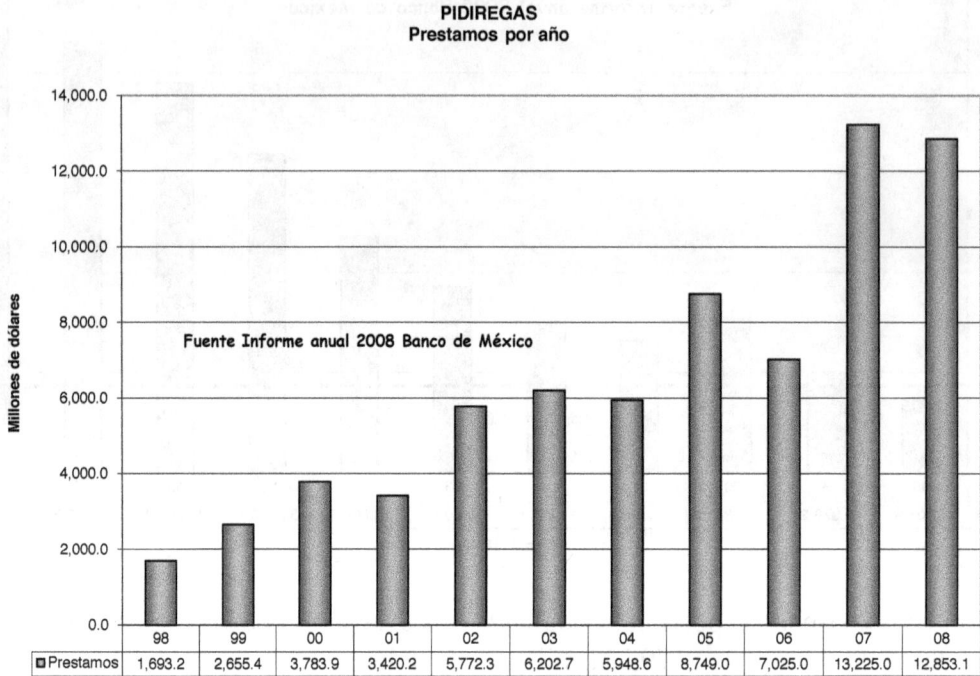

PIDIREGAS
Prestamos por año

	98	99	00	01	02	03	04	05	06	07	08
Prestamos	1,693.2	2,655.4	3,783.9	3,420.2	5,772.3	6,202.7	5,948.6	8,749.0	7,025.0	13,225.0	12,853.1

Fuente Informe anual 2008 Banco de México

Inversión extranjera en la Bolsa de Valores de México (renta variable) y valores gubernamentales (renta fija)

Inversión Extranjera en Capital Peregrino vs Reservas del Banco de México

Cifras en Miles de Millones de dólares

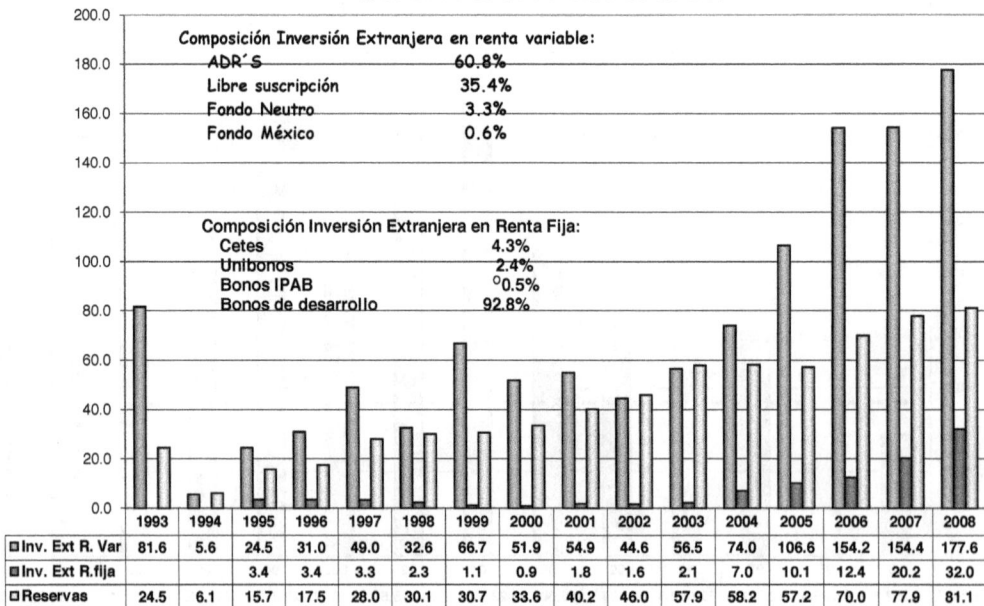

Composición Inversión Extranjera en renta variable:
ADR´S	60.8%
Libre suscripción	35.4%
Fondo Neutro	3.3%
Fondo México	0.6%

Composición Inversión Extranjera en Renta Fija:
Cetes	4.3%
Unibonos	2.4%
Bonos IPAB	0.5%
Bonos de desarrollo	92.8%

	1993	1994	1995	1996	1997	1998	1999	2000	2001	2002	2003	2004	2005	2006	2007	2008
Inv. Ext R. Var	81.6	5.6	24.5	31.0	49.0	32.6	66.7	51.9	54.9	44.6	56.5	74.0	106.6	154.2	154.4	177.6
Inv. Ext R.fija			3.4	3.4	3.3	2.3	1.1	0.9	1.8	1.6	2.1	7.0	10.1	12.4	20.2	32.0
Reservas	24.5	6.1	15.7	17.5	28.0	30.1	30.7	33.6	40.2	46.0	57.9	58.2	57.2	70.0	77.9	81.1

Este es el renglón más peligroso, y es lo que está originando que nuestro tipo de cambio se esté devaluando, y por su importancia requiere de un análisis a mayor detalle.

Razón del crecimiento de la Bolsa de valores de México

De acuerdo a lo comentado en los párrafos anteriores, en la parte de los Estados Unidos, sus elevados déficit en cuenta corriente los cubrieron a través de la fabricación de dólares, los cuales en el caso de que se hubieran quedado en los Estados Unidos, les hubiera generado una hiperinflación, razón por la que redujeron las tasas de interés a montos mínimos buscando con ello reducir el circulante en los Estados Unidos.

En base a ello los inversionistas en lugar de dejar su dinero en los Estados Unidos buscaron alternativas de inversión en otros países que les diera una mayor utilidad.

Una opción de inversión muy atractiva, fue la Bolsa de Valores de México debido a las siguientes razones:

- Es la única o una de las pocas Bolsas de Valores en donde están exentas de impuestos, la compra venta de acciones entre personas físicas.

- El tipo de cambio estable en promedio de $10.00 pesos por dólares y actualmente $13.00 pesos les está dando a ganar a los inversionistas extranjeros, montos muy importantes en dólares.

Al llegar a México dichos montos por inversión extranjera a la Bolsa de Valores, debido al exceso de circulante por las razones comentadas en la sección de los Estados Unidos, lógicamente que está ocasionando que el índice general de precios se esté elevando a montos históricos, desafortunadamente dicho crecimiento no se origina por una mejoría en la economía, sino por el exceso de circulante, el cual al no estar soportado por un incremento en la producción, corre el riesgo de derrumbarse tarde o temprano.

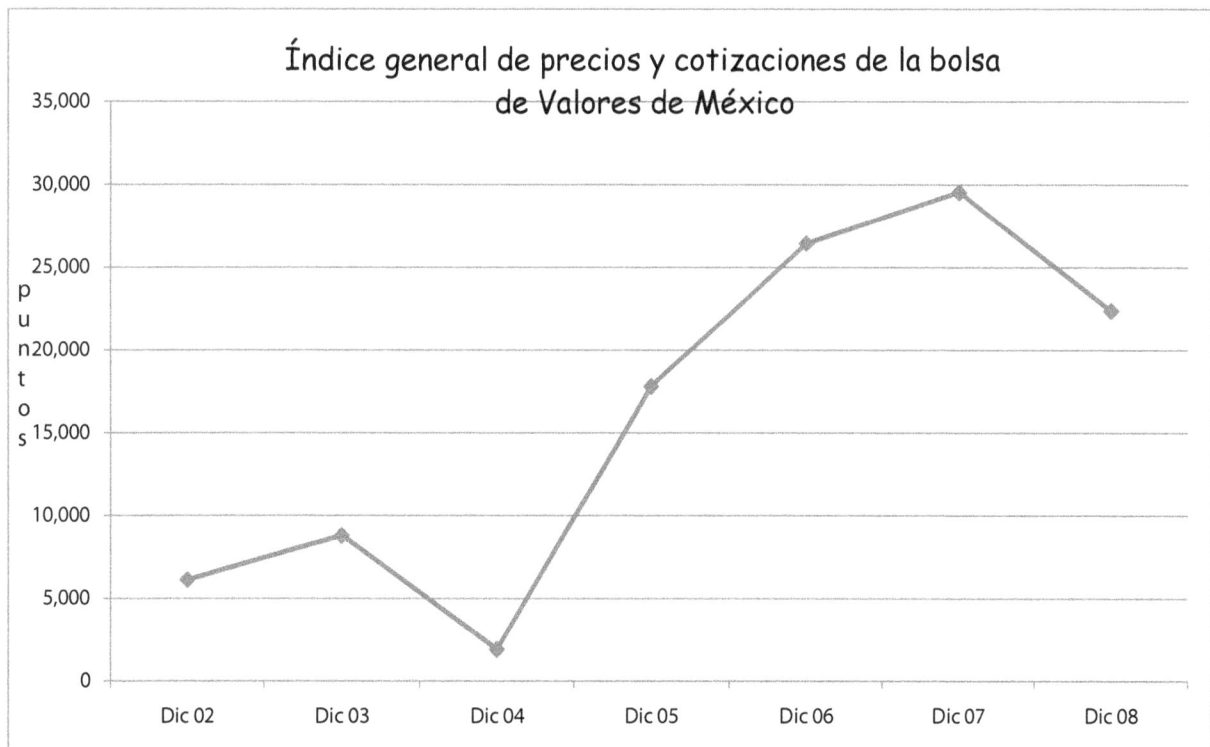

Índice general de precios y cotizaciones de la bolsa de Valores de México

En el momento en el que no se pueda sostener el tipo de cambio y el crecimiento de la Bolsa, los inversionistas extranjeros que adquirieron acciones en la Bolsa Mexicana de Valores van a retirar su dinero y llevarse sus dólares fuera del país por los siguientes factores:

- La caída de la Bolsa.

- La devaluación del peso.

- La pérdida de confianza en la economía mexicana.

- El aumento de la inseguridad en nuestro país

La razón por la cual se estuvo devaluando nuestra moneda fue por la demanda de dólares de los inversionistas extranjeros que adquirieron acciones en la Bolsa,

Afortunadamente los préstamos solicitados por el gobierno de México por un poco mas de 70 mil millones de dólares, han generado cierta tranquilidad a los inversionistas, situación que ha influido para que se reduzca la presión en el tipo de cambio.

Otro problema importante es que el 60.8 % de la inversión extranjera en la Bolsa Mexicana, son ADR´s, los cuales deben de ser pagaderos en dólares.

Los ADR´s (American Depositary Receipts) son acciones que se compran en el extranjero en donde interviene el Banco de México y el Tesoro de los Estados Unidos, y la diferencia con las acciones de la Bolsa de Valores de Nueva York, es que este tipo de acciones aún no cumplen con todos los requisitos que pide la SEC (Security Exchange Comission), sin embargo el que adquiere este tipo de acciones, tiene la confianza de que la negociación es segura debido a que intervienen el Banco de México y el Tesoro de los Estados Unidos. Como se pactan en el extranjero existe la obligación de pagarse en dólares.

Desde mi punto de vista, las reservas del Banco de México no serán suficientes para garantizar el pago de la inversión extranjera en la Bolsa Mexicana, a pesar de que éstas ya bajaron un 35% de su valor.

Por otra parte continúan luchando por mantener un Súper Peso, el cual como ya lo comenté con cifras a nivel mundial, afectan al precio de todos los bienes y servicios que se producen en el país.

Lo más preocupante es que a pesar de que entraron montos extraordinarios al país por diversos motivos, estos ya no existen y no solo eso sino que nuestra deuda externa aumentó con las líneas de crédito solicitadas. Por otra parte esos dólares que entraron en montos nunca antes visto, no se utilizaron para crear infraestructura, ni en la exploración y explotación de pozos petroleros que tanta falta nos hace. Mientras que otros países como China, han utilizado los dólares que han entrado a su país en la creación de infraestructura (carreteras, aeropuertos, vías férreas, muelles, creación de industrias, empleos, etc., etc.).

Oportunidades de las crisis

Aunque usted no lo crea, las principales fortunas se han creado durante las crisis, lo importante es entender el sentido en el que se mueve la fuerza que las crea, para aprovecharlo, lo mismo que un velero en alta mar, el cual debe de cambiar la posición de sus velas de acuerdo a la dirección del viento, pero para ello tiene que tener ciertos instrumentos de navegación y conocer ciertos aspectos esenciales sobre la navegación, y sobre ello voy a hablar en este capítulo relacionado con mi país.

Hay que ver que las crisis son ajustes que se tienen que realizar debido a que éstos no se realizaron en el momento adecuado, y estos no son del todo malo, ya que un peso devaluado abarata nuestros productos en el extranjero y protege a la empresa mexicana de productores que podían vender sus productos a un precio más bajo, el problema surge cuando una empresa se endeuda demasiado. Muchos piensan que únicamente afecta a los exportadores e importadores, sin embargo no es así, ya que con la globalización los productores están compitiendo con productos de todo el mundo, a pesar de que no exporten, importen, o salgan de su país sus productos.

En una sala de juntas de un proveedor de software, tenía una foto en la que estaba un hombre volando en una ala delta sobre las montañas, y debajo de la foto decía:

"No le tengas miedo a los vientos de la adversidad, piensa que un ave o un avión requiere del viento en contra y no del viento a favor".

Instrumentos de navegación

Mi primer instrumento de navegación, es la tabla en la que se va monitoreando la sobrevaluación o subvaluación de nuestra moneda, el peso, y para el caso de México no tomo como año base el mes de septiembre de 1971, sino el mes de mayo de 1954, por las siguientes razones.

En el caso de todos los países, tomo como año base el mes de septiembre de 1971 debido a que es el momento en el que se cambia de una política monetaria fija, a una serie de políticas monetarias diversas, sin embargo reconozco que en esa fecha las monedas podían haber estado ligeramente sobre valuadas o subvaluadas, aspectos por los cuales se requeriría realizar un estudio profundo con el fin de conocer, cuál sería el tipo de cambio exacto que me permita conocer el valor real de un dólar con relación a cada una de las monedas de cada país, tomando como base el precio de ciertos productos.

En el caso del peso, yo sí conozco la fecha y el valor exacto de que "X" pesos representaban el mismo poder de cambio de un dólar, siendo esa fecha sobre la cual empiezo a construir mi tabla y la razón es la siguiente:

En el periodo presidencial de Adolfo Ruíz Cortines, su secretario de Hacienda Antonio Carrillo Flores le comentó al Presidente que nuestro peso estaba sobre valuado, situación que iba a generarle una crisis a nuestro país en el caso de que la moneda no se devaluara en forma inmediata; y comentó que en ese momento nuestro país tenía reservas suficientes, y de continuar con la misma paridad, éstas se iban a agotar y los efectos podían ser muy graves. En esa época todos los países tenían la obligación de manejar una paridad fija, pero si un país presentaba las pruebas y los argumentos necesarios al Fondo Monetario Internacional, que justificaran una devaluación, el fondo los autorizaba después de un exhaustivo examen.

Entonces Antonio Carrillo presentó las pruebas y el Fondo Monetario autorizó que nuestra moneda se devaluara de $8.65 a $12.50 pesos por dólar y entonces un viernes santo del mes de abril de 1954 nuestro peso se devaluó.

Otra prueba con la que compruebo si la tabla funciona correctamente y de que esa es la fecha correcta con la que debí iniciarla es la siguiente:

La sobre o subvaluación de la tabla la comparo contra la balanza comercial de México, y resulta que en las fechas en las que nuestra tabla se encuentra en punto de equilibrio, nuestra balanza comercial también ha estado en punto de equilibrio, y en las fechas en las que nuestra moneda ha estado sobrevaluada, nuestra balanza comercial es negativa, y en las fechas en las cuales nuestra moneda esta subvaluada la balanza comercial es positiva. En la época que trabajé en Square D de 1985 a 1990, actualizaba la tabla de manera mensual, y a través de ella podía conocer los momentos en los que el riesgo a la devaluación aumentaba.

Pero esto es muy lógico, ya que la balanza comercial es muy vulnerable a los cambios de precios de los productos, por ejemplo si un Padre de familia le tiene que comprar zapatos a sus hijos y le ponen enfrente un par de zapatos que le salen más baratos que otros, con características similares, el comprará los más económicos, sin importarle el país de donde provengan. No sucede lo mismo con la balanza de servicios ya que en ocasiones las personas están dispuestas a pagar un cambio de precios si va en juego su salud, su vida o su tranquilidad.

La tabla la pueden consultar en los archivos en Excel, y esta tabla se llama "cálculo 54", y también pueden encontrar la tabla que parte desde el año de 1971 y se llama cálculo 71. (Las gráficas que muestro a continuación están tomadas en base al cálculo 54, el cual desde mi punto de vista es el más exacto).

A continuación podrán observar las tablas que relacionan la balanza comercial con la sobre o subvaluación de nuestra moneda, en donde las barras de la parte superior en azul representa el porcentaje de sobre o subvaluación del peso, y las barras inferiores en rosa, representan el saldo anual de la balanza comercial en miles de millones de dólares.

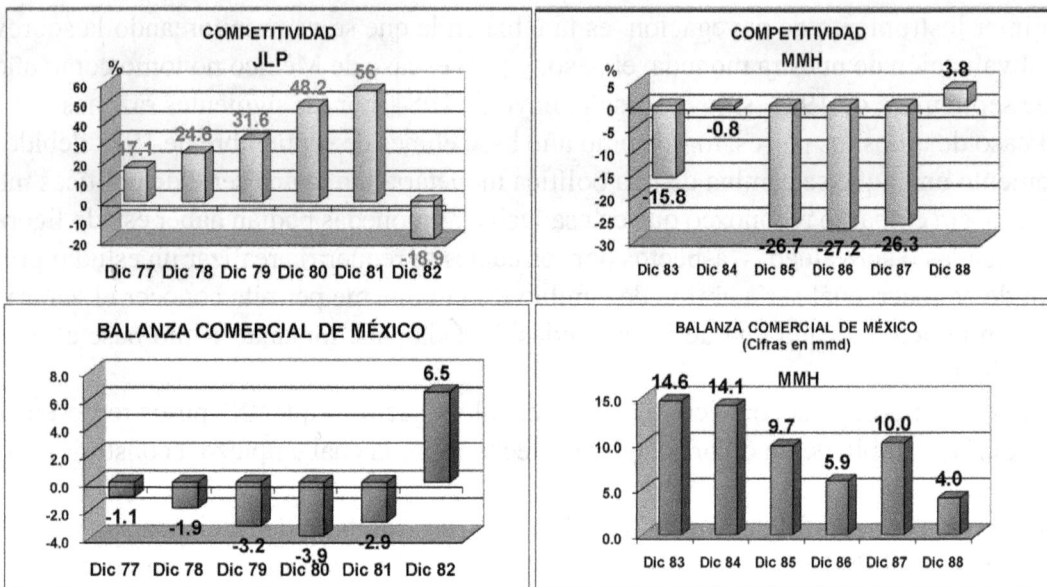

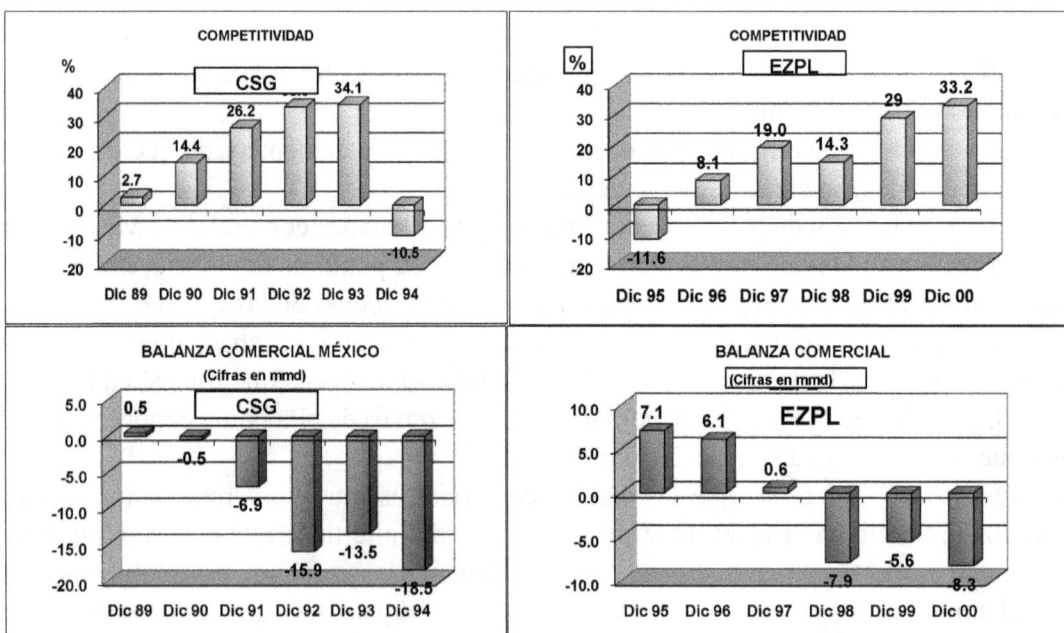

COMPETITIVIDAD
VFQ

COMPETITIVIDAD
FCH

BALANZA COMERCIAL
VFQ

BALANZA COMERCIAL
FCH

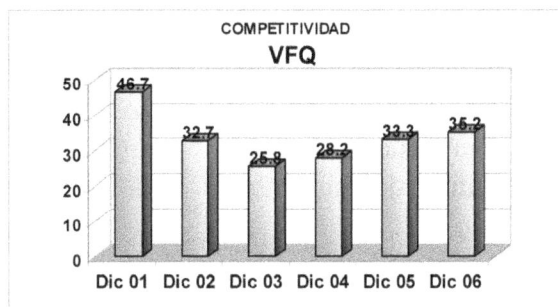

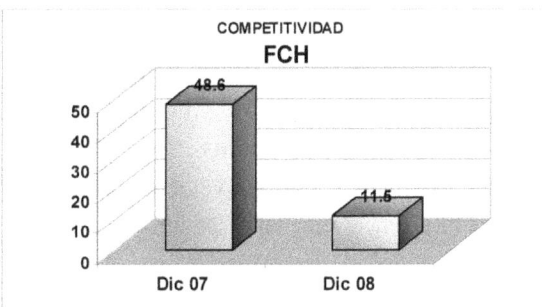

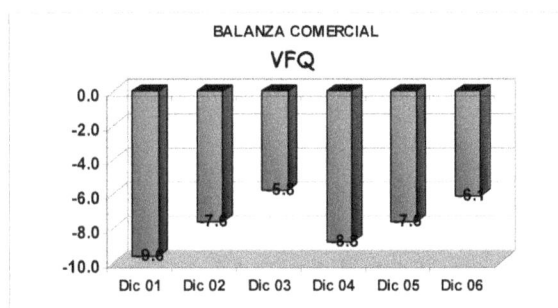

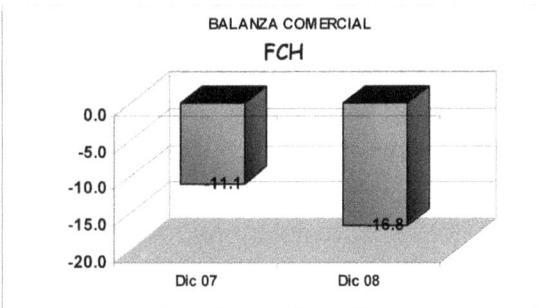

Año	Balanza Comercial (Cifras en MMD)	Sobrevaluación
99	-5,612.9	29.00%
00	-8,3337.1	33.20%
01	-9,616.7	46.70%
02	-7,632.9	32.70%
03	-5,779.4	25.80%
04	-8,811.1	28.20%
05	-7,586.6	32.80%
06	-6,133.2	35.20%
07	-10,073.7	48.60%
08	-17,260.7	47.40%

Fuente: Informe anual Banco de México 2008.

Ahora bien, lo importante de medir si está en verde, amarillo o rojo el semáforo, es analizar las estrategias que puedo yo seguir para aprovechar esos cambios en la economía para el beneficio de mi patrimonio o de mis empresas.

¿Qué estrategias puedo realizar cuándo el semáforo esta en rojo? (sobrevaluación mayor al 25%)

Antes que nada hay que tomar en cuenta las reglas 4 y 6 comentadas en la introducción de este libro, pero vamos a recordarlas:

REGLA 4

Con la globalización, no se pueden visualizar las causas de los fenómenos en las monedas locales que cada país utiliza, sino que además de, es necesario analizar los efectos monetarios en las monedas aceptadas internacionalmente para dicho intercambio, como es el caso del dólar y el euro. (muchas veces en pesos se tienen utilidades, sin embargo en dólares o en euros no existen, e inclusive se convierten en pérdidas).

REGLA 6

Para entender mejor los efectos y las causas, se deben de visualizar los fenómenos desde diferentes posiciones y situaciones, por ejemplo hay que ponerse en los zapatos del exportador, del importador, del productor, del distribuidor, desde nuestro país, y vernos como nos ven desde el extranjero.

El que estemos en semáforo rojo significa que nuestros productos y servicios se han elevado de precio y por consecuencia no es sencillo competir en los mercados globalizados, razón por la cual:

- No es conveniente ser productor, a menos que tengamos un producto que sea único y no tengamos competencia del exterior.

- Va a ser más conveniente importar productos en mercados internacionales en donde estén más económicos y venderlos en nuestros mercados nacionales.

- No vamos a tener muchos productos que exportar, razón por la cual va a ser más conveniente ser importadores.

- Los productos nacionales están caros, por consecuencia los productos extranjeros estarán más baratos, razón por la cual va a convenir re equipar mi planta y modernizarla, en estas épocas conviene invertir en tecnología.

- Generalmente son épocas en las que se pueden conseguir créditos con facilidades, sin embargo nunca hay que contratarlos a tasas variables sino a tasas fijas.

- No hay que solicitar créditos en moneda extranjera, ni invertir en la Bolsa de Valores, ya que el riesgo aumenta.

- Como el dólar y las divisas están baratas en nuestro país, se puede comprar por ejemplo dólares y venderlas en países en donde están escasos y por consiguiente caros, por ejemplo los países que sufrieron una devaluación. En la simple compraventa ya tenemos ganancias, y adicionalmente conviene invertir a tasa fija en valores gubernamentales a uno o dos años, para no correr riesgos, y esperarse a que dicho país genere nuevamente divisas ya que hasta después de ese tiempo volverán a conseguirse divisas y por consiguiente bajará el precio de ésta.

- En esta época se puede aprovechar para viajar por el mundo y cambiar de auto.

DESPUÉS DE QUE UN PAÍS ESTÁ EN SEMÁFORO ROJO DURANTE VARIOS AÑOS, (EL TIEMPO QUE DURE EN ROJO VA A DEPENDER DE LA ENTRADA DE DIVISAS), VIENE LA DEVALUACIÓN DE SU MONEDA Y POR CONSIGUIENTE ENTRA EN UNA CRISIS ECONÓMICA. ESTO HA OCURRIDO EN TODOS LOS PAÍSES DEL MUNDO SIN EXCEPCIÓN, INCLUSIVE EN LOS MUY PODEROSOS COMO JAPÓN Y AHORA CON LOS ESTADOS UNIDOS, Y PARA TAL EFECTO LO VAMOS A VER EN EL ANÁLISIS DE LAS CIFRAS REALES DE LOS PAÍSES Y EN EL CAPÍTULO VI, DONDE HABLO DE LAS DEVALUACIONES.

Pero ahora vamos a ver por qué ocurren las devaluaciones de las monedas y qué nos indica el medidor de la sobre y la subvaluación de las monedas. Pero para explicarlo voy a ampliar los comentarios del Capítulo III, en el que a través de las leyes de la hidráulica trato de entender la economía.

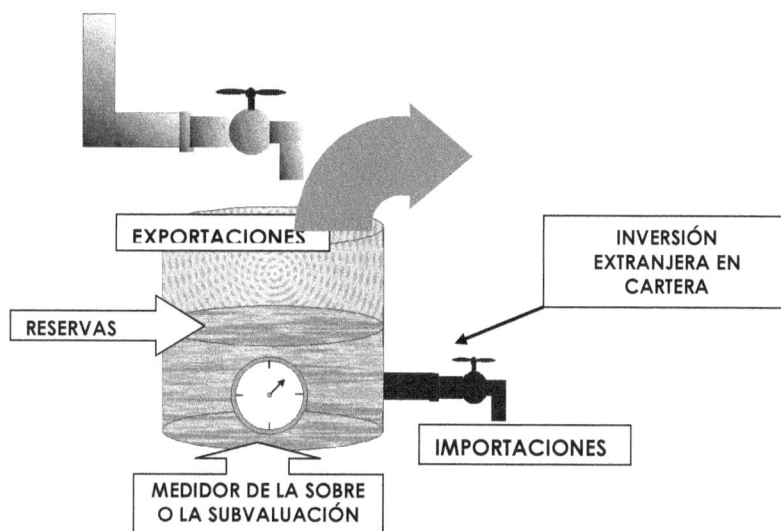

Explicación de la gráfica anterior

Vamos a suponer que el agua de este tinaco son las reservas que un país tiene almacenadas, el medidor sobre la sub o sobrevaluación me indica en el caso de que esté en verde que nuestro tinaco o nuestros precios están más bajos que los precios en los Estados Unidos, entonces por lógica las llaves de entrada del agua (exportaciones) están introduciendo más agua que las salidas (importaciones) o si está en rojo me indica que las salidas importaciones están sacando más agua de la que está entrando al tinaco. En el caso de que no le haga caso a este indicador, va a llegar el momento en el que el tinaco va a quedar vacío, en ese momento mi país sufrirá una devaluación, a pesar de que sus gobernantes quieran defender su moneda como perros, cuando un país se queda sin agua, quiera o no va a sufrir una devaluación de su moneda y una crisis económica. Pero hay una situación adicional que es el relativo a la inversión extranjera en cartera, la cual es agua que está en nuestro tinaco, pero que no es nuestra, y en determinado momento nos la pueden pedir, situación por la cual nos podemos quedar sin agua en cualquier momento.

El problema de la globalización es que por la apertura global, los tinacos de todos los países están comunicados, entonces, por efecto de la gravedad, los tinacos que están en un nivel más elevado (precios de sus bienes y servicios más elevados) se van a vaciar, y esa agua va a llegar a los tinacos que se encuentren a un nivel más bajo (precios más bajos). Y esto lo van a ver cuando analicemos la sobre y la subvaluación de los 40, países analizados en este libro.

Esto es una ley de la naturaleza, y a pesar de la tecnología y de los complicados cálculos matemáticos no se puede revertir.

Semáforo Verde

El semáforo se pone en verde generalmente después de una devaluación, y una devaluación es un ajuste brusco en el tipo de cambio, el cual se realiza en forma natural debido a que no se efectuaron los ajustes en el momento adecuado.

¿Qué le sucede a un país cuándo se sufre una devaluación de su moneda?

Se producen los siguientes efectos en el primer año:

- Quiebra de muchas de sus empresas, principalmente las que tenían elevados pasivos.

- Incremento de la deuda externa del país que sufre la devaluación.

- Incremento del desempleo.

Generación de desconfianza en los inversionistas tanto nacionales como extranjeros, esta desconfianza origina una desbandada de capitales hacía otros países, supuestamente más estables y seguros.

- Desconfianza hacia su gobierno, por ejemplo la devaluación que sufrió Indonesia en 1998 generó la destitución de su Presidente.

- Desplome de su Producto Interno Bruto en el primer año.

- Disminución de la actividad industrial en los primeros tres o cuatro años.

- Intervención del Fondo Monetario Internacional, el cual impone medidas extremas para solucionar las crisis, medidas sin sentido, ya que el Fondo Monetario Internacional vive en otro planeta, y dichas medidas en la mayoría de las veces, retrasan la recuperación económica de los países que están sorteando las crisis, por ejemplo actualmente está presionando a Argentina para que tenga un peso más fuerte.

¿Qué le sucede al país que sufre una devaluación, a partir del segundo año?

- Después del segundo año se empieza a notar una recuperación en sus variables macroeconómicas.

- Las exportaciones se empiezan a incrementar

- El producto interno bruto comienza a crecer, lo mismo que la balanza comercial.

- El saldo en cuenta corriente, empiezan a reestructurar y a pagar sus deudas.

- La escasez de divisas continúa así como la desconfianza de los inversionistas.

Lo importante es conocer las estrategias que nos pueden ayudar a sacar ventaja de las crisis, razón por la cual las estrategias sugeridas serían las siguientes:

- En esta etapa conviene ser productor, ya que los bienes y servicios que produce un país se abaratan.

- El exportador tiene muy buenas oportunidades sobre todo porque se tiene que cumplir con mayores reglas por la escasez de divisas.

- Las inversiones en pesos son más rentables debido a que las tasas de interés se incrementan muy por arriba de la inflación.

- Hay que vigilar muy bien a los activos y pasivos monetarios, ya que los no monetarios quedan protegidos, esto lo voy a comentar posteriormente.

- Las empresas quedan protegidas de los productos extranjeros.

- Aquí se requiere de constantes análisis financieros, con el fin de evaluar qué tanto conviene descuentos por pronto pago, o descuentos en las ventas a cambio de incrementar la liquidez.

- En el caso de que la empresa se encuentre endeudada hay que establecer estrategias de desinversión (venta de activos fijos).

- Los créditos se dificultan, pero las personas y empresas que tienen liquidez son las que tienen todo para ganar.

- Es una muy buena etapa para comprar inmuebles y empresas, ya que con la crisis los inmuebles se abaratan demasiado.

- Es momento propicio para invertir en la Bolsa de Valores.

- Es conveniente promocionarnos y buscar vender en los mercados internacionales, ya que nuestros productos están baratos.

En resumen, considero que es importante estar informado y conocer la situación real de las cosas, esto con el fin de estar prevenidos y establecer las estrategias adecuadas en el momento oportuno. Hay que esperar lo mejor, pero hay que estar prevenidos para lo peor.

América Latina

La crisis mundial definitivamente va a afectar a América Latina, sin embargo los estragos van a ser menores que los que están sufriendo las grandes potencias, y esto se debe a las siguientes razones:

1. Son países que han vivido más crisis que los países desarrollados y se saben adaptar mejor a las mismas.

2. La mayoría de los países de América Latina tiene sus monedas subvaluadas.

3. La mayoría de los países desarrollados no conocen la inflación y sus efectos, los países latinoamericanos la conocen muy bien.

Como dijo una persona que entrevistaron en el radio, en donde el locutor le preguntó. ¿Cómo considera usted que la crisis mundial le va a afectar a usted y su familia?, y esta persona contestó, Señor desde que yo nací, hemos vivido en crisis, es como si usted entrevistara a un pez en el río Usumacinta y le preguntara: ¿cómo considera que le va a afectar el desbordamiento del río? Por lo que el pez seguramente le va a contestar, pues cómo cree que me afecte, si yo vivo en el agua.

CAPÍTULO V

Japón y China

El crecimiento y expansión de la economía de Japón tuvo el mismo origen que el de la economía de China, una moneda subvaluada, la cual abarata sus productos en el ámbito internacional, situación que les permite generar divisas, obtener recursos, inversiones, tecnología del exterior, incrementar su PIB, y crear empleos para mejorar el nivel de vida de su población; la diferencia entre estos países fueron: **"el tiempo y la forma"**:

El máximo crecimiento de la economía de Japón se logró durante los años de 1949 a 1971 en donde una parte importante fue obra de las condiciones y circunstancias de su época, ya que fueron los Estados Unidos quienes les fijaron un tipo de cambio de 361 yenes por dólar después de la segunda guerra mundial, aspecto por el cual se abarataron todos sus productos y servicios que generaban desde el Japón (actualmente el yen vale $99.29 por dólar), por otra parte, el sistema de control de cambios fijo que prevaleció durante ese tiempo, permitió que sus productos fueran competitivos durante más de 22 años, tiempo en el que reconstruyeron, modernizaron, crearon nuevas plantas e invirtieron en: infraestructura, así como en investigación y desarrollo, y si a todo esto le agregamos un espíritu nacionalista y un pueblo trabajador y unido, dio por resultado un país que es la segunda economía del mundo, lo que les ha permitido incrementar enormemente el nivel de vida de su población, así como expandir sus riquezas e inversiones en el mundo. Sin embargo, la política monetaria que adoptaron a partir de agosto de 1971, ha sido la causa por la cual Japón no ha llegado a ser la primera economía del mundo (su tipo de cambio lo fija la oferta y la demanda), y no sólo eso, sino que llevan un periodo demasiado largo de bajo o nulo crecimiento, a pesar de su tecnología, la preparación de su gente y de los recursos que se han creado a través de los años.

El progreso de China se inicia con las reformas económicas que empezaron en 1978, siendo actualmente la tercera economía del mundo, el país con las más elevadas reservas, la primera receptora de inversión extranjera directa, y la principal exportadora de productos en el mundo, ya que actualmente sus exportaciones son mayores a las exportaciones de los Estados Unidos, pero a este país no les ayudaron las circunstancias, sino ellos mismos fueron construyendo y tomando el mando de su destino, a través de la reducción de su inflación, combinada con una devaluación gradual de su moneda durante 14 años, seguida de una estabilidad a partir de enero de 1994, (fecha de su última devaluación) lo cual les está permitiendo surgir como una nueva potencia económica, a pesar de los grandes problemas que tiene actualmente.

Japón

(Ver cifras en Excel)

Como ya lo comenté en los párrafos anteriores, en 1949 los Estados Unidos le establecieron a Japón un tipo de cambio a través del cual se abarataron todos los bienes y servicios que producían desde dicho país, por otra parte el control de cambios fijo acordado en Bretton Woods, ayudó a que Japón contara con el tiempo suficiente para su reconstrucción y recuperación económica, por otra parte con la guerra fría y la guerra con Corea, los Estados Unidos buscaron su apoyo, demandándole bienes y servicios, con esto su economía se fue recobrando paulatinamente creciendo su producto interno bruto un 12% en promedio anual durante los años de 1950 a 1970.

Con las divisas generadas, modernizaron sus fábricas, importaron del exterior tecnología e invirtieron en investigación y desarrollo. De 1955 a 1960 las exportaciones se incrementaron en forma importante, pero hasta 1960 Japón importaba más bienes que los que exportaba, reflejando un déficit comercial en algunos años, esto era necesario a efecto de lograr la reconstrucción de su país y de sus fábricas. A través del cambio de producción a bienes de mayor demanda, Japón cambió su déficit en superávit comercial, por lo que sus exportaciones cambiaron ahora de juguetes y blusas baratas a acero de alta calidad, barcos, carros y televisores. La nueva tecnología y educación también fue parte importante para su crecimiento. Su desarrollo industrial movilizó a los trabajadores del campo a la industria, por lo que en 1970 únicamente existían un 17% de campesinos y pescadores mientras que los trabajadores en la industria se habían incrementado un 40%. Con nueva tecnología se buscó alta eficiencia y economías de escala.

Hay puntos encontrados en relación con la importancia del gobierno en su crecimiento, sin embargo su gobierno protegió a algunas industrias como la de los automóviles, y también proporcionó créditos especiales a ciertas industrias como los bancos. Ya en 1973, la economía del Japón era cinco veces más grande comparada contra la de 1955, y en ese año era la tercera economía del mundo, por lo que fue llamado: "El Milagro Japonés".

La Era de bajo crecimiento

Con la crisis del petróleo el crecimiento de Japón declinó por primera vez, pero el efecto importante fue la terminación del tipo de cambio fijo en 1971. Al dejar Japón la paridad fija y manejar su tipo de cambio de acuerdo a la libre flotación, la entrada de dólares que generó el incremento de sus exportaciones, creó un aumento en su oferta con lo cual se revaluó el yen, con esto sus productos perdieron competitividad vía precio, y de 1972 a la fecha, sus exportaciones crecieron a la mitad de la tasa que había tenido en los años anteriores, (si observa su Producto Interno Bruto en la gráfica siguiente, podrá observar cómo de 1950 a 1970 su crecimiento era mayor al 10% anual, sin embargo después de 1971 su crecimiento es menor al 5%.

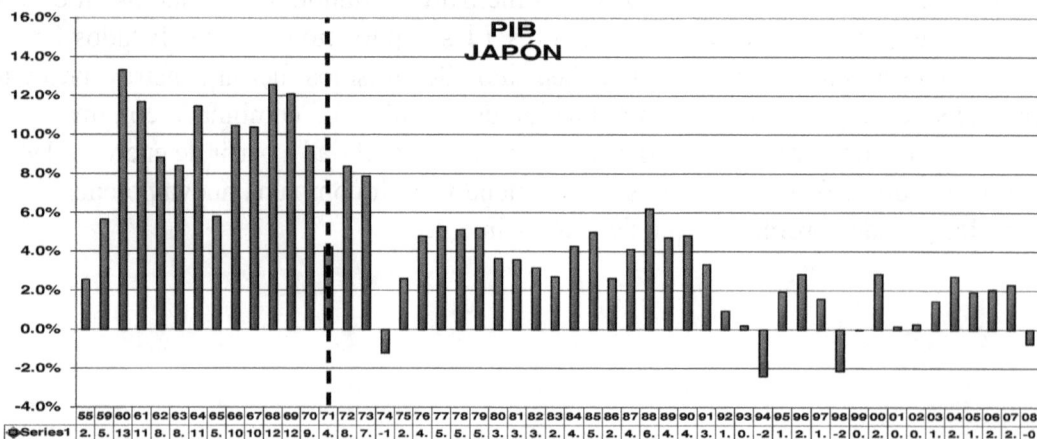

Esto se debe a que a partir de agosto de 1971, cambian de paridad fija a libre flotación en base a la oferta y la demanda, (gravísimo error) ya que con ello, mientras más dólares se generen en base a sus exportaciones, se reduce el precio del dólar con lo cual se abarata todo lo extranjero y se encarece todo lo nacional (ver gráfica siguiente)

JAPÓN
Sobrevaluación del yen (1955-2008)

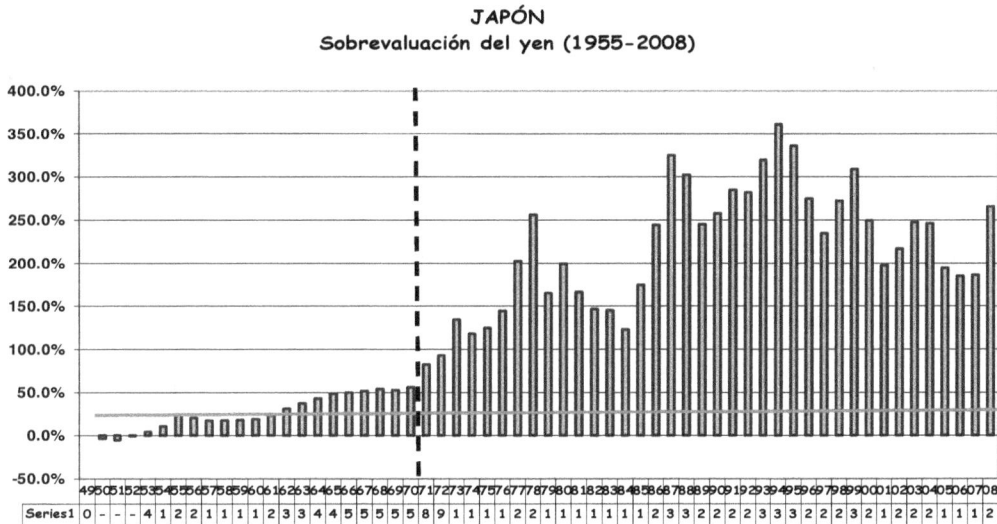

En respuesta a las crisis del petróleo de 1973 y 1979 y para cuidar su energía, cambiaron la producción de las industrias que consumían muchos energéticos a otros países, principalmente hacía los países llamados **"Tigres Asiáticos"** conservando la industria automotriz, los artículos electrónicos y los chips.

Explosión de la burbuja

La euforia del crecimiento del Japón empezó a golpearlos a principios de los 80's lo cual se conoce como la **"Explosión de la Burbuja"** y el colapso de los países orientales.

En septiembre de 1985 los países más industrializados acordaron revaluar sus monedas con el fin de ayudar a reducir el déficit en cuenta corriente tan elevado que tenía los Estados Unidos en esa época, después de que el yen se revaluó dramáticamente, las exportaciones comenzaron a declinar, ya que a principio de 1985; su valor era de $ 250 yenes y a mediados de 1987 de $150.00 yenes por dólar. Con este famoso acuerdo, Japón se hizo el **haraquiri**, ya que sus productos se elevaron aún más de precio en forma importante a nivel internacional

En 1986 en lugar de que se redujeran las tasas de interés a efecto de promover la inversión y el crecimiento, se elevaron el precio de las acciones y el valor de los bienes inmuebles. Para 1989 el valor de las acciones eran 100 veces las ganancias anuales corporativas, o sea una sobrevaluación del 400 al 500%. Con el incremento de las acciones y los bienes inmuebles, se estimuló un boom hacia las inversiones y un rápido crecimiento económico. Presintiendo una crisis, se incrementaron rápidamente las tasas de interés en 1989 y 1990 esperando que la economía se ajustara gradualmente, en lugar de eso, la burbuja explotó y las acciones perdieron el 70% de su valor entre 1989 y 1992. Se bajaron las tasas de interés y el gobierno realizó diferentes medidas buscando estimular la economía a través de un mayor gasto.

En 1996 se bajaron los gastos del gobierno e incrementaron el impuesto al consumo, sin embargo en 1987 pocos meses después, el valor de varias monedas asiáticas cayeron dramáticamente causando una crisis en la región. En 1987 el PIB de Japón cayó 5% y a finales de 1989 las acciones estaban un 65% abajo del precio de 1990, también los bienes inmuebles se redujeron un 80%.

La combinación de esos factores significó que muchas compañías no pudieran pagar sus pasivos con los bancos, el monto incobrable fue de 600 mil millones de dólares, por lo que el gobierno revirtió este efecto, a través de tres paquetes de gastos:

- Uno a través de una serie de billetes para reactivar su economía.

- Crear fondos para proteger o comprar bancos quebrados,

- Absorber cuentas incobrables a los depositantes, (El FOBAPROA japonés) con esto se esperaba la recuperación del Japón, sin embargo su economía permanece estancada a la fecha.

Su Producto Interno Bruto ha caído desde 1990, y lo curioso es que a pesar de haber logrado alta competitividad gracias a su tecnología de punta, a lo calificado de su personal y al trabajo y esfuerzo realizado durante más de cincuenta años, la sobrevaluación del yen los está afectando.

Japón es una muestra palpable del error que representa el fijar el tipo de cambio basándose en la oferta y demanda del mercado, ya que mientras más divisas se generen, estas reducen de precio todo lo que proviene del exterior y por otra parte se encarece todo lo que se genera desde el interior. La gran capacidad exportadora de Japón y el haber dejado flotar su moneda significó que los productos japoneses incrementaran de valor.

(Ver las cifras económicas del Japón)

La China Moderna

En 1980 el 65% de la población tenía menos de 30 años.China tiene una población (según cifras a diciembre del 2008) de 1.337,400,000 habitantes. La densidad de población es de 134 hab/km².

La migración del campo a las ciudades fue prohibida en 1950 a causa de la falta de trabajo (Enciclopedia Encarta 2003). Actualmente China es la tercera economía, la primera receptora de inversión extranjera directa, la de mayores reservas internacionales, la segunda en generación de electricidad y capacidad instalada, sus exportaciones son mayores a las de Estados Unidos, pero a este país no le ayudaron las circunstancias, sino ellos mismos fueron construyendo y tomando el mando de su destino a través de la reducción de su inflación, combinada con una devaluación gradual de su moneda en un principio, seguida de una estabilidad a partir de enero de 1994, (fecha de su última devaluación) la cual les está permitiendo surgir como una nueva potencia económica, a pesar de los grandes problemas que tiene actualmente.

Si dejaran flotar su moneda, la entrada de divisas originadas por el incremento de sus exportaciones y el aumento de la inversión extranjera tanto directa como en cartera, revaluaría su moneda (el yuan), lo cual encarecería sus productos en el exterior, y quitaría atractivo a la inversión extranjera, ya que no sería tan económico producir en China, por lo que se perderían de inmediato el terreno ganado. La reducción de precios originado por la mano de obra barata es lo que China quiere que el mundo crea. La política que ha seguido China la están copiando ya varios países, gracias a que no existen reglas para la fijación de políticas monetarias, situación que se origina por el desconocimiento de la mayoría de los países con relación al efecto que estas pueden originar en los precios.

Esta efectiva estrategia lógicamente la han mantenido en secreto, y de manera complementaria han realizado una serie de acciones enfocadas a incrementar su competitividad, y a revertir los problemas generados por un gobierno centralista, su plan muestra tres objetivos claves para la siguiente década.

- Mejorar la utilización de los recursos de China, removiendo los obstáculos actuales, logrando una mayor integración entre los diferentes segmentos que se han desarrollado separadamente y bajo diferentes reglas.

- Mejorar las leyes con relación a los derechos de propiedad.

- Mejorar la capacidad del gobierno para soportar el desarrollo económico.

Los principios básicos son:

- Restaurar la solvencia de su sistema financiero

- Apoyo a los mecanismos del mercado como una fuerza dominante para reestructurar los sectores de negocios.

- Mantener las finanzas públicas sobre bases sostenibles.

El principal precursor de este desarrollo fue Deng Xiaoping (1978-1988) al cual en un principio le fue difícil subir al poder, debido a que los dirigentes radicales le impidieron que ocupara el cargo de primer Ministro, sin embargo en 1977 desempeñó un puesto como sustituto del primer Ministro, finalmente llego al poder y desde mi punto de vista, el pueblo Chino no le ha reconocido o no se ha dado cuenta de su importante labor que desempeñó para llevar a su país del estancamiento y la pobreza, al crecimiento y desarrollo en unos cuantos años.

Antes de que Deng tomara el poder, China era un país agrícola, con muy pocas industrias, y gravísimos problemas de todo tipo, durante la época de Mao a los profesionistas y jóvenes educados en las ciudades se les enviaba al campo para elevar su nivel cultural; de 1969 a 1979 las escuelas permanecieron cerradas, situación que generó un elevado número de analfabetas, es importante recordar que en esa época, China alcanzaba los más altos niveles de pobreza, así como los más bajos en educación y salud, el 80% de su población tenía rentas menores a un dólar y solo una tercera parte de los adultos eran capaces de leer y escribir. Antes de 1978 ya únicamente el 12% percibía menos de un dólar diario, la esperanza de vida era ya de 70 años, y el analfabetismo entre las personas de 15 a 25 años era del 7%.

Recordando la frase que comentamos en el Capítulo I Deng Xiaoping **"ahora vamos a utilizar todo el dinero que han creado los capitalistas para nuestro crecimiento"** lo cual cumplió al pie de la letra, Deng era una persona brillante y discreta ya que mantenía su influencia en forma oculta, incluso cedía sus títulos y logros. Favoreció una política que permitió el desarrollo comercial e industrial, atrayendo inversiones extranjeras, con lo cual generó un rápido desarrollo económico, pero también le critican de que desencadenó una crisis social considerable ya que las grandes urbes crecieron a un ritmo mayor que el resto del país, y a pesar de todas las medidas adoptadas, (algunas demasiado estrictas), se han originado graves desequilibrios entre el campo y la ciudad. Esto se origina por el alto crecimiento que estaban teniendo las grandes ciudades, lo cual generó un crecimiento incontrolable de las mismas, situación que obligó al gobierno a mantener un estricto control, y así, una persona debe tener la aprobación gubernamental y la garantía de una residencia y empleo antes de trasladarse. Por otra parte se ha producido un cierto movimiento dentro de las grandes ciudades como consecuencia de la destrucción a gran escala de viviendas antiguas en mal estado, y su sustitución por edificios de apartamentos de cuatro y cinco pisos. Por otra parte se prohíbe a las familias el tener más de un hijo, por lo que si el gobierno descubre que un matrimonio tiene más de un hijo, se los quita y lo manda en adopción fuera de China. Recientemente el Canciller alemán recriminó al representante de China en una reunión internacional comentando que tales disposiciones violan los derechos humanos, entonces el representante del gobierno Chino le dijo: si ustedes dan cabida a 15 millones de nuestros compatriotas en forma anual, le prometo que seremos el país más respetuoso que pueda existir sobre la tierra, con relación a los derechos humanos; el Canciller alemán tragó saliva y ya no dijo nada.

Estrategia seguida por Deng

Para esto le pido que analicen la siguiente tabla y principalmente las columnas (9) y (10) en la cual se muestra la inflación por año columna (9) y el porcentaje de devaluación columna (10):

En 1978 Deng Xiaoping llegó al poder y a partir de 1979 empezó a devaluar el Yuan pero cuidando que la inflación de China en forma anual no excediera del 25%, esto con el fin de no perder el control de la inflación. Y durante su periodo de gobierno realiza tres devaluaciones importantes: en 1981, 1984 y en 1989.

El periodo de gobierno en China es de 10 años, razón por la cual Deng se aseguró de designar a un sucesor que diera continuidad a su plan de devaluar el yuan en mayor proporción a la inflación, en un periodo en el que el mundo no había puesto los ojos en China.

Su sucesor Jiang Zemin (1990 al 2003) continúa con el mismo plan y en enero de 1994 realiza la última devaluación importante de la moneda China; y a partir de ese momento va reduciendo la inflación a prácticamente 0% y en algunos años con deflación.

CHINA

(1)	(2)	(3)	(4)	(5)	(6)	(7)	(8)	(9)	(10)
DETERMINACIÓN DEL TIPO DE CAMBIO TÉCNICO									
		Inflación Acumulada		Factor	2.4618		Sobre/ (Sub) Valuación		
		CHINA	USA		Técnico	Mercado	%	% Inflac.	% Devaluac.
FECHA									
SEP	1971	100.00%	100.00%	1.000	2.4618	2.4618	0.0%	% Inflac.	% Devaluac.
DIC	1972	100.23%	103.41%	0.969	2.3863	2.2401	6.5%	0.2%	-9.01%
DIC	1973	100.23%	112.41%	0.892	2.1952	2.0202	8.7%	0.0%	-9.82%
DIC	1974	100.93%	126.28%	0.799	1.9677	1.8397	7.0%	0.7%	-8.93%
DIC	1975	101.17%	135.04%	0.749	1.8444	1.9663	-6.2%	0.2%	6.88%
DIC	1976	101.64%	141.61%	0.718	1.7669	1.8803	-6.0%	0.5%	-4.37%
DIC	1977	104.21%	151.09%	0.690	1.6978	1.7300	-1.9%	2.5%	-7.99%
DIC	1978	107.01%	164.72%	0.650	1.5993	1.5771	1.4%	2.7%	-8.84%
DIC	1979	107.24%	186.62%	0.575	1.4147	1.4962	-5.4%	0.2%	-5.13%
DIC	1980	115.19%	209.98%	0.549	1.3505	1.5303	-11.8%	7.4%	2.28%
DIC	1981	117.99%	228.71%	0.516	1.2700	1.7455	-27.2%	2.4%	14.06%
DIC	1982	120.33%	237.47%	0.507	1.2474	1.9227	-35.1%	2.0%	10.15%
DIC	1983	122.66%	246.47%	0.498	1.2252	1.9809	-38.2%	1.9%	3.03%
DIC	1984	125.93%	256.20%	0.492	1.2101	2.7957	-56.7%	2.7%	41.13%
DIC	1985	140.89%	265.94%	0.530	1.3042	3.2015	-59.3%	11.9%	14.52%
DIC	1986	150.93%	268.86%	0.561	1.3820	3.7221	-62.9%	7.1%	16.26%
DIC	1987	164.02%	280.78%	0.584	1.4381	3.7221	-61.4%	8.7%	0.00%
DIC	1988	198.13%	293.19%	0.676	1.6636	3.7221	-55.3%	20.8%	0.00%
DIC	1989	230.37%	306.81%	0.751	1.8485	4.7221	-60.9%	16.3%	26.87%
DIC	1990	233.64%	325.55%	0.718	1.7668	5.2221	-66.2%	1.4%	10.59%
DIC	1991	245.56%	335.52%	0.732	1.8017	5.4342	-66.8%	5.1%	4.06%
DIC	1992	266.59%	345.26%	0.772	1.9009	5.7518	-67.0%	8.6%	5.84%
DIC	1993	311.92%	354.74%	0.879	2.1646	5.8000	-62.7%	17.0%	0.84%
DIC	1994	387.40%	364.23%	1.064	2.6184	8.3174	-68.5%	24.2%	43.40%
DIC	1995	452.87%	373.48%	1.213	2.9851	8.3174	-64.1%	16.9%	0.00%
DIC	1996	490.46%	385.89%	1.271	3.1289	8.2982	-62.3%	8.3%	-0.23%
DIC	1997	504.19%	392.46%	1.285	3.1627	8.2798	-61.8%	2.8%	-0.22%
DIC	1998	500.16%	398.78%	1.254	3.0876	8.2787	-62.7%	-0.8%	-0.01%
DIC	1999	493.16%	409.49%	1.204	2.9648	8.2795	-64.2%	-1.4%	0.01%
DIC	2000	494.63%	423.36%	1.168	2.8763	8.2774	-65.3%	0.3%	-0.03%
DIC	2001	497.11%	429.93%	1.156	2.8465	8.2768	-65.6%	0.5%	-0.01%
DIC	2002	457.34%	440.15%	1.039	2.5580	8.2773	-69.1%	-8.0%	0.01%
DIC	2003	462.83%	448.42%	1.032	2.5409	8.2767	-69.3%	1.2%	-0.01%
DIC	2004	480.88%	463.02%	1.039	2.5568	8.2769	-69.1%	3.9%	0.00%
DIC	2005	489.53%	478.83%	1.022	2.5168	8.0702	-68.8%	1.8%	-2.50%
DIC	2006	496.88%	491.00%	1.012	2.4913	8.0702	-69.1%	1.5%	0.00%
DIC	2007	520.73%	511.04%	1.019	2.5085	6.8410	-63.3%	4.8%	-15.23%
DIC	2008	553.53%	511.50%	1.082	2.6641	6.8392	-61.0%	6.3%	-0.03%

Fuente International Financial Statistics Yearbook 1994 y International Monetary Fund October 2008.

Su crecimiento inicialmente estaba creando desequilibrios en su desarrollo regional, por la falta de infraestructura

Su crecimiento en un principio estaba produciendo un aumento desproporcionado entre las regiones, ya que el crecimiento del PIB por regiones fue mayor en las ciudades de la costa, después en las del centro y por último en el Oeste, tal y como lo podemos ver en la siguiente tabla, la cual muestra el crecimiento del PIB por ciudades de 1980 a 1999. Este desequilibrio era el reflejo de su pobre integración, básicamente en su infraestructura, transportación, y comunicación.

En un principio las ciudades del gobierno estuvieron más limitadas y controladas por un gobierno controlador y centralista, afortunadamente su gobierno fue cambiando de una economía cerrada hasta una economía abierta, ya que en un principio no se les permitía atraer inversión extranjera.

A diferencia de la India, China ha estado creando una infraestructura impresionante en todos aspectos: carreteras, aeropuertos, ferrocarriles, puertos marítimos, plantas industriales, centros habitacionales etc. etc. aspectos que le están permitiendo crecer en forma ya no aritmética sino geométrica, siendo esta la razón por la cual la manufactura china está desplazando a todas las economías inclusive la de los Estados Unidos.

La política del gobierno con relación al desarrollo de las ciudades de la costa ha incrementado su integración con la economía internacional. Estas están más en contacto con el comercio internacional, además de que tienen cerca los productos agrícolas de intensa actividad como lo son los vegetales.

Su visión y objetivos que fueron creando a partir de Deng Xiaoping, son de admirar, por ejemplo una joven mujer empresaria me comentaba que ha ido varias veces a China en diferentes épocas, y que se le hacía extraño que construyeran autopistas de 16 carriles cuando la gente aún andaba en bicicletas y no tenían autos, entonces ella les preguntaba a los chinos, ¿Para qué querían unas autopistas tan grandes y modernas si ellos no tenían automóviles? Y ellos le contestaban, no los tenemos ahora, pero en poco tiempo los vamos a tener.

Ver tabla de crecimiento del PIB de las principales ciudades de China de 1980 a 1999 en página siguiente.

Sin embargo, a pesar del crecimiento del ingreso per cápita en las ciudades, la mayor pobreza está en el campo, situación que ha originando grandes desigualdades económicas, los nuevos millonarios contrastan con la pobreza de los campesinos.

El medio de transporte más importante es el ferrocarril, que mueve unos dos tercios del tráfico de pasajeros y la mitad del de mercancías. Las carreteras han crecido desde una longitud de 80,000 km (en 1949), hasta un sistema de 1,402,698 km de los cuales aproximadamente el 85% está pavimentado. Toda la educación superior en China es gratuita, a través de la Televisión Central Popular la educación ha logrado un gran éxito.

A pesar de la muerte de Deng Xiaoping el 19 de febrero de 1997, el crecimiento de China continuó debido a que su sucesor Jiang Zemin, en su condición de Presidente de la República y jefe de las Fuerzas Armadas, ha dado seguimiento a los programas de Deng por lo que se convirtió en la figura indiscutible de la escena política de China. En noviembre de 1999, China se integró a la carrera espacial (tras Rusia y Estados Unidos), 42 años después del inicio de ésta: el primer vuelo orbital chino duró 21 horas y consistió en 14 vueltas a la Tierra.

El 10 de noviembre de 2001 fue aprobado el ingreso de China al WTO (World Trade Organization) lo cual marca un paso importante en la dirección de las reformas económicas que China ha seguido durante los últimos 20 años, sin embargo, surgieron problemas importantes con los Estados Unidos debido a que no aceptaban que China hiciera uso de las cláusulas denominadas de la nación más favorecida, (en estas se establecen privilegios a las naciones recién incorporadas). Como comentario al margen: Cuando México ingresó a dicha organización (anteriormente el GATT) nunca hizo uso de esos privilegios, sino lo único que aparentemente le interesaba a los representantes del Lic. Miguel de la Madrid, era que México entrara a efecto de mejorar las relaciones diplomáticas y disminuir las presiones que en esos momentos tenía nuestro país por la elevada deuda internacional (como se dice vulgarmente: nos lanzaron a la globalización como al borras).

CHINA
PIB PER CAPITA POR CIUDADES

	PIB per capita Cifras en Yuanes		Valores Reales		PIB per capita Cifras en dólares		Valores Dólares	Porcentaje
	1980	1999	Diferencia		1980	1999	Diferencia	%
	Indice	4.2813			Tipo de Cambio			
					1.5303	8.2795		
ESTE	3,593	12,360	8,767	244.0%	548.38	1,492.81	944.43	172.22%
Beijing	6,773	19,803	13,030	192.4%	1,033.78	2,391.81	1,358.03	131.36%
Tianjin	5,960	15,932	9,972	167.3%	909.63	1,924.27	1,014.65	111.55%
Hebei	1,828	6,913	5,085	278.1%	279.03	834.95	555.92	199.23%
Liaozing	3,288	9,958	6,670	202.9%	501.86	1,202.73	700.87	139.65%
Shanghai	11,722	30,805	19,083	162.8%	1,789.19	3,720.64	1,931.44	107.95%
Jiangzu	2,329	10,699	8,370	359.4%	355.49	1,292.23	936.74	263.51%
Fujian	1,468	10,969	9,501	647.0%	224.14	1,324.84	1,100.70	491.08%
Shandong	1,734	8,648	6,914	398.7%	264.65	1,044.51	779.85	294.67%
Guangdong	2,025	11,739	9,714	479.7%	309.09	1,417.84	1,108.75	358.71%
Guangxi	1,203	4,264	3,061	254.4%	183.62	515.01	331.38	180.47%
Hainai	1,190	6,227	5,037	423.2%	181.66	752.10	570.43	314.01%
CENTRAL	1,737	5,568	3,831	220.5%	265.14	672.47	407.33	153.63%
Shanxi	1,871	5,117	3,246	173.5%	285.56	618.03	332.47	116.42%
Inner Mognolia	1,477	5,400	3,923	265.6%	225.45	652.21	426.77	189.30%
Heilongjiang	1,644	6,302	4,658	283.3%	250.93	761.16	510.23	203.33%
Anhui	2,933	7,660	4,727	161.2%	447.62	925.18	477.55	106.69%
Juangxi	1,220	4,710	3,490	286.0%	186.24	568.87	382.64	205.46%
Henan	1,357	4,899	3,542	261.0%	207.15	591.70	384.55	185.64%
Hubei	1,832	5,227	3,395	185.3%	279.68	631.32	351.63	125.73%
Hunanan	1,563	5,227	3,664	234.5%	238.52	631.32	392.80	164.69%
OESTE	1,559	4,350	2,791	179.1%	237.94	525.42	287.48	120.8%
Sicuani	1,349	4,356	3,007	223.0%	205.84	526.12	320.28	155.59%
Guizhou	938	2,463	1,525	162.7%	143.11	297.48	154.37	107.87%
Yunnan	1,571	4,444	2,873	182.8%	239.82	536.75	296.93	123.81%
Shaanxi	1,434	4,107	2,673	186.4%	218.91	496.04	277.13	126.60%
Gansu	1,661	3,595	1,934	116.4%	253.55	434.20	180.66	71.25%
Qinghai	2,034	4,707	2,673	131.5%	310.40	568.51	258.12	83.16%
Ningxia	1,751	4,477	2,726	155.7%	267.27	540.73	273.47	102.32%
Xinjiang	1,734	6,653	4,919	283.7%	264.65	803.55	538.90	203.62%

Fuente: China consulting, foreign affairs 2004, Banco Mundial

TRANSFORMACIÓN DE LA ECONOMÍA CHINA

Comparativo entre los países más importantes dentro del marco global						
	EE.UU.	Japón	Alemania	Francia	Italia	China
Población	3	10	13	21	20	1
Superficie	4	60	61	76	42	3
Poder de compra	1	3	5	6	7	2
Economía	1	2	4	5	6	3
% de Crecimiento (90-07)	3%	2.0%	3.1%	2.7%	2.3%	9%

Fuente: Banco Mundial, FMI, Goldman Sachs.

	1980	1985	1990	1995	2000	2008
Exportación de Mercancías MMD	18.0	25.1	51.5	128.1	249.1	1,434.6
Importación de Mercancías MMD	16.9	38.2	42.4	110.1	232.1	1,073.9
Inversión Extranjera Directa MMD	0.4	1.7	3.5	35.8	38.4	147.8
Reservas Internacionales MMD	6.5	25.5	48.4	107.0	211.0	1,758.7
% PIB	7.8%	16.2%	3.8%	10.5%	8.4%	10.0
Ingreso per cápita USD	184.42	286.96	379.16	624.30	847.20	3,655.0

Exportaciones de mercancías
China, USA, India
Dólares del 31 -12-08

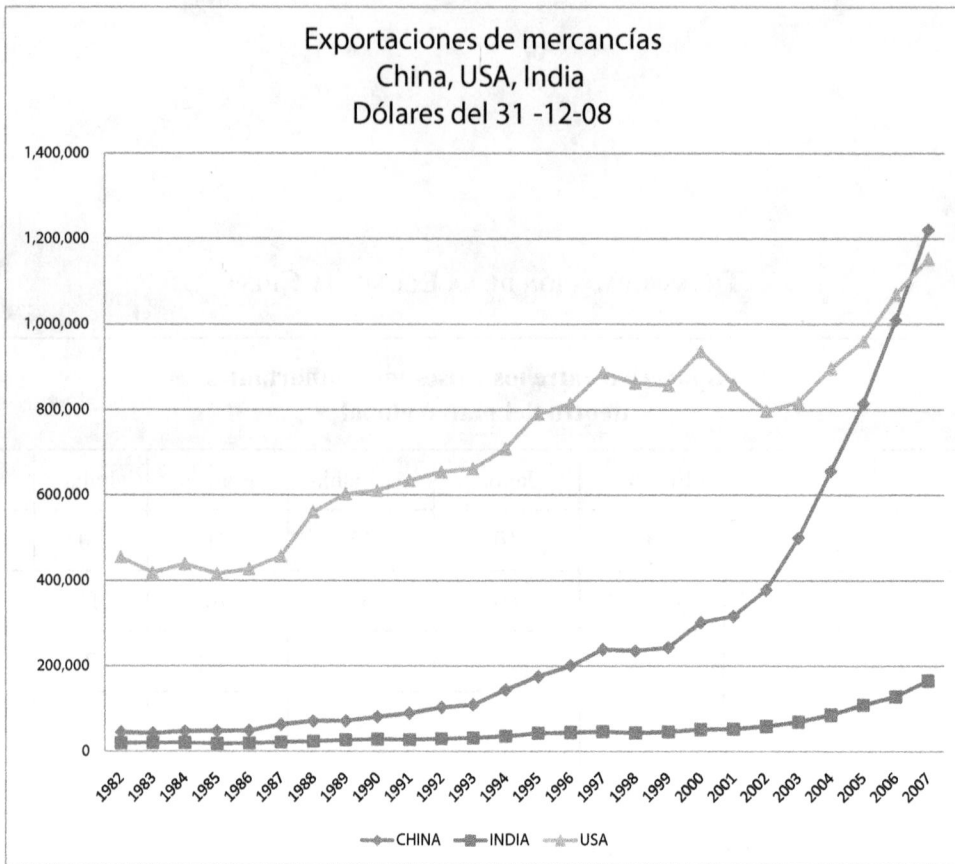

Fuente: de la tabla y de la gráfica anterior International Financial Statistics Yearbook de varios años

CHINA
Reservas internacionales en dólares

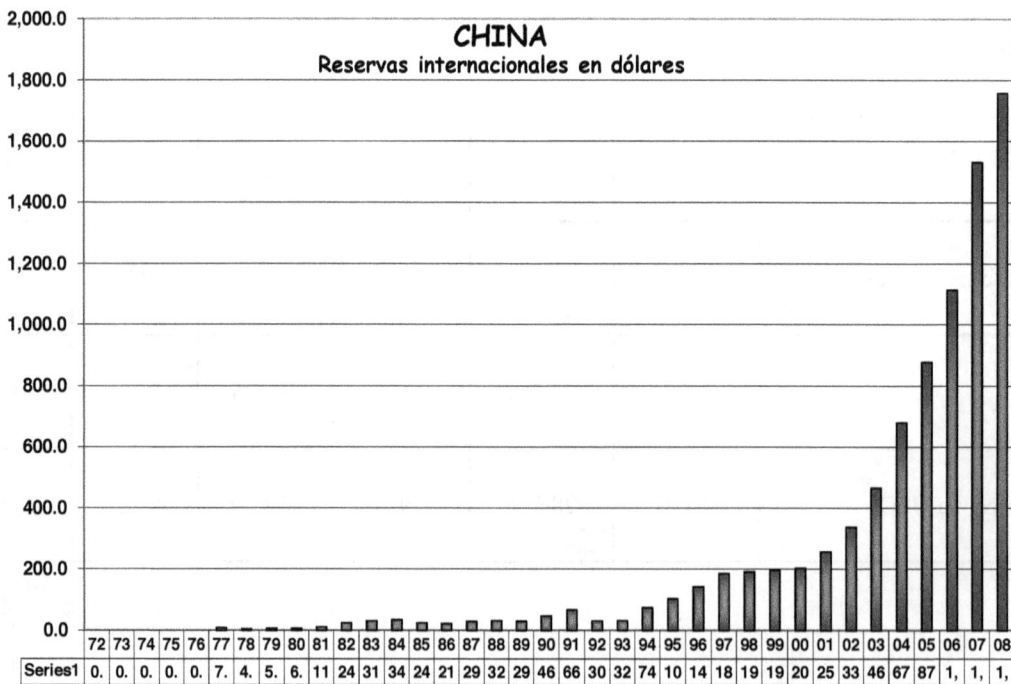

	72	73	74	75	76	77	78	79	80	81	82	83	84	85	86	87	88	89	90	91	92	93	94	95	96	97	98	99	00	01	02	03	04	05	06	07	08
Series1	0.	0.	0.	0.	0.	7.	4.	5.	6.	11	24	31	34	24	21	29	32	29	46	66	30	32	74	10	14	18	19	19	20	25	33	46	67	87	1,	1,	1,

El crecimiento de las reservas de China las cuales han tenido un crecimiento del 74,899% en 31 años, ya que pasaron de 2,345 millones de dólares en 1977 a 1,758,732 millones de dólares, reservas superiores a las de todos los países del continente americano, incluyendo a Estados Unidos y Canadá.

CHINA

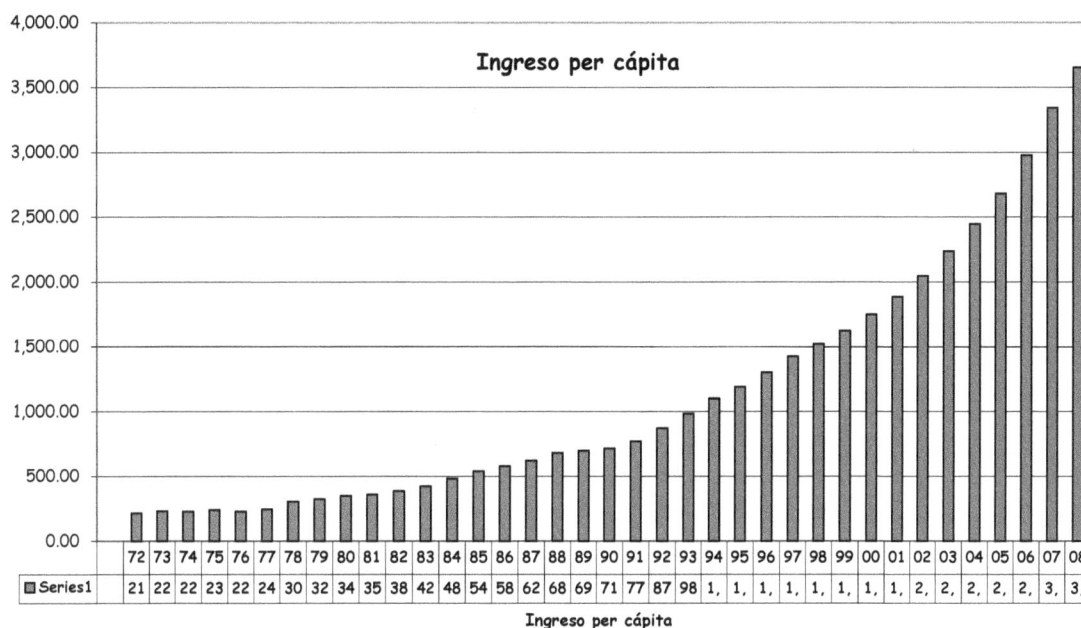

Lo mismo sucede con el incremento en su ingreso per cápita, el cual ha tenido un crecimiento del 1,596% en 38 años, ya que paso de $215.44 dólares anuales en 1972 a $3,654.95 dólares anuales a diciembre del 2008.

Yo considero que las personas que tienen un altísimo índice de cociente intelectual pueden **no ser inteligentes**, desde mi punto de vista, ya que a pesar de que puedan resolver grandes problemas y hacerlo a la velocidad del rayo, si no tienen visión, se estrellarán contra todo lo que se les ponga enfrente, lo mismo que los autos de las ferias, van de un lado para otro a la velocidad del rayo, chocando contra todos, pero sin lograr nada; para mí la verdadera inteligencia está en las personas que tienen visión y sentido a pesar de que su cociente intelectual no sea alto.

El éxito de China se debió a Deng Xiaoping el cual decía en 1978: *"la esencia de las reformas era construir los cimientos para un desarrollo sostenido para la próxima década y los primeros cincuenta años del próximo siglo". "En este siglo, nosotros daremos dos pasos, -que representan la solución de los problemas de una adecuada alimentación y vestido de nuestra gente-. En el próximo siglo pasaremos otros 30 o 50 años para alcanzar la meta del otro paso – que es alcanzar el nivel que tienen los países de desarrollo moderado en el mundo"* [10]

Actualmente China se convierte en el mercado con mayor apertura a escala mundial en donde como se puede ver en una de las últimas gráficas, ya rebasó a los Estados Unidos en exportaciones de mercancías, y lo seguirá rebasando conforme pase el tiempo, si no se establecen reglas en el aspecto monetario como ya lo he comentado a través de este libro.

Debilidades que surgieron por la crisis de los Países Orientales

La devaluación que sufrieron los países llamados los Tigres del Oriente (Corea, Tailandia, Indonesia, Malasia, Singapore, Kuwait) ocasionaron que los precios de los productos chinos ya no fueran tan baratos frente a estos países, situación que originó un descenso en el crecimiento de PIB de China desde 1996, ya que era superior al 10% y disminuyó al 8%, lo mismo que sus exportaciones crecieron el 28% en el 2000, y sólo el 6.9% en el 2001. En base a lo anterior China

---

[10] Fuente: Wang Mengkui, China´s Economic, pp. 32- 38

quería devaluar su moneda pero no la dejaron, razón por la cual los productos chinos dejaron de ser tan baratos, sin embargo la adopción de la política monetaria de libre flotación de acuerdo a las fuerzas del mercado de los Tigres del Oriente han elevado nuevamente en forma gradual los precios de sus productos, situación que está influyendo para que China recupere el crecimiento que había logrado en años anteriores.

PIB
CHINA

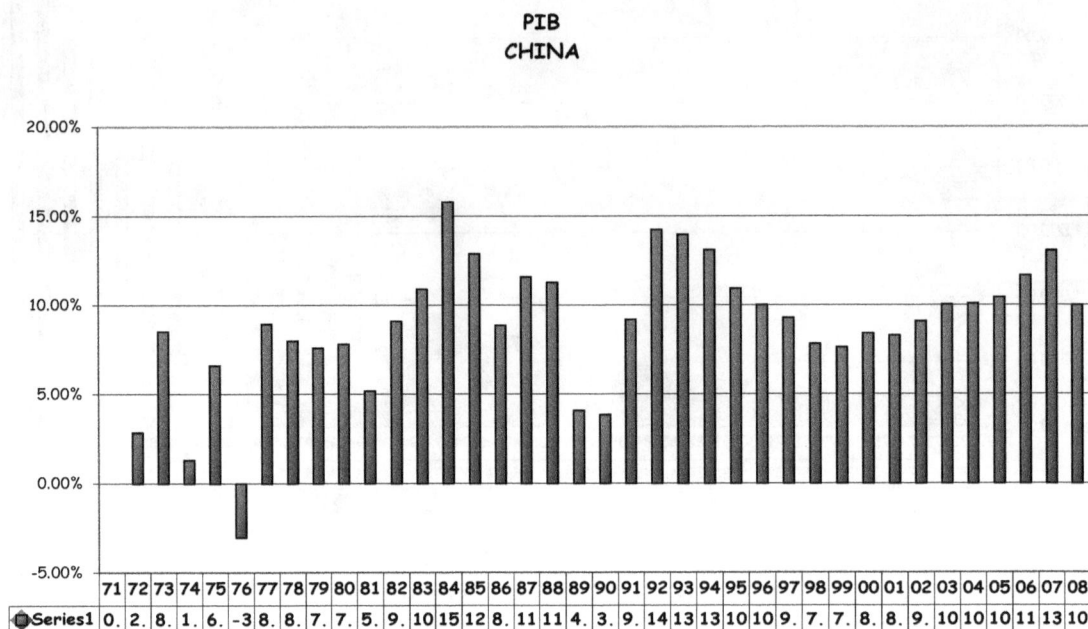

Fuente: de la tabla y de la gráfica anterior International Financial Statistics Yearbook de varios años

PORCENTAJES DE INGRESO DEL GOBIERNO SOBRE EL PBI

CIFRAS PARA 1999

PAÍS	PORCENTAJE
CHINA	20.4
OECD Promedio	37.8
Estados Unidos	31.0
Unión europea	45.0
Japón	37.6
Brasil	31.7
Rusia	29.8

Obstáculos en el campo

Trigo, soja y algodón son producidos en el norte, mientras que el arroz, azúcar, y granos son producidos en el sur, los vegetales que requieren trabajo intensivo se producen en las costas y en áreas adyacentes a las ciudades.

La intervención del gobierno ahora es limitada, con excepción de los granos, y así *"en 1981, la agricultura representaba 31.8 del PIB y empleaba el 71% de la fuerza laboral. Para 2004, estas cifras representaban 15% y 56.9% respectivamente".* [11]

---

[11] Fuente China entre el reto y la oportunidad Arturo Oropesa García pp. 58

Impedimentos estructurales al desarrollo futuro de la industria

Cada día hay menos empresas en manos del gobierno, actualmente son menos del 30% sin embargo ocupan la mitad de los trabajadores de la industria.

Las industrias en China son ineficientes y hay muchas empresas que producen lo mismo, por ejemplo hay 200 productoras de automóviles las cuales terminan pocos miles de unidades por año, hay 8,000 cementeras comparadas contra 110 en USA, 51 en Rusia, 58 en Brasil y 106 en India.

Crecimiento obstaculizado por el sistema financiero

En China el sistema financiero ha hecho importantes progresos principalmente en el mercado de valores en donde la captación en estos mercados es más del 50% del PIB. A pesar de eso el crédito está inadecuadamente distribuido, ya que las empresas que son del gobierno son las que reciben mayores créditos, además de la limitada habilidad de variar las tasas de interés de acuerdo al riesgo.

El gobierno controla los bancos y los préstamos otorgados son sin contratos y garantías. Actualmente de los 100 bancos que hay en China, sólo uno es privado, los demás son controlados por el gobierno, sin embargo están abiertos a la inversión extranjera directa, sobre todo en el mercado de capitales, y esto pondrá presión sobre el marcado de valores sobre todo en las acciones de las empresas locales, las cuales se ven sobrevaluadas comparadas con otros mercados internacionales.

Incrementando la utilización de la mano de obra

La prioridad clave debe ser la de cambiar prácticas heredadas con relación a la prohibición para que los trabajadores del campo trabajen en las ciudades, esto se originó por la sobrepoblación que estaban teniendo las grandes ciudades, para esto será necesario la expansión de algunas ciudades y la creación de otras. Otra prioridad debe de ser el aumentar el promedio de años de educación de 9 a 12, así como incrementar el número de estudiantes que completen el primer nivel de educación a un 25%.

Haciendo mejor uso de la tierra y de los recursos

El crecimiento industrial tiene sus desventajas, ya que la tercera parte del país sufre de lluvia ácida y tienen agua contaminada y severos problemas de contaminación, esto es originado por la corrupción y la falta de leyes para proteger el medio ambiente. Por otra parte necesitan las cortes mejorar su capacidad para interpretar las leyes a efecto de que exista una mayor legalidad en las disputas.

Debería de existir una mayor coordinación entre el gobierno y las agencias para desarrollar una comprensible y eficaz estrategia ambiental.

En marzo de 2003, en el marco de la X Asamblea Nacional Popular. Hu Jintao sucedió a Jiang Zemin en la presidencia del país., Wen Jiabao a Zhu Rongji en el cargo de primer Ministro, y Wu Bangguo a Li Peng al frente del propio Parlamento.

Lo importante en este momento es observar si **Hu Jintao** logra mantener o incrementar el desarrollo económico de China que tan inteligentemente habían logrado Deng Xiaoping y su sucesor Jiang Zemin, ya que a partir de que Hu tomó el poder, la inflación se está incrementando en forma importante. Si analiza la hoja de cálculo en Excel podrán observar que a partir de 1998 la inflación era mínima e inclusive en algunos años tuvieron deflación, pero a partir de que tomó el poder Hu Jintao en el 2003, la inflación fue del 1.2%, en el 2004 4.31% y en el 2005 de 8.27%, si esto continúa con un tipo de cambio fijo, China va a dejar de ser un país barato, situación que se va a reflejar en forma inmediata en el crecimiento de su producto interno bruto y sus exportaciones.

China tuvo que afrontar recientemente otro grave problema: el derivado del brote de una enfermedad, el síndrome respiratorio agudo severo (SRAS, también conocido como neumonía asiática o atípica), cuyo primer caso reconocido se registró en febrero de 2003.

La contaminación es el principal problema que tiene China

La industrialización está causando graves daños al medio ambiente de China, y actualmente ya están contaminados sus ríos, lagos, así como el aire de sus principales ciudades, situación que los pone ante un problema muy grave. A Japón le pasó lo mismo y como lo comento al principio de este Capítulo tomaron la decisión de mandar fuera de su país a las industrias que contaminaban, quedándose únicamente con la industria automotriz, la electrónica y la que requería de alta tecnología. Posiblemente China haga lo mismo en el mediano plazo, una vez que vaya mejorando su tecnología.

Aspectos que nos deben de hacer reflexionar:

Yo creo que este capítulo debe de representar una seria reflexión sobre nuestro país, ya que la problemática que tenía China era incomparablemente mayor a la problemática actual de nuestro país, sin embargo después de todo, y a pesar de lo que digan, **"seguimos sin rumbo"** ya que desafortunadamente el rumbo de nuestro país lo fija: las fuerzas del mercado y la lucha por el poder.

En una junta de planeación estratégica en el año de 1987, los ejecutivos del corporativo de una empresa norteamericana con filiales en todo el mundo (Square D), rechazaron la mayor parte de las inversiones que el representante de China solicitaba, debido a que consideraban que China era un país con grandes riesgos en aquella época; recuerdo la cara de desesperación y desaliento del Contralor de China, entonces se encogió de hombros y comentó: a pasar de la desconfianza que tienen con relación a mi país, yo les aseguro que nuestro gobierno tiene muy claro el rumbo, y también les puedo decir que en estos momentos, ya hemos tomado el camino que nos llevará hacia el pleno crecimiento y prosperidad, y pronto seremos una potencia económica, sólo les pido tres cosas muy importantes con relación a mi país: *la primera es "paciencia, la segunda es paciencia y la tercera paciencia".* Recuerdo que todos se rieron de buena gana, y comentaron que chinito tan simpático, sin embargo a mí en lugar de darme risa, me dio una profunda tristeza y envidia, y en esos momentos pensé y sigo pensando; *¿Cuándo será el día en que nuestro país tome el rumbo que nos lleve por el camino que ya en esos momentos había tomado China?.* Espero poder vivir para verlo, y también deseo que *cuándo México tome ese camino, no sea ya demasiado tarde.*

CAPÍTULO VI

Las devaluaciones y sus causas

¿Por qué ocurre una devaluación?

Esto es algo muy fácil de explicar y para ello únicamente hay que entender lo siguiente regla:

a)   Si un país ajusta su tipo de cambio de acuerdo a su inflación, entonces sus precios en los mercados globalizados se mantiene sin cambios.

b)   Si ajusta su tipo de cambio en proporción mayor a su inflación, entonces sus precios en los mercados globalizados disminuyen.

c)   Si ajusta su tipo de cambio en proporción menor a su inflación, entonces sus precios en los mercados internacionales aumentan.

Vamos a recordar nuevamente el ejemplo del capítulo II en donde un país tiene una inflación del 82% a través de 10 años, que su tipo de cambio en el año "0" era de $10.00 pesos por dólar y que el precio de un bien dentro de ese país era de $1,000.00 pesos. Entonces lógicamente que en el año "10" el precio de ese bien ahora es de $1,820 pesos, lo interesante va a ser ver qué ocurre ante diferentes ajustes del tipo de cambio a través de esos 10 años y para tal efecto les pido que vean la siguiente tabla:

AÑO 0			AÑO 10				
Dentro del país	T.C.	Fuera del país	Precios en el país	% Inflación	T.C.	% ajuste T.C.	Precios fuera del país
(1)	(2)	(3)	(4)	(5)	(6)	(7)	(8)
A 1,000.00	10.00	100.00	1,820.00	82.00%	18.20	82.00%	100.00
B 1,000.00	10.00	100.00	1,820.00	82.00%	22.75	127.50%	80.00
C 1,000.00	10.00	100.00	1,820.00	82.00%	13.00	30.00%	140.00

a)   En la opción A el tipo de cambio se ajustó en una proporción **igual** que la inflación ver columna (5) y columna (7), entonces al dividir el precio del bien que en año 10 se incrementó de $1,000 pesos columna (1) a $1,820 Columna (4) nos da por resultado el mismo precio: $1,000/10.00 = $100.00 igual que $1,820 / 18.20 = $100.00 dólares.

b)   En la opción B el tipo de cambio se ajustó en una proporción **mayor** a la inflación ver columna (5) 82% y columna (7), 127.50% entonces, al dividir el precio del bien que en año 10 tiene un precio de $1,820 contra un tipo de cambio ajustado en una proporción mayor a la inflación de 10 años, nos da por resultado una reducción de los precios. $1,000/10.00 = $100.00 en el año "0", comparado contra $1,820 / 22.75 = $80.00 dólares en el año "10".

c)   En la opción C el tipo de cambio se ajustó en una proporción **menor** a la inflación ver columna (5) 82% y columna (7), 30.00% entonces al dividir el precio del bien que en año 10 tiene un precio de $1,820 contra un tipo de cambio ajustado en una proporción menor a la inflación de 10 años nos da por resultado un incremento de los precios. $1,000/10.00 = $100.00 en el año "0", comparado contra $1,820 / 13.00 = $140.00 dólares en el año "10".

Estos desajustes originan las devaluaciones y los ciclos económicos de los países que se encarecen, debido a que por tratar de mantener una moneda fuerte y una inflación baja, encarecen los bienes y servicios de todo lo que se produce desde dicho país.

Ahora vamos a analizar algunas devaluaciones que se han originado en el mundo:

Corea del Sur

Forma de gobierno.- República presidencialista con parlmento unicameral.

Capital.- Seúl.

Superficie.- 98,484 Km2.

Población.- 48 millones de habitantes.

Lengua.- Coreano

Religión.- Budismo, Confucianismo, minoría cristiana.

Producción.- Agricultura, industria (incluida minería).

La guerra de Corea

De 1950 a 1953 hizo estragos en Corea una guerra sangrienta entre unidades chinas y norcoreanas, de una parte, y surcoreanas y fuerzas, de la ONU y los Estados Unidos de la otra parte. La población civil fue la que más sufrió las consecuencias, se perdieron de 1 a 1,5 millones vidas humanas. Quedaron destruidas total o parcialmente varias ciudades, aproximadamente la mitad de la industria minera y dos tercios de las instalaciones industriales, así como dos tercios de la riqueza ganadera, la reconstrucción han creado nuevos valores.

Economía

Corea del Sur es la principal acreedora de sus vecinos, así como la principal economía exportadora de la región, razón por la cual sus problemas financieros contagiaron a la región.

La política cambiaria fija que habían implementado hasta 1997 generó presiones especulativas en su moneda; si analizan sus cifras económicas en la hoja de cálculo podrán observar que de una subvaluación del 11.4% en el año de 1985 el incremento de la inflación y la paridad fija fueron encareciendo gradualmente sus bienes y servicios por lo que en diciembre de 1995 su sobrevaluación era del 27.4%, esto originó que su producto interno bruto y sus reservas fueran disminuyendo, su déficit en su balanza comercial y cuenta corriente fueran incrementando hasta que en Octubre de 1997 la Bolsa de Valores de Hong Kong sufrió una severa caída. Entre julio de 1997 y enero de 1998 el won se devaluó más del 100%. Si ustedes observan en las cifras y gráficas de Corea, después de la devaluación de 1997 como es lógico y normal, la devaluación desalienta y crea desconfianza entre los inversionistas razón por la cual su producto interno bruto se vuelve negativo 6.7%, por otra parte como los bancos comerciales tenían invertida una parte importante de su capital en títulos bursátiles, con la caída de la Bolsa de Valores en más de un 50% durante el periodo de junio de 1997 a julio de 1998, afectó el capital de los bancos. Aunado a esto y debido a que desde 1993 se eliminó el control al crédito en el corto plazo, el endeudamiento en moneda extranjera a corto plazo se volvió insostenible. Con esto se retiró el crédito por parte de la banca comercial tanto nacional como internacional, con lo cual la crisis llegó a su clímax.

Por otra parte, la devaluación abarato el precio de sus bienes y servicios, razón por la cual su economía se vuelve a recuperar (analicen sus gráficas y cifras en esos años).

DETERMINACIÓN DEL TIPO DE CAMBIO TÉCNICO

FECHA		ÍNDICE COREA		USA	Anual	COREA	USA	Factor	373.5 Técnico	Mercado	Sobre/ (Sub) Valuación %
DIC	1971	8.341		41.100		100.00%	100.00%	1.000	373.50	373.50	0.0%
DIC	1985	46.831	2.52%	109.300	3.8%	561.45%	265.94%	2.111	788.54	890.20	-11.4%
DIC	1986	48.066	2.64%	110.500	1.1%	576.25%	268.86%	2.143	800.54	861.40	-7.1%
DIC	1987	49.547	3.08%	115.400	4.4%	594.01%	280.78%	2.116	790.17	792.30	-0.3%
DIC	1988	53.086	7.14%	120.500	4.4%	636.44%	293.19%	2.171	810.78	684.10	18.5%
DIC	1989	56.132	5.74%	126.100	4.6%	672.95%	306.81%	2.193	819.22	679.60	20.5%
DIC	1990	60.988	8.65%	133.800	6.1%	731.17%	325.55%	2.246	838.87	716.40	17.1%
DIC	1991	66.584	9.18%	137.900	3.1%	798.26%	335.52%	2.379	888.62	760.80	16.8%
DIC	1992	70.782	6.30%	141.900	2.9%	848.59%	345.26%	2.458	918.01	788.40	16.4%
DIC	1993	74.156	4.77%	145.800	2.7%	889.04%	354.74%	2.506	936.05	808.10	15.8%
DIC	1994	78.765	6.22%	149.700	2.7%	944.30%	364.23%	2.593	968.32	788.70	22.8%
DIC	1995	82.305	4.49%	153.500	2.5%	986.73%	373.48%	2.642	986.78	774.70	27.4%
DIC	1996	86.337	4.90%	158.600	3.3%	1035.08%	385.89%	2.682	1,001.85	844.20	18.7%
DIC	1997	90.206	4.48%	161.300	1.7%	1081.45%	392.46%	2.756	1,029.22	1,695.00	-39.3%
DIC	1998	97.000	7.53%	163.900	1.6%	1162.91%	398.78%	2.916	1,089.18	1,204.00	-9.5%
DIC	1999	97.800	0.82%	168.300	2.7%	1172.50%	409.49%	2.863	1,069.45	1,138.00	-6.0%
DIC	2000	100.000	2.25%	174.000	3.4%	1198.88%	423.36%	2.832	1,057.69	1,264.50	-16.4%
DIC	2001	104.100	4.10%	176.700	1.6%	1248.03%	429.93%	2.903	1,084.23	1,313.50	-17.5%
DIC	2002	106.900	2.69%	180.900	2.4%	1281.60%	440.15%	2.912	1,087.54	1,186.20	-8.3%
DIC	2003	110.700	3.55%	184.300	1.9%	1327.15%	448.42%	2.960	1,105.42	1,192.60	-7.3%
DIC	2004	114.700	3.61%	190.300	3.3%	1375.11%	463.02%	2.970	1,109.25	1,035.10	7.2%
DIC	2005	117.800	2.70%	196.800	3.4%	1412.27%	478.83%	2.949	1,101.61	1,011.60	8.9%
DIC	2006	120.500	2.29%	201.800	2.5%	1444.64%	491.00%	2.942	1,098.94	929.80	18.2%
DIC	2007	123.561	2.54%	210.036	4.1%	1481.34%	511.04%	2.899	1,082.66	928.50	16.6%
DIC	2008	130.875	5.92%	210.228	0.1%	1569.03%	511.50%	3.067	1,145.71	1,389.50	-17.5%

Después de la devaluación de su moneda, sus productos se volvieron más competitivos en precio, desafortunadamente, por la libre flotación el won se revaluó en 2006 y 2007, situación que influyó para que su moneda volviera a tener una devaluación en el 2008. La devaluación de las monedas de los países asiáticos afectó inicialmente a China, ya que sus productos perdieron competitividad en precio ante los Tigres Asiáticos, razón por la cual comenzó a disminuir su PIB, sin embargo la libre flotación empieza a encarecer los bienes y servicios de los Tigres Asiáticos, situación que está permitiendo a China lograr nuevamente crecimientos en su PIB en alrededor del 9% anual. El error más grande que puede cometer un país es seguir una política de libre flotación, ya que conforme aumenten las divisas a dicho país, se reducen de precio todos los artículos del exterior, pero se encarecen los productos del interior.

SOBRE O SUBVALUACIÓN DEL WON

COREA

SOBRE (SUB) VALUACIÓN DEL WONG

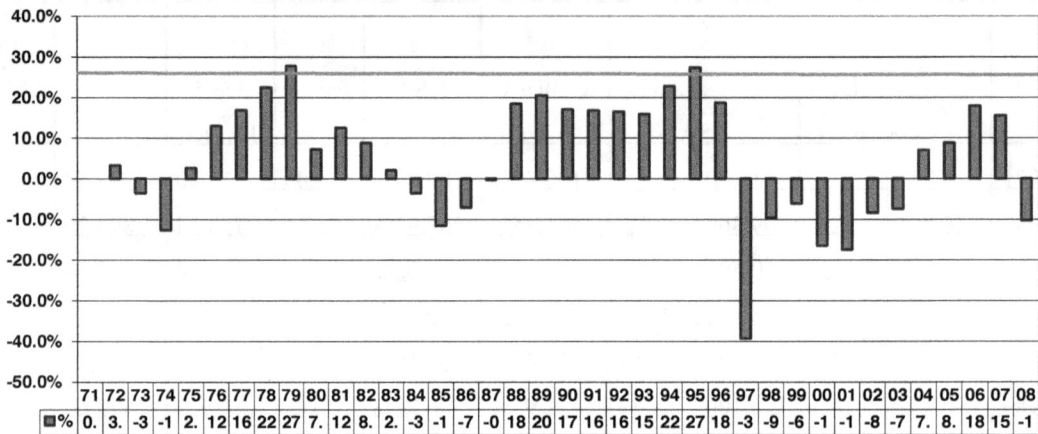

■%	71	72	73	74	75	76	77	78	79	80	81	82	83	84	85	86	87	88	89	90	91	92	93	94	95	96	97	98	99	00	01	02	03	04	05	06	07	08
	0.	3.	-3	-1	2.	12	16	22	27	7.	12	8.	2.	-3	-1	-7	-0	18	20	17	16	16	15	22	27	18	-3	-9	-6	-1	-1	-8	-7	7.	8.	18	15	-1

BALANZA COMERCIAL DE COREA

Cifras en miles de millones de dólares a precios del 2008

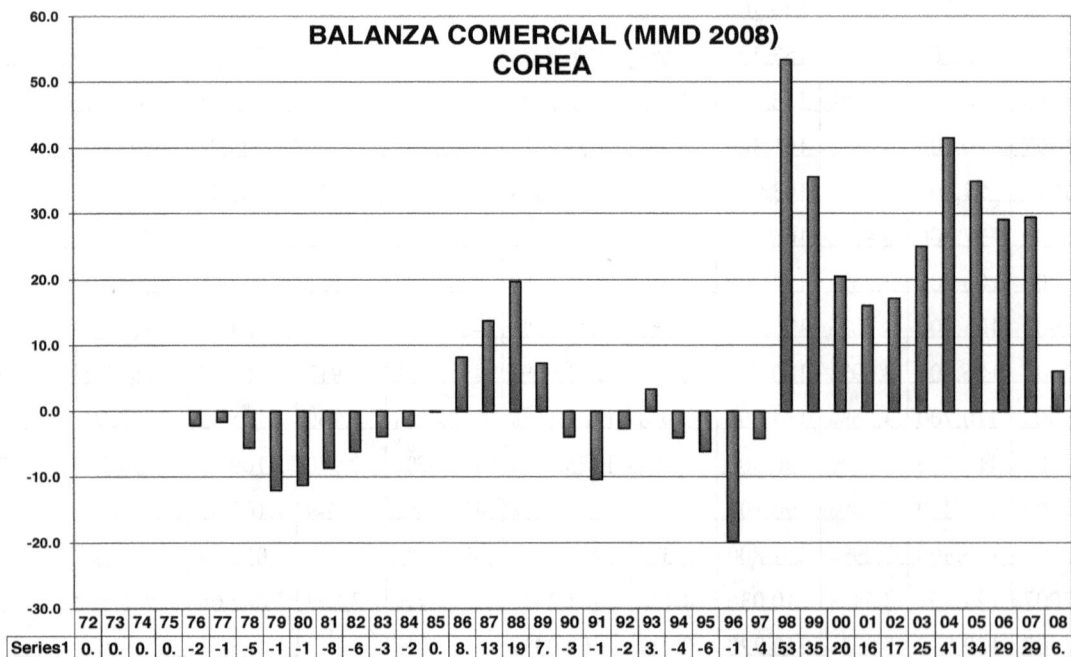

Series1	72	73	74	75	76	77	78	79	80	81	82	83	84	85	86	87	88	89	90	91	92	93	94	95	96	97	98	99	00	01	02	03	04	05	06	07	08
	0.	0.	0.	0.	-2	-1	-5	-1	-1	-8	-6	-3	-2	0.	8.	13	19	7.	-3	-1	-2	3.	-4	-6	-1	-4	53	35	20	16	17	25	41	34	29	29	6.

En estas gráficas podrán ver cómo al devaluarse una moneda, se recupera su balanza comercial, lo cual es muy lógico en base a lo que hemos comentado.

El 15 de diciembre de 1997, Corea del sur cambia política monetaria de fija a libre flotación.

Tailandia

Hasta 1997 mantuvo un régimen fijo con pequeños ajustes y con su baja inflación lo que le permitió estar considerada como una de las economías de mayor crecimiento económico, sin embargo, el déficit de su balanza de pagos y de cuenta corriente, el alza de las tasas de interés y la caída de su Bolsa de Valores, generó una mayor volatilidad en el tipo de cambio, situación que originó la devaluación de su moneda el bath; a partir de su devaluación, se generó superávit en la balanza comercial y en el saldo en cuenta corriente.

SOBRE O SUBVALUACIÓN DEL BATH

TAILANDIA
SOBRE (SUB) VALUACIÓN DEL BATH

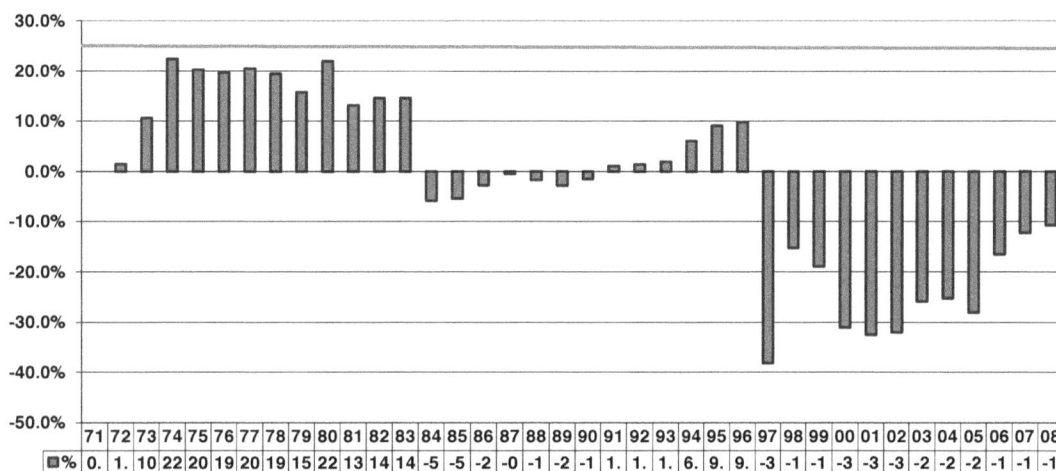

	71	72	73	74	75	76	77	78	79	80	81	82	83	84	85	86	87	88	89	90	91	92	93	94	95	96	97	98	99	00	01	02	03	04	05	06	07	08
%	0.	1.	10	22	20	19	20	19	15	22	13	14	14	-5	-5	-2	-0	-1	-2	-1	1.	1.	1.	6.	9.	9.	-3	-1	-1	-3	-3	-3	-2	-2	-2	-1	-1	-1

BALANZA COMERCIAL

(Cifras en miles de millones de dólares a precios del 2008)

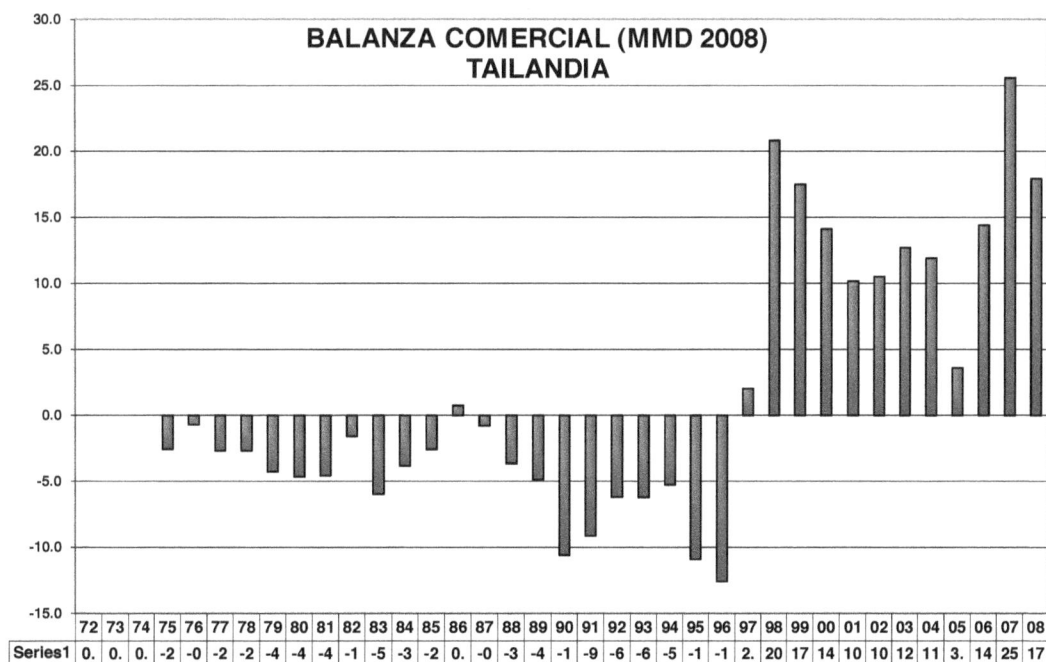

BALANZA COMERCIAL (MMD 2008)
TAILANDIA

	72	73	74	75	76	77	78	79	80	81	82	83	84	85	86	87	88	89	90	91	92	93	94	95	96	97	98	99	00	01	02	03	04	05	06	07	08
Series1	0.	0.	0.	-2	-0	-2	-2	-4	-4	-4	-1	-5	-3	-2	0.	-0	-3	-4	-1	-9	-6	-6	-5	-1	-1	2.	20	17	14	10	10	12	11	3.	14	25	17

Aquí se repite la historia y se repetirá en todos los casos, la cual es la siguiente: Una moneda sobrevaluada genera salida de divisas del país y una balanza comercial negativa, una moneda subvaluada origina incremento de divisas y una balanza comercial positiva.

A partir de ahí cambiaron a la libre flotación, sin embargo la entrada de dólares está originando que gradualmente se reduzca su subvaluación en su tipo de cambio con lo cual el superávit está disminuyendo.

Con la devaluación pudieron sortear la crisis financiera de Rusia en agosto de 1998, y la de Brasil en enero de 1999.

TAILANDIA (BATH)

DETERMINACIÓN DEL TIPO DE CAMBIO TECNICO

FECHA		ÍNDICE MALASIA		USA	Anual	MALASIA	USA	Factor	20.928 Técnico	Mercado	Sobre/ (Sub) Valua- ción %
SEP	1971	16.572		41.100		100.00%	100.00%	1.000	20.93	20.93	0.0%
DIC	1986	54.102	1.83%	110.500	1.1%	326.46%	268.86%	1.214	25.41	26.13	-2.7%
DIC	1987	55.483	2.55%	115.400	4.4%	334.80%	280.78%	1.192	24.95	25.07	-0.5%
DIC	1988	57.595	3.81%	120.500	4.4%	347.54%	293.19%	1.185	24.81	25.24	-1.7%
DIC	1989	60.682	5.36%	126.100	4.6%	366.17%	306.81%	1.193	24.98	25.69	-2.8%
DIC	1990	64.257	5.89%	133.800	6.1%	387.74%	325.55%	1.191	24.93	25.29	-1.4%
DIC	1991	67.912	5.69%	137.900	3.1%	409.80%	335.52%	1.221	25.56	25.28	1.1%
DIC	1992	70.755	4.19%	141.900	2.9%	426.95%	345.26%	1.237	25.88	25.52	1.4%
DIC	1993	73.111	3.33%	145.800	2.7%	441.17%	354.74%	1.244	26.03	25.54	1.9%
DIC	1994	76.767	5.00%	149.700	2.7%	463.23%	364.23%	1.272	26.62	25.09	6.1%
DIC	1995	81.235	5.82%	153.500	2.5%	490.19%	373.48%	1.312	27.47	25.19	9.0%
DIC	1996	85.946	5.80%	158.600	3.3%	518.62%	385.89%	1.344	28.13	25.61	9.8%
DIC	1997	90.820	5.67%	161.300	1.7%	548.03%	392.46%	1.396	29.22	47.25	-38.1%
DIC	1998	98.200	8.13%	163.900	1.6%	592.56%	398.78%	1.486	31.10	36.69	-15.2%
DIC	1999	98.500	0.31%	168.300	2.7%	594.37%	409.49%	1.451	30.38	37.47	-18.9%
DIC	2000	100.000	1.52%	174.000	3.4%	603.42%	423.36%	1.425	29.83	43.27	-31.1%
DIC	2001	101.600	1.60%	176.700	1.6%	613.07%	429.93%	1.426	29.84	44.22	-32.5%
DIC	2002	102.300	0.69%	180.900	2.4%	617.30%	440.15%	1.402	29.35	43.15	-32.0%
DIC	2003	104.100	1.76%	184.300	1.9%	628.16%	448.42%	1.401	29.32	39.59	-26.0%
DIC	2004	107.000	2.79%	190.300	3.3%	645.66%	463.02%	1.394	29.18	39.06	-25.3%
DIC	2005	111.800	4.49%	196.800	3.4%	674.62%	478.83%	1.409	29.49	41.03	-28.1%
DIC	2006	117.000	4.65%	201.800	2.5%	706.00%	491.00%	1.438	30.09	36.05	-16.5%
DIC	2007	119.700	2.31%	210.036	4.1%	722.29%	511.04%	1.413	29.58	34.80	-15.0%
DIC	2008	126.239	5.42%	210.228	0.1%	761.75%	511.50%	1.489	31.16	34.898	-10.7%

Malasia

Malasia se formó el 16 de septiembre de 1963, tiene una superficie de 329,758 Km2, el territorio de Kuala Lumpur es la capital.

Tenía establecido un tipo de cambio de libre flotación, la crisis se originó por la burbuja especulativa de sus acciones y bienes y raíces generados en 1993 y 1997, así como por el contagio de la crisis de los países vecinos. Malasia se vio también perjudicada por el deterioro en el precio de sus productos de exportaciones debido a que su subvaluación se fue reduciendo de un 20% a un 13%. Consecuentemente entre julio y agosto de 1997 el ringgit se depreció un 50%.

En septiembre de 1998 se fijó un tipo de cambio de 3.8 ringgins por dólar con lo cual su subvaluación se incrementó a cerca del 40%.

SOBRE O SUBVALUACIÓN DEL RINGGINS

**MALASIA
SOBRE (SUB) VALUACIÓN DEL RINGGIT**

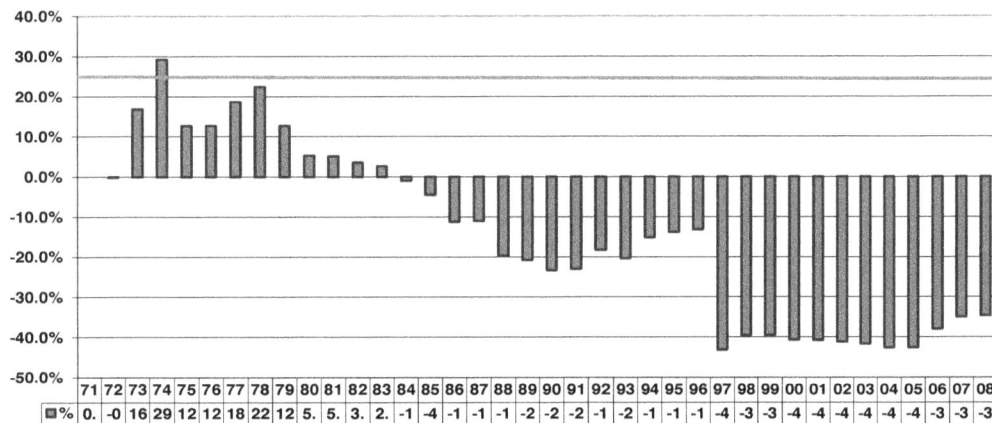

BALANZA COMERCIAL DE MALASIA

(Cifras en miles de millones de dólares a precios del 2008)

**BALANZA COMERCIAL (MMD 2008)
MALASIA**

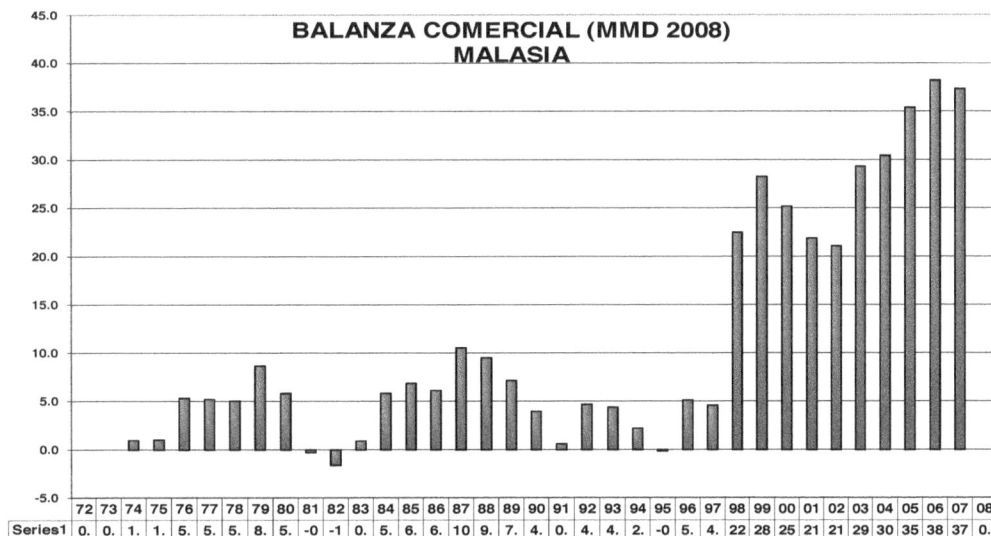

El 1 de septiembre de 1999 se estableció control de capitales, así como un impuesto a las inversiones de portafolio, y a pesar de esto la salida de capitales no fue significativa.

Singapore

**SINGAPORE
SOBRE (SUB) VALUACIÓN DEL DÓLAR**

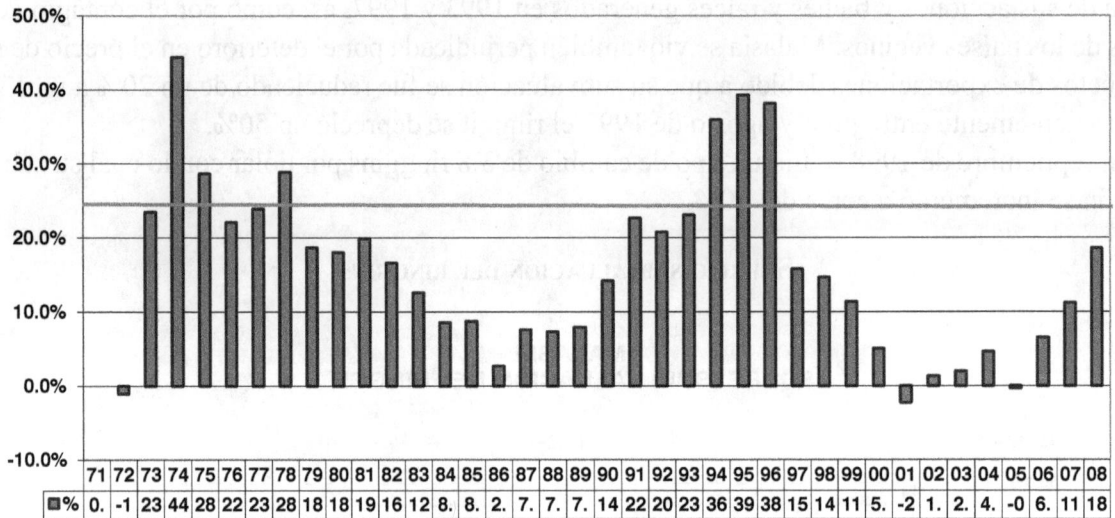

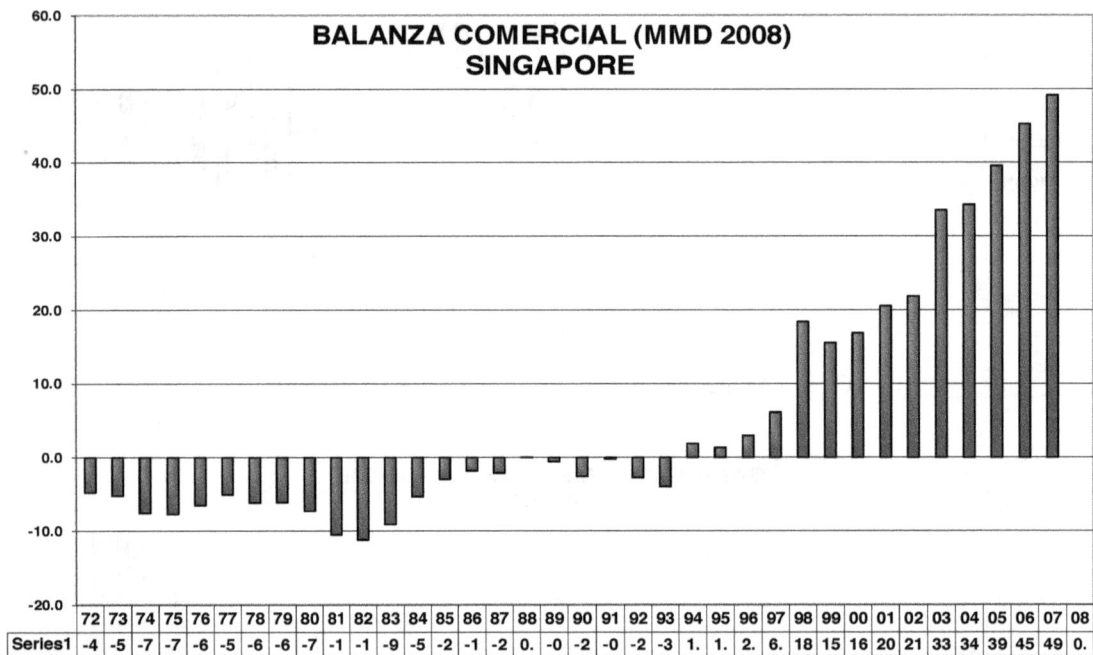

	71	72	73	74	75	76	77	78	79	80	81	82	83	84	85	86	87	88	89	90	91	92	93	94	95	96	97	98	99	00	01	02	03	04	05	06	07	08
■%	0.	-1	23	44	28	22	23	28	18	18	19	16	12	8.	8.	2.	7.	7.	7.	14	22	20	23	36	39	38	15	14	11	5.	-2	1.	2.	4.	-0	6.	11	18

**BALANZA COMERCIAL (MMD 2008)
SINGAPORE**

	72	73	74	75	76	77	78	79	80	81	82	83	84	85	86	87	88	89	90	91	92	93	94	95	96	97	98	99	00	01	02	03	04	05	06	07	08
Series1	-4	-5	-7	-7	-6	-5	-6	-6	-7	-1	-1	-9	-5	-2	-1	-2	0.	-0	-2	-0	-2	-3	1.	1.	2.	6.	18	15	16	20	21	33	34	39	45	49	0.

Su gobierno continúa afirmando que aún no hay planes de reducir o quitar los controles de capitales, consideran que la modificación de su paridad dependerá del desarrollo de su economía, la cual presenta los siguientes riesgos:

- La mayor competitividad de los productos de su región
- La evolución económica de los Estados Unidos y la de Japón.
- La demanda de productos electrónicos se encuentra atravesando por un periodo de los productos cíclicos.

Es un país muy pequeño con una población de 4.5 millones de personas, con una densidad de población de 6,877 habitantes por Km2, situación que origina que sea uno de los países con mayor porcentaje de contaminación.

SINGAPORE

DETERMINACIÓN DEL TIPO DE CAMBIO TECNICO

FECHA		ÍNDICE SINGAPORE	Anual	USA		Singapore	USA	Factor	2.82 Técnico	Mercado	Sobre/ (Sub) Valua- ción %
DIC	1971	36.634		41.100		100.00%	100.00%	1.000	2.82	2.82	0.0%
DIC	1985	79.063	0.49%	109.300	3.8%	215.82%	265.94%	0.812	2.29	2.11	8.7%
DIC	1986	78.011	-1.33%	110.500	1.1%	212.95%	268.86%	0.792	2.23	2.18	2.7%
DIC	1987	78.394	0.49%	115.400	4.4%	213.99%	280.78%	0.762	2.15	2.00	7.5%
DIC	1988	79.541	1.46%	120.500	4.4%	217.13%	293.19%	0.741	2.09	1.95	7.3%
DIC	1989	81.453	2.40%	126.100	4.6%	222.35%	306.81%	0.725	2.04	1.89	7.9%
DIC	1990	84.226	3.40%	133.800	6.1%	229.91%	325.55%	0.706	1.99	1.74	14.2%
DIC	1991	87.189	3.52%	137.900	3.1%	238.00%	335.52%	0.709	2.00	1.63	22.7%
DIC	1992	89.101	2.19%	141.900	2.9%	243.22%	345.26%	0.704	1.99	1.64	20.8%
DIC	1993	91.205	2.36%	145.800	2.7%	248.96%	354.74%	0.702	1.98	1.61	23.1%
DIC	1994	93.977	3.04%	149.700	2.7%	256.53%	364.23%	0.704	1.99	1.46	36.0%
DIC	1995	95.602	1.73%	153.500	2.5%	260.97%	373.48%	0.699	1.97	1.41	39.3%
DIC	1996	96.941	1.40%	158.600	3.3%	264.62%	385.89%	0.686	1.93	1.40	38.1%
DIC	1997	98.853	1.97%	161.300	1.7%	269.84%	392.46%	0.688	1.94	1.68	15.7%
DIC	1998	98.600	-0.26%	163.900	1.6%	269.15%	398.78%	0.675	1.90	1.66	14.6%
DIC	1999	98.700	0.10%	168.300	2.7%	269.43%	409.49%	0.658	1.86	1.67	11.4%
DIC	2000	100.000	1.32%	174.000	3.4%	272.97%	423.36%	0.645	1.82	1.73	5.0%
DIC	2001	101.000	1.00%	176.700	1.6%	275.70%	429.93%	0.641	1.81	1.85	-2.3%
DIC	2002	100.600	-0.40%	180.900	2.4%	274.61%	440.15%	0.624	1.76	1.74	1.3%
DIC	2003	101.100	0.50%	184.300	1.9%	275.98%	448.42%	0.615	1.74	1.70	2.0%
DIC	2004	102.800	1.68%	190.300	3.3%	280.62%	463.02%	0.606	1.71	1.63	4.6%
DIC	2005	103.200	0.39%	196.800	3.4%	281.71%	478.83%	0.588	1.66	1.66	-0.3%
DIC	2006	104.200	0.97%	201.800	2.5%	284.44%	491.00%	0.579	1.63	1.53	6.5%
DIC	2007	106.400	2.11%	210.036	4.1%	290.44%	511.04%	0.568	1.60	1.52	5.5%
DIC	2008	113.000	6.20%	210.228	0.1%	308.46%	511.50%	0.603	1.70	1.49	14.0%

Aquí podrá ver cómo a raíz de su devaluación en 1997 su balanza comercial se recuperó (ver gráficas de la página 102).

A pesar de la necesidad de importar materias primas, produce una gran diversidad de artículos farmacéuticos, compuestos electrónicos, plásticos, tejidos, petróleo refinado y alimentos procesados.

Singapore es uno de los países que tiene los mejores porcentajes de crecimiento en los últimos 10 años en su producto interno bruto, debido a su alta competitividad tecnológica, sin embargo, a pesar de su baja inflación, su política monetaria de libre flotación está originando que sus precios sean muy inestables, hay que seguir de cerca a este país, el cual es un ejemplo de crecimiento y de desarrollo.

Indonesia

Indonesia ha tratado de mantener una paridad fija, sin embargo, su inflación no se lo ha permitido, y así en 1978 tuvo una devaluación del 50%, a partir de 1981 su tipo de cambio ha sufrido ajustes.

Ante el contagio devaluatorio de la región, Indonesia decide abandonar su banda cambiaria el 14 de agosto de 1997. Esto generó un incremento en las tasas de interés lo que originó un caos financiero, ya que se hizo insostenible el pago de la deuda denominada en dólares, con esto se originó una salida masiva de capitales.

Esta crisis fue tan grave que desembocó en una crisis política, la cual derrocó al régimen de Suharto.

La inestabilidad política ha retardado la recuperación, sin embargo el déficit del saldo en cuenta corriente se ha revertido a partir de 1998, así también el crecimiento de su producto interno bruto.

INDONESIA
SOBRE (SUB) VALUACIÓN DE LA RUPIAH

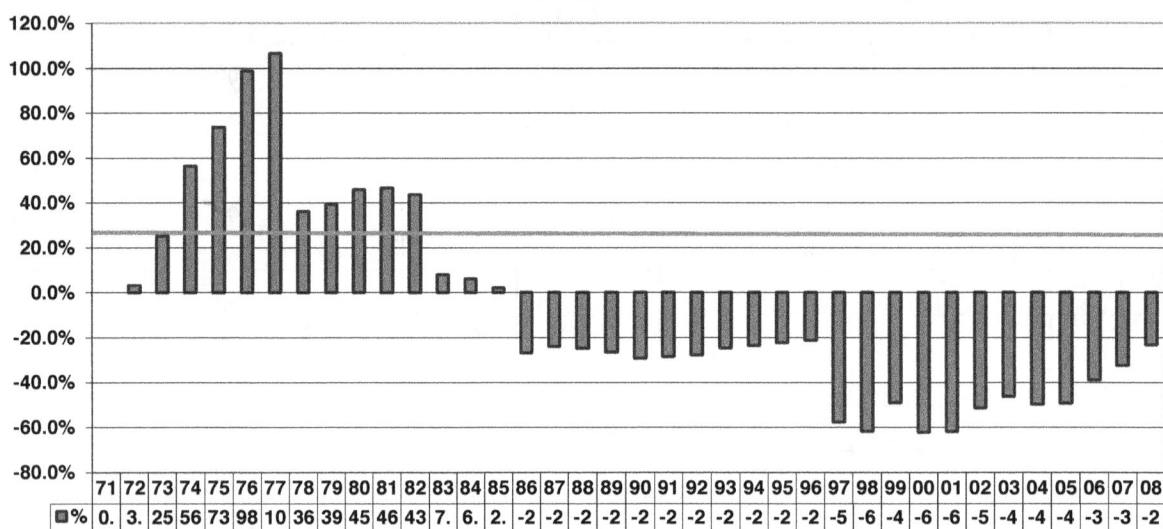

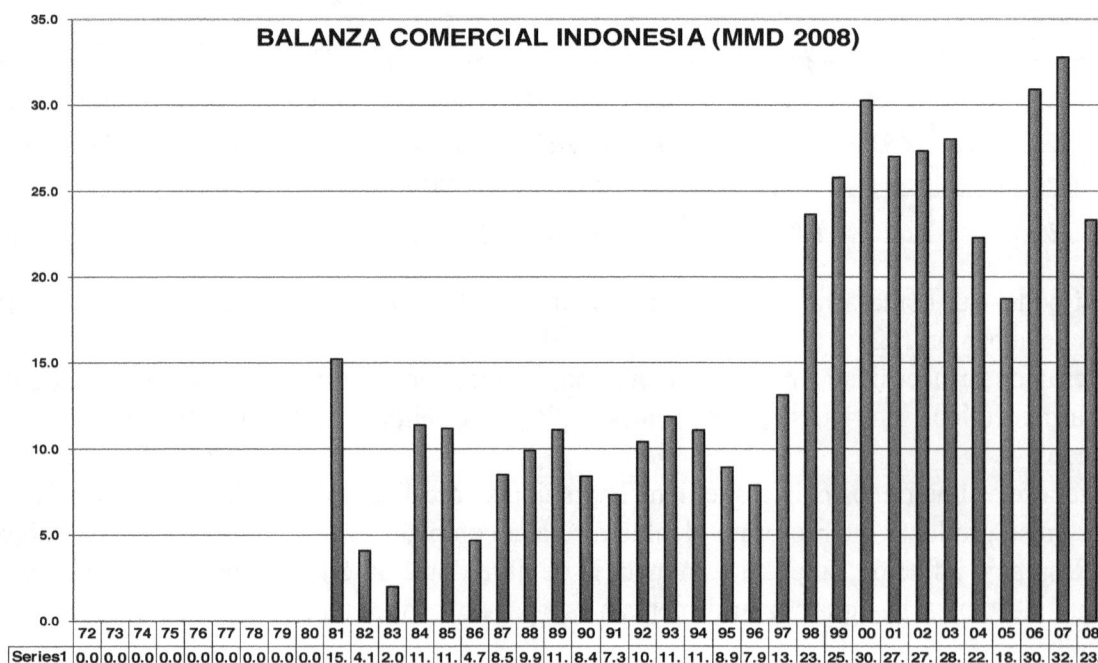

En el 2000 cambiaron a un régimen flexible buscando una mayor estabilidad, por otra parte el Fondo Monetario Internacional le otorgó un préstamo de $450 millones de dólares, y el Banco Mundial otro por $ 1,100 millones de dólares.

Ecuador

La economía ecuatoriana entró en una profunda recesión en 1999, como resultado de una crisis bancaria, combinada con el encarecimiento del crédito, originó una fuerte devaluación de su moneda el sucre de $6,825.00 en diciembre de 1998 a $20,243 en diciembre de 1999, esto también afectó a la inflación la cual se incrementó del 36.10% al 52.24% en 1999 y a cerca del 100% en el 2000.

ECUADOR
DETERMINACIÓN DEL TIPO DE CAMBIO TÉCNICO

FECHA		ÍNDICE ECUADOR	Anual	USA		ECUADOR	USA	Factor	25 Técnico	Mercado	Sobre/(Sub) Valuación %
DIC	1971	0.041		41.100		100.00%	100.00%	1.000	25.00	25	0.0%
DIC	1982	0.182	20.00%	97.600	3.8%	440.00%	237.47%	1.853	46.32	33	39.5%
DIC	1983	0.257	41.67%	101.300	3.8%	623.33%	246.47%	2.529	63.23	54	16.9%
DIC	1984	0.348	35.29%	105.300	3.9%	843.33%	256.20%	3.292	82.29	67	22.5%
DIC	1985	0.439	26.09%	109.300	3.8%	1063.33%	265.94%	3.998	99.96	96	4.3%
DIC	1986	0.485	10.34%	110.500	1.1%	1173.33%	268.86%	4.364	109.10	147	-25.5%
DIC	1987	0.697	43.75%	115.400	4.4%	1686.67%	280.78%	6.007	150.18	222	-32.2%
DIC	1988	1.121	60.87%	120.500	4.4%	2713.33%	293.19%	9.255	231.37	433	-46.5%
DIC	1989	1.954	74.32%	126.100	4.6%	4730.00%	306.81%	15.417	385.41	648	-40.6%
DIC	1990	2.908	48.84%	133.800	6.1%	7040.00%	325.55%	21.625	540.63	878	-38.4%
DIC	1991	4.317	48.44%	137.900	3.1%	10450.00%	335.52%	31.145	778.63	1,271	-38.7%
DIC	1992	6.665	54.39%	141.900	2.9%	16133.33%	345.26%	46.729	1,168.22	1,844	-36.7%
DIC	1993	9.679	45.23%	145.800	2.7%	23430.00%	354.74%	66.048	1,651.19	2,044	-19.2%
DIC	1994	12.330	27.39%	149.700	2.7%	29846.67%	364.23%	81.944	2,048.59	2,269	-9.7%
DIC	1995	15.147	22.85%	153.500	2.5%	36666.67%	373.48%	98.176	2,454.40	2,924	-16.0%
DIC	1996	18.843	24.40%	158.600	3.3%	45613.33%	385.89%	118.204	2,955.09	3,635	-18.7%
DIC	1997	24.614	30.63%	161.300	1.7%	59583.33%	392.46%	151.821	3,795.53	4,428	-14.3%
DIC	1998	33.500	36.10%	163.900	1.6%	81094.57%	398.78%	203.355	5,083.87	6,825	-25.5%
DIC	1999	51.000	52.24%	168.300	2.7%	123457.40%	409.49%	301.491	7,537.28	20,243	-62.8%
DIC	2000	100.000	96.08%	174.000	3.4%	242073.33%	423.36%	571.794	14,294.85	25,000	-42.8%
DIC	2001	137.700	37.70%	176.700	1.6%	333334.98%	429.93%	775.329	19,383.23	25,000	-22.5%
DIC	2002	154.900	12.49%	180.900	2.4%	374971.59%	440.15%	851.926	21,298.14	25,000	-14.8%
DIC	2003	167.100	7.88%	184.300	1.9%	404504.54%	448.42%	902.069	22,551.73	25,000	-9.8%
DIC	2004	171.700	2.75%	190.300	3.3%	415639.91%	463.02%	897.677	22,441.93	25,000	-10.2%
DIC	2005	175.900	2.45%	196.800	3.4%	425806.99%	478.83%	889.262	22,231.54	25,000	-11.1%
DIC	2006	181.200	3.01%	201.800	2.5%	438636.88%	491.00%	893.359	22,333.96	25,000	-10.7%
DIC	2007	185.400	2.32%	210.036	4.1%	448803.96%	511.04%	878.223	21,955.57	25,000	-12.2%
JUL	2008	203.600	9.82%	210.228	0.1%	492861.31%	511.50%	963.554	24,088.85	25,000	-3.6%

Como respuesta, el 9 de enero del 2000, el presidente del Ecuador anunció la decisión de adoptar al dólar de los Estados Unidos como moneda de curso legal. Bajo este esquema el sucre circulará solamente en denominaciones menores al equivalente de un dólar.

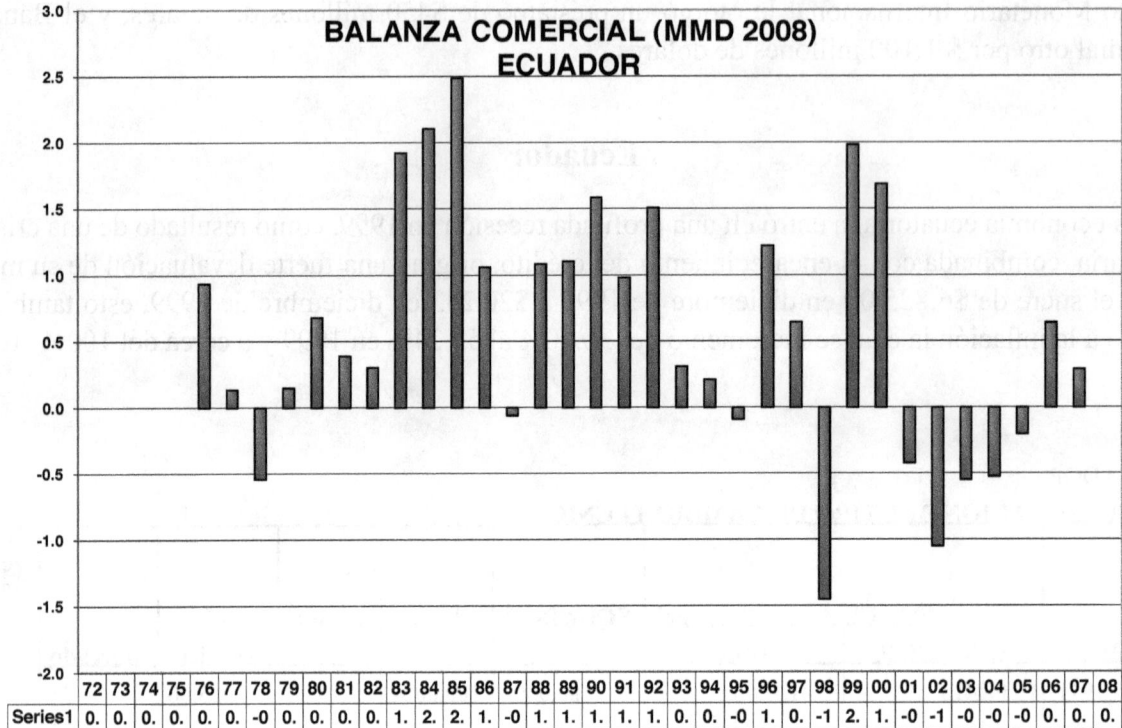

BALANZA COMERCIAL (MMD 2008)
ECUADOR

	72	73	74	75	76	77	78	79	80	81	82	83	84	85	86	87	88	89	90	91	92	93	94	95	96	97	98	99	00	01	02	03	04	05	06	07	08
Series1	0.	0.	0.	0.	0.	0.	-0	0.	0.	0.	0.	1.	2.	2.	1.	-0	1.	1.	1.	1.	1.	0.	0.	-0	1.	0.	-1	2.	1.	-0	-1	-0	-0	-0	0.	0.	0.

Observen cómo con la devaluación de su moneda el Sucre, su balanza comercial se recuperó en 1999 y en el 2000, sin embargo debido a que su inflación fue mayor a la de los Estados Unidos durante los años 2001, 2002 y 2003 su balanza comercial se desplomó.

También observen que gracias a que en los siguientes años 2004, 2005, 2006, y 2007 su inflación fue menor a la inflación de los Estados Unidos, esto permitió que su balanza comercial se recuperara. Con esto podemos decir que cuando un país fija su moneda al dólar, va a ser muy importante que su inflación la mantengan por debajo de la inflación de los Estados Unidos. Y otro punto importante es que cuando realicen el cambio, su moneda no se encuentre sobrevaluada, situación que le costó a Argentina una crisis económica de proporciones catastróficas.

Argentina

Antes de 1991 la economía argentina atravesaba por grandes problemas, por ejemplo en 1989 la inflación fue de casi el 5,000%.

El Presidente Carlos Menem, en 1991, buscó estabilizar la economía y reducir las cuentas deficitarias con el exterior. Como medida se instituyó el plan de convertibilidad o Consejo Monetario con respecto al dólar de los Estados Unidos.

En marzo de 1991 se dictó en la Argentina la Ley de Convertibilidad que establecía básicamente dos puntos:

● Que el Banco Central debía de vender todos los dólares que se quisieran comprar a un peso.

● Debía de mantener dólares en reserva por la totalidad de la masa monetaria.

El 1º de enero de 1992, se introdujo el peso a la paridad, 1 peso = 10,000 australes por un dólar.

DETERMINACIÓN DEL TIPO DE CAMBIO TÉCNICO

FECHA		INDICE ARGENTINA	Anual	USA	Anual	ARGENTINA	USA	Factor	Técnico	Mercado	Sobre/(Sub) valuac %
DIC	1988	0.1	387.74%	120.500	4.4%	7253804376%	293.19%	24741192	0.001189	0.00	-28.1%
DIC	1989	2.8	4923.55%	126.100	4.6%	364398345033%	306.81%	1187690086	0.057090	0.18	-68.3%
DIC	1990	41.1	1343.93%	133.800	6.1%	5261656504586%	325.55%	16162487469	0.776898	0.51	51.9%
DIC	1991	75.6	83.99%	137.900	3.1%	96807526771153%	335.52%	28852714651	1.386892	0.99	39.9%
DIC	1992	88.8	17.55%	141.900	2.9%	113379323154173%	345.26%	32959138945	1.584280	0.99	59.9%
DIC	1993	95.4	7.37%	145.800	2.7%	122174130245543%	354.74%	34440032600	1.655463	1.00	65.8%
DIC	1994	99.1	3.85%	149.700	2.7%	126883101911115%	364.23%	34835641206	1.674480	1.00	67.7%
DIC	1995	100.6	1.61%	153.500	2.5%	128923118307112%	373.48%	34519479885	1.659282	1.00	65.9%
DIC	1996	100.7	0.05%	158.600	3.3%	128993185428099%	385.89%	33427616148	1.606799	1.00	60.8%
DIC	1997	101.0	0.33%	161.300	1.7%	129416278111651%	392.46%	32975877437	1.585084	1.00	58.6%
DIC	1998	102.1	1.06%	163.900	1.6%	130783341958293%	398.78%	32795598199	1.576419	1.00	57.6%
DIC	1999	100.9	-1.18%	168.300	2.7%	129246298099909%	409.49%	31562821461	1.517162	1.00	51.7%
DIC	2000	100.0	-0.89%	174.000	3.4%	128093456986229%	423.36%	30256557943	1.454372	1.00	45.4%
DIC	2001	98.9	-1.10%	176.700	1.6%	126684428959379%	429.93%	29466497058	1.416396	1.00	41.6%
DIC	2002	124.5	25.88%	180.900	2.4%	159476353947849%	440.15%	36232604462	1.741629	3.52	-50.5%
DIC	2003	141.3	13.49%	184.300	1.9%	18099605472153%	448.42%	40363200483	1.940178	3.52	-44.9%
DIC	2004	147.5	4.39%	190.300	3.3%	18893784905467%	463.02%	40805809754	1.961454	2.95	-33.5%
DIC	2005	161.7	9.63%	196.800	3.4%	20712711994671%	478.83%	43256730843	2.079265	3.01	-31.0%
DIC	2006	179.4	10.95%	201.800	2.5%	22979966183327%	491.00%	46802607043	2.249708	3.04	-26.0%
DIC	2007	195.2	8.81%	210.036	4.1%	25003842803710%	511.04%	48927704738	2.351857	3.07	-23.4%
JUL	2008	209.7	7.43%	218.743	4.1%	26861197930010%	532.22%	50469968635	2.425990	3.47	-30.1%

También se establece que el Banco Central no podía financiar al gobierno por un porcentaje superior a un tercio de las reservas del libre disponible. Adicionalmente, este porcentaje no podía crecer más de un 10% anual, o sea que el objetivo era evitar que el gobierno financiara su déficit fiscal con emisión de dinero y generara inflación. El problema de todo este sistema fue que iniciaron con un peso sobrevaluado, es decir que con un peso argentino se compraban menos bienes que con un dólar, esto ocasionó que las empresas argentinas no fueran competitivas (ver tabla).

Este sistema para controlar la inflación tuvo un costo muy alto, ya que la deuda pública pasó de 50 mil millones de dólares a principios de los noventa a aproximadamente 180 mil millones de dólares, esto sumado a la pérdida de reservas ocasionada por la incontenible fuga de capitales, arrasó con las reservas del Banco Central, situación que terminó por hacer sucumbir la convertibilidad durante 2001.

A pesar de la crisis que sufrió Argentina debido a su subvaluación es un país barato en estos momentos ya que su moneda está subvaluada.

BALANZA COMERCIAL (MMD 2008)
ARGENTINA

	72	73	74	75	76	77	78	79	80	81	82	83	84	85	86	87	88	89	90	91	92	93	94	95	96	97	98	99	00	01	02	03	04	05	06	07	08
Series1	0.0	0.0	0.0	0.0	4.2	6.3	9.0	4.9	-3.	1.6	6.0	7.7	7.9	9.4	4.7	1.9	7.4	9.5	13.	6.7	-2.	-3.	-5.	3.2	2.3	-2.	-4.	-1.	3.0	8.8	20.	19.	14.	14.	14.	13.	16.

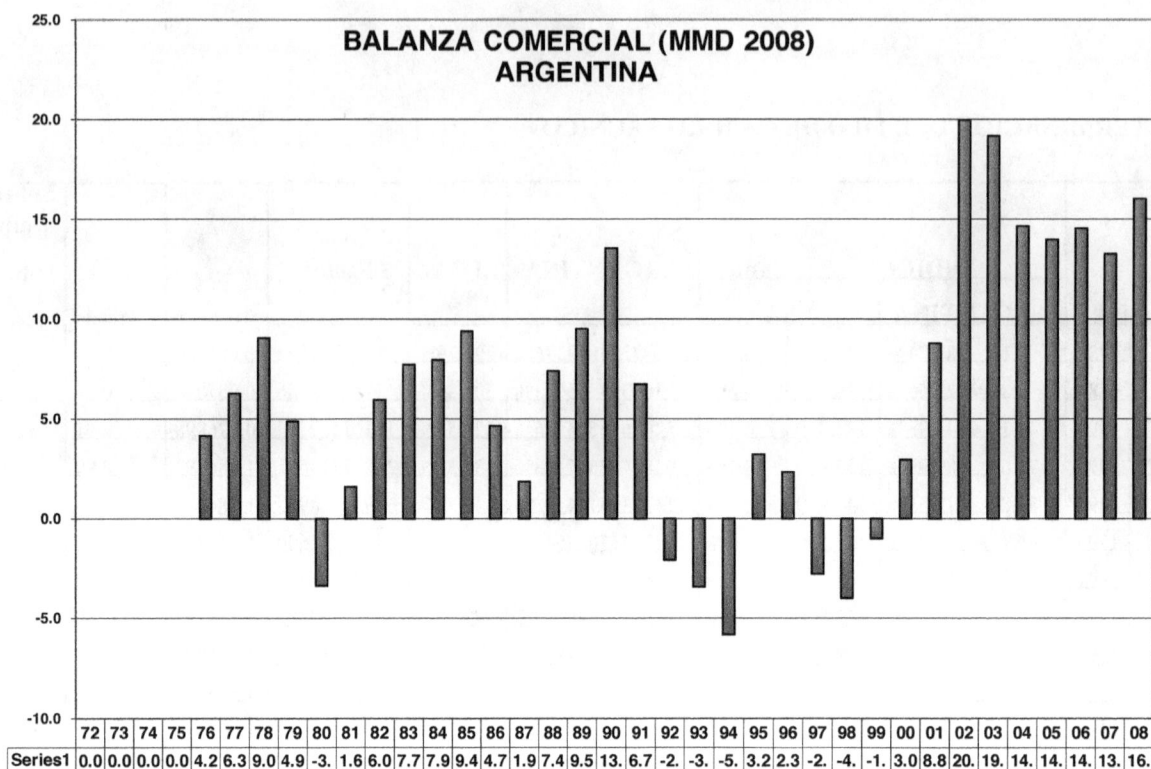

Observen su balanza y verán que en 1989 cuándo la moneda argentina estaba subvaluada, su Balanza Comercial es positiva, sin embargo observen como disminuyó cuándo la moneda estaba sobrevaluada y a su vez en 2002 con la devaluación del peso argentino sube de $ 8.8 millones de pesos en 2001 a $20 millones en 2002.

Brasil

Brasil es de los países más grandes del mundo, ocupa el quinto lugar después de: Rusia, China, Canadá y Estados Unidos. La superficie total de Brasil es de 8,547,404 km².
Los principales productos que exporta son: Mineral de hierro, salvado de semilla de soja, zumo de naranja, calzado, café, piezas para motores de vehículos importados, petróleo, bienes de equipo, productos químicos, alimentos, carbón.
Los principales socios comerciales en sus exportaciones son: Estados Unidos, Argentina, Países Bajos, Japón, Alemania. Principales socios comerciales en sus importaciones son: Estados Unidos, Argentina, Alemania, Japón, Italia.
Los principales productos que produce son: Textiles, zapatos, industria química, cemento, madera, mineral de hierro, acero, fabricación de maquinaria, incluidos aviones, vehículos de motor y piezas de automóviles, maquinaria y equipos para agricultura y ganadería, Brasil es uno de los mayores productores mundiales y exportadores de café y zumo de naranja concentrado y gran exportador de semillas de soja; otros productos: arroz, maíz, caña de azúcar, cacao, carne de vaca; autosuficiente en producción de alimentos excepto trigo, recursos naturales Bauxita, oro, mineral de hierro, manganeso, níquel, fosfatos, platino, estaño, uranio, petróleo, energía hidroeléctrica, madera para construcción.[12]
A pesar de todo su potencial ha sido el país en donde la inflación perdió piso, por ejemplo en 1989 su inflación fue del 1,863% y en 1993 2,489%, para efecto de que se puedan ver los datos principales, estoy ocultando el índice general de precios al consumidor, sin embargo, en el archivo en Excel, puede usted analizar la tabla completa.

---

[12] Fuentes de información: Datos básicos y Población.

Debido a las inflaciones tan altas los datos del tipo de cambio y el índice general de precios no los pude obtener del Fondo Monetario Internacional razón por la cual me fui a la base de datos de su Banco central Brasil: IPEA: www.ipeadata.gov.br/ipeaweb.dll

BRASIL (REAL)

DETERMINACIÓN DEL TIPO DE CAMBIO TÉCNICO

FECHA		ÍNDICE BRASIL	USA	Anual	BRASIL	USA	Factor	0.00000000000 TÉCNICO	MERCADO	Sobre/(Sub) Valuación %
DIC	1986	59.20%	110.500	1.1%	299637%	268.86%	1114.488	0.00000000214	0.00000000	-56.8%
DIC	1987	394.60%	115.400	4.4%	1482010%	280.78%	5278.217	0.00000001015	0.00000001	-28.9%
DIC	1988	993.28%	120.500	4.4%	16202594%	293.19%	55263.619	0.00000010626	0.00000010	11.4%
DIC	1989	1863.56%	126.100	4.6%	318147449%	306.81%	1036943.709	0.00000199379	0.00000103	93.5%
DIC	1990	1585.18%	133.800	6.1%	5361359416%	325.55%	16468749.775	0.00003166541	0.00002484	27.5%
DIC	1991	475.10%	137.900	3.1%	30833178000%	335.52%	91895838.710	0.00017669342	0.00014786	19.5%
DIC	1992	1149.06%	141.900	2.9%	385125747731%	345.26%	1115480495.542	0.00214479857	0.00164094	30.7%
DIC	1993	2489.11%	145.800	2.7%	9971333423787%	354.74%	28108491338.658	0.05404581466	0.11858400	-54.4%
DIC	1994	929.32%	149.700	2.7%	102636802796391%	364.23%	281788416495.101	0.54181081258	0.84600000	-36.0%
DIC	1995	21.98%	153.500	2.5%	125197795625959%	373.48%	335220156366.574	0.64454709520	0.97300000	-33.8%
DIC	1996	9.12%	158.600	3.3%	136612141993608%	385.89%	354020115758.971	0.68069485955	1.0394	-34.5%
DIC	1997	4.34%	161.300	1.7%	142541299728731%	392.46%	363201947851.882	0.69834929676	1.1164	-37.4%
DIC	1998	2.49%	163.900	1.6%	146086738081237%	398.78%	366330990551.485	0.70436568732	1.2087	-41.7%
DIC	1999	4.83%	168.300	2.7%	153136939806819%	409.49%	373970779920.395	0.71905515020	1.7890	-59.8%
DIC	2000	7.07%	174.000	3.4%	163958179664688%	423.36%	387280527828.660	0.74464656883	1.9546	-61.9%
DIC	2001	6.80%	176.700	1.6%	175107335881887%	429.93%	407295501117.462	0.78313051035	2.3200	-66.2%
DIC	2002	8.52%	180.900	2.4%	190027530231374%	440.15%	431737506495.824	0.83012656135	3.5330	-76.5%
DIC	2003	14.67%	184.300	1.9%	217900420774371%	448.42%	485930943777.896	0.93432740344	2.8880	-67.6%
DIC	2004	6.62%	190.300	3.3%	232328740584863%	463.02%	501771478614.707	0.96478491181	2.6540	-63.6%
DIC	2005	1.22%	196.800	3.4%	235163151219998%	478.83%	491118166419.814	0.94430117508	2.3400	-59.6%
DIC	2006	3.79%	201.800	2.5%	244075834651236%	491.00%	497101922902.171	0.95580648818	2.1370	-55.3%
DIC	2007	7.89%	210.036	4.1%	263333418005219%	511.04%	515292782190.410	0.99078310069	1.7700	-44.0%
DIC	2008	9.10%	210.228	0.1%	287296759043694%	511.50%	561670985629.689	1.07995714270	2.2500	-52.0%

A fines de 1993 el Ministro de Finanzas Fernando Enrique Cardoso, presentó el plan real, con el objetivo de estabilizar la economía. Este plan establecía la fijación del tipo de cambio, con esto la inflación se redujo del 2,489.11 en 1993, al 21.98% en 1995 y al 9.12% en 1996.

En marzo de 1995, se instauró la banda de flotación buscando bajar la inflación, y que el tipo de cambio no sufriera presiones a través de las reservas.

Para evitar ataques especulativos el gobierno mantuvo la posibilidad de mover la inflación así como el ancho de la banda de flotación. En abril de 1998, se estableció una banda de flotación entre el 0.65% mensual hacia abajo, y 0.75% como límite superior, dando así mayor liberalización al tipo de cambio.

Con el estallido de la crisis asiática, se fueron inversiones de cartera en Brasil, por lo que el gobierno trató de frenarlo a través del incremento de la tasa de interés llegando este a ser el 50% en octubre de 1998. Esta medida fue insuficiente y se observó la incongruencia entre el ajuste monetario de la balanza de pagos y la capacidad de pago de las deudas del gobierno.

Con el incremento de las tasas de interés, con la deuda tan elevada y un déficit fiscal del 8%, el Estado de Mina Gerais declaro una moratoria el 15 de enero de 1999. El gobierno se vio obligado a devaluar el real y abandonar la banda de flotación para adoptar un régimen flexible, como respuesta salieron del país 36,000 millones de dólares.

El FMI apoyó a Brasil con un rescate de 41,500 millones de dólares a través de una serie de estrictas medidas de ajuste fiscal. Actualmente una de las principales preocupaciones es el cumplimiento de los compromisos de la deuda externa. El Banco Central se ha limitado a renovar los títulos indexados.

A pesar de todos sus problemas y de las altas tasas de inflación que este país ha tenido, en estos momentos el real Brasileño se mantiene subvaluado, situación que lo va a ayudar a despegar y mantenerse como la primera potencia de América Latina, y la **octava** a nivel mundial. Otra cosa importante que podemos observar en el análisis de las economías de los 40 países, es que a pesar de que un país haya tenido una alta inflación, cuando el ajuste al tipo de cambio es mayor a su inflación los precios de los bienes y servicios que dicho país producen serán competitivos, situación que se reflejará en sus variables económicas.

Podemos poner muchos casos de devaluaciones, sin embargo sería extenderse demasiado para comprobar algo que no tiene duda, y que como lo comenté en el capítulo III ocurre en forma natural de igual forma que los grandes terremotos, entre más se contenga la energía, cuando ésta se libera mayores serán los estragos que causen.

Mejor vamos a analizar cuáles son los efectos que una devaluación produce en un país en el primero y segundo año

Qué le sucede a un país después de la devaluación

1. El semáforo se pone en verde generalmente después de una devaluación, y una devaluación es un ajuste brusco en el tipo de cambio, sin embargo si se realiza en forma natural debido a que no se realizaron los ajustes en el momento adecuado.

2. Quiebra de muchas de sus empresas, principalmente las que tenían elevados pasivos.

3. Incremento de la deuda externa del país que sufre la devaluación.

4. Incremento del desempleo.

5. Generación de desconfianza en los inversionistas tanto nacionales como extranjeros, esta desconfianza origina una desbandada de capitales hacia otros países, supuestamente más estables y seguros.

6. Desconfianza hacia su gobierno, por ejemplo la devaluación que sufrió Indonesia en 1998 generó la destitución de su Presidente Suharto.

7. Desplome de su Producto Interno Bruto en el primer año.

8. Disminución de la actividad industrial en los primeros tres o cuatro años.

9. Intervención del Fondo Monetario Internacional el cual impone medidas extremas para solucionar las crisis, medidas sin sentido la mayoría de las veces, las cuales retrasan la recuperación económica de los países que están sorteando las crisis.

¿Qué le sucede al país que sufre una devaluación, a partir del segundo año?

1. Después del segundo año se empieza a notar una recuperación en sus variables macroeconómicas.

2. Las exportaciones se empiezan a incrementar

3. El producto interno bruto comienza a crecer, lo mismo que la balanza comercial

4. El saldo en cuenta corriente, se empiezan a recuperar y el país gradualmente logra reducir su deuda externa.

5.   La escasez de divisas continúa así como la desconfianza de los inversionistas.

En resumen les puedo decir que las devaluaciones bruscas no deberían de existir, si se ajustará el tipo de cambio en la misma o mayor proporción a la inflación.

Las devaluaciones y los ciclos económicos

A pesar de lo que comento en este libro, también existe la posibilidad de que los gobiernos continúen cometiendo los mismos errores, razón por la cual debemos de aprender a entender y vivir los ciclos económicos, los cuales queramos o no son parte de nuestra vida, ya que siempre estaremos terminando e iniciando cosas, y para ello me gustaría mencionar la siguiente reflexión la cual la escuche en una película llamada "Vientos de Esperanza" con Sandra Bullock, la cual mencioné al final de mi discurso de despedida un día antes de mi salida del Grupo Televisa ante mis compañeros de trabajo el 14 de septiembre de 1998, en donde al final de mi discurso terminé con la siguiente reflexión la cuál considero que encierra una gran filosofía y una gran enseñanza.

Esta reflexión dice lo siguiente:

"Los principios son miedosos y los finales algunas veces son tristes sin embargo, lo valioso de la vida es aprender, disfrutar y valorar el tiempo que transcurre entre cada principio y cada final, vívelo intensamente desde el principio y bríndale a tu esperanza la oportunidad para que este nuevo ciclo que empiezas florezca, y este lo hará"

CAPÍTULO VII

Los países europeos y la Comunidad Económica Europea

Europa

"Llegará un día en que veremos a dos grupos inmensos: los Estados Unidos de América y los Estados Unidos de Europa, colocados uno frente al otro, tendiéndose la mano por encima de los muertos, intercambiando sus productos, su comercio, su arte, su industria, sus genios." [13]

Esto es lo que parecía lógico, sin embargo no es así, ya que en estos momentos en pleno siglo XXI, estos dos inmensos grupos de poder, están perdidos en el tiempo y en el espacio ya que no están entendiendo que la herramienta básica en la globalización lo constituye la mercadotecnia, y de sus cuatro elementos: plaza, producto, promoción y **precio,** este último es el más importante, ya que para poder competir, normalmente había que reducir los costos y el margen de ganancia, pero si en estos momentos la reducción de los costos y los gastos no dependen únicamente de eficientes sistemas de producción, ni de economías de escala, sino que el factor más importante lo constituye **las políticas monetarias**, entonces resulta que esta variable está rompiendo todos los esquemas tradicionales.

Y por no entender lo anterior están viviendo la peor crisis de su historia, con desempleos que ni en la época de la gran depresión, habían vivido.

Pero también en el mundo están sucediendo cosas aparentemente inexplicables, por ejemplo: si hace treinta años se hubiera realizado una encuesta para conocer de acuerdo a la opinión de los encuestados, qué países tenían más probabilidades de ganar la guerra comercial en la globalización, seguramente que China y la India hubieran obtenido un porcentaje de 0% o muy cerca de este porcentaje, mientras que los Estados Unidos y Japón y los países pertenecientes a la comunidad económica europea, se hubieran llevado los más altos porcentajes, sin embargo, de manera aparentemente inexplicable está ocurriendo lo contrario.

Yo considero que la intervención de tantos países y funcionarios de la Comunidad Económica europea con diferentes criterios y puntos de vista, han creado una torre de babel que en estos momentos se está derrumbando, pero para ello sería conveniente analizar las diferentes etapas que han vivido:

- La primera etapa fue de descontrol e incremento de la inflación, en el momento en que terminó el patrón oro, situación que ocasionó un gran desconcierto en todos los países en el mundo, ya que al eliminarse la obligatoriedad de mantener una paridad fija frente al dólar, cada país estableció la política monetaria que consideraba adecuada, este cambio

---

[13] Víctor Hugo, discurso de apertura del Congreso de la Paz, 21 de agosto de 1849.

generó el incremento en la inflación en la mayoría de los países, efecto que incrementó el precio de las mercancías y servicios de la mayoría de los países ante los Estados Unidos, si analizamos las gráficas sobre la sobre o (sub) valuación de los países europeos, podremos observar un incremento en el precio de sus productos y servicios desde 1971 hasta el año de 1978.

- Segunda etapa.- A partir de marzo de 1979 ocho miembros de la Comunidad europea crearon el Sistema Monetario europeo **(SME)** por el cual acordaron fijar sus tipos de cambio en forma conjunta, en forma tal que los mismos estarían variando en forma coordinada con relación al dólar, estos países fueron: Francia, Alemania, Italia, Bélgica, Dinamarca, Irlanda, Luxemburgo, y Holanda; España se incorporó en junio de 1989, Inglaterra en octubre de 1990, Portugal en abril de 1992, y Austria en enero de 1995.
  La unión de experiencias y conocimientos de los expertos de dichos países les permitió darse cuenta, de que a través de su política monetaria, tenían la gran oportunidad de reducir los precios de sus productos y servicios en el exterior, y a partir de marzo de 1979 se puede observar en la gráfica que muestra la sobre sobre y (sub) valuación de cada país europeo, como van reduciendo sus precios en forma gradual.

Con esto las empresas de los países europeos incrementaron sus exportaciones y su producto interno bruto, sin embargo por otra parte la economía de los Estados Unidos su principal mercado, entró en recesión, situación que se revertió contra sus economías.

En Septiembre de 1985 se reunieron los países más industrializados y acordaron revaluar sus monedas a efecto de permitir la recuperación de los Estados Unidos, estos países fueron: Alemania, Francia, Japón, Italia, Canadá y Suiza, lógicamente que como Alemania, Francia e Italia formaban parte del Sistema Monetario europeo, se unieron a dicho acuerdo los demás países que formaban parte de dicho Sistema Monetario. La revaluación de sus monedas la realizaron en forma gradual a partir de 1985 hasta 1990, revaluación que mantuvieron con pequeñas fluctuaciones hasta el año de 1998. Inglaterra se retiró en septiembre de 1992 cuándo una crisis especulativa sacudió varias paridades del Sistema Monetario europeo. Al mismo tiempo a partir de esa fecha Italia dejó flotar su moneda.

- Tercera etapa.- En esta se instauró la Unión Monetaria europea (UME) con una amplia visión política; previamente se fijaron reglas y condiciones a efecto de reducir las asimetrías económicas entre los países, y con un objetivo de impulsar la actividad productiva como un todo.

Con el tratado de Maastricht (Holanda) en 1992, se fijaron criterios siendo éstos los siguientes:

1. Que sus déficits fiscales no superen el 3% del PIB.

2. Que la deuda pública no sea mayor al 60% del PIB.

3. Que el incremento de precios anual no sea mayor al 1.5% del promedio de las tres naciones de la Unión europea que mejores tasas hayan tenido en los doce meses.

4. Que la tasa de interés a largo plazo no sobrepase en más del 2% a la media de los tres países de la Comunidad, con las tasas más bajas en dicho lapso.

Posteriormente se creó el Pacto de Estabilidad y Crecimiento a efecto de asegurar que el euro se mantenga como una moneda fuerte.

Dichos acuerdos más la recuperación de los Estados Unidos permitieron que las variables macroeconómicas de la zona mejoraran en forma importante.

- Cuarta etapa la cual se inicia con la formación de la Unión Monetaria europea y el remplazo del ECU por el EURO, y así el 2 de mayo de 1998 se acordó que por mayoría calificada (mínimo 62 votos de los 87 posibles) el Consejo de la Unión europea deciden los 11 países que conformarían la UME.

Con la Unión Monetaria europea, las políticas monetarias pasan a ser función del Sistema europeo de bancos Centrales (Sebec) que está conformado por una institución supranacional, el Banco Central europeo (BCE) y los once bancos centrales. El primero es quien toma las decisiones de la política monetaria común, y los demás de instrumentarlos. Las políticas fiscales y las económicas permanecen en manos de las autoridades de cada país.

El principal problema es que el BCE se centra en la política monetaria, manteniendo una autoridad marginal en la supervisión bancaria y ninguna responsabilidad en lo que respecta a la liquidez.

En enero de 1999 el ECU fue reemplazado por el EURO a la tasa de un euro por un ECU, y once países del área europea adoptaron dicha moneda.

Se estableció como punto de partida fijar su moneda al EURO, estableciéndose en forma obligatoria el manejar 6 dígitos siendo los países que iniciaron el 4 enero de 1999 con el EURO y el valor de 6 dígitos con el que fijaron su moneda al EURO los siguientes:

N°	País	Moneda Anterior	**Equivalencia por EURO**
1	Austria	Schilling	13.7603
2	Bélgica	Franco	40.3399
3	Finlandia	Markkaa	5.94573
4	Francia	Franco	6.55957
5	Alemania	Marco	1.95583
6	Irlanda	Libra	0.787564
7	Italia	Lira	1,936.27
8	Luxemburgo	Franco	40.3399
9	Holanda	Dólar	2.20371
10	Portugal	Escudo	200.482
11	España	Peseta	166.386

En enero del 2001 Grecia se adhirió al euro con un factor de conversión de 340.750 drachmas por euro, adicionalmente en esa misma fecha, el Bank of Central African States y el Central Bank of West African States cambiaron el peg por el euro.

En julio del 2002 entraron a la circulación los primeros billetes y monedas nominados en euros.

En resumen podemos observar los siguientes eventos importantes:

- De descontrol e incremento de la inflación a partir de que se eliminaron regulaciones en política monetaria (agosto 1971 a marzo de 1979)

- Momento en el que los países europeos forman el Sistema Monetario europeo en la que existió una tendencia de los países europeos a devaluar sus monedas frente al dólar, esto fue hasta el agosto de 1985, con lo que abarataron los productos europeos en los Estados Unidos, situación que afectó en forma muy importante a su economía, sin embargo como este país tiene una capacidad de compra muy importante, cuando entra en crisis afecta a todo el mundo.

- Momento de apoyo para que los Estados Unidos redujeran sus elevados déficits lo que se logró a través de una reunión en el mes de septiembre de 1985 en la cual los países más desarrollados acuerdan revaluar sus monedas para ayudar a la recuperación económica de nuestro vecino del norte, a este acuerdo se unen los países europeos que formaban parte del Sistema Monetario europeo, en esta etapa los países europeos revalúan en forma gradual sus monedas, esto fue durante los años de 1985, 1986 y 1987, para mantenerlas estables durante un periodo de 10 años, de 1988 a 1998, situación que ayudó a la etapa de crecimiento económico de los Estados Unidos, en donde su producto interno bruto creció en promedio el 3.2% de 1990 al 2000.

- Momento en el que los países europeos vuelven a devaluar sus monedas, posiblemente fue con el fin de darle fortaleza a sus economías a efecto de iniciar con su nueva moneda el EURO.

- Por último la etapa en la que los países europeos revaluaron nuevamente sus monedas, a partir del mes de febrero del 2002 situación que los está enfrentando a un derrumbe económico con un incremento en el desempleo a cifras superiores a la época de la post guerra, a la fecha el euro tiene un valor superior al dólar del 40% aspecto que ha encarecido enormemente los productos europeos y a esto agréguele la inflación de cada país a partir de enero de 1999.

Para mayor claridad de lo comentado le pido que observe el siguiente cuadro:

PAISES QUE FORMAN PARTE DE LA EUROZONA								
No	PAÍS	Fecha Incorporación	Moneda Anterior	Equivalencia por EURO	Indice 1998	Índice 2008	Inflación Acumulada	1998	2008
1	Austria	01/01/99	Schilling	13.7603	119.000	97.600	21.93%	68.20%	98.80%
2	Bélgica	01/01/99	Franco	40.3399	121.900	96.400	26.45%	-6.60%	14.50%
3	Finlandia	01/01/99	Markkaa	5.94573	116.100	95.600	21.44%	-1.10%	17.00%
4	Francia	01/01/99	Franco	6.55957	117.300	97.800	19.94%	1.50%	27.50%
5	Alemania	01/01/99	Marco	1.95583	116.500	97.300	19.73%	-4.60%	10.80%
6	Irlanda	01/01/99	Libra	0.787564	135.600	93.200	45.49%	3.70%	64.50%
7	Italia	01/01/99	Lira	1,936.27	121.700	97.525	24.79%	-7.00%	27.80%
8	Luxemburgo	01/01/99	Franco	40.3399	122.700	96.000	27.81%	-7.50%	14.70%
9	Holanda	01/01/99	Dólar	2.20371	119.400	94.200	26.75%	-62.00%	58.80%
10	Portugal	01/01/99	Escudo	200.482	123.700	95.000	30.21%	14.20%	48.40%
11	España	01/01/99	Peseta	166.386	126.700	94.500	34.07%	29.10%	67.90%
12	Grecia	01/01/01	Drachmas	340.75	129.600	100.000	29.60%	14.50%	52.70%
13	Eslovenia	01/01/07							
14	Chipre	01/01/07							
15	Malta	01/01/08							
16	Eslovaquia	01/01/09							

Por lo que respecta al futuro del euro, les puedo asegurar que no va a funcionar, esto debido a que no se puede atar a tantas economías a una sola moneda, tomando en cuenta que cada país maneja su propia estrategia económica, las diferencias originadas por las inflaciones de cada país, a pesar de que sean pequeñas, van a ir ocasionando desequilibrios muy importantes entre los países lo cual originará un descalabro económico de la región aún mayor a la crisis que están enfrentando actualmente.

Por otra parte han cometido el error de revaluar el euro en más de un 40%, situación que está encareciendo sus productos y servicios de esta comunidad, si no salen del error económico que inventaron, cuando se den cuenta va a ser demasiado tarde.

Una prueba de ello es el incremento del desempleo dentro de los países que forman esta comunidad, y así, de acuerdo a la oficina de estadística de la Unión europea, eurosat, en la eurozona en junio del 2009 la tasa de desocupación reportada fue la más alta en toda una década, al situarse en el 9.4%, siendo España el país con la tasa de desocupación más alta, llegando al 18.1%..

En abril 27 del 2009 en un artículo publicado por Karla Casillas en el periódico el Financiero, comentaba que la tasa de desocupación en España había llegado al 17.36% porcentaje que representaba a $ 4, 010,700 cuatro millones diez mil setecientos desempleados. En Alemania la economía más importante de Europa, la tasa de desempleo llegó al 7.7%, mientras que en Francia, la segunda economía alcanzó el 8.9%.

Mientras que en la Unión europea, la cual la forman 27 países, la tasa promedio de desempleo fue del 8.9%, siendo la tasa más elevada desde el 2005. Haciendo un total de 21.5 millones de personas sin empleo.

Todo esto se debe al encarecimiento de sus productos, y para ello es importante observar la sobrevaluación que tienen la mayoría de los países europeos, para tal efecto los invito a observar el siguiente cuadro, el cual muestra el porcentaje de sobre y subvaluación de los países europeos desde 1971, comparados con China y la India.

Y como podrán observar en los años marcados con un círculo, se muestra el ajuste del tipo de cambio después de que una moneda tiene una sobrevaluación en más del 25%.

A continuación les muestro un cuadro comparativo relacionado con la sobre y la subvaluación de los productos de los países europeos, a través de 38 años.

EUROPA

ANALISIS COMPARATIVO SOBRE LA SUB VALUACIÓN Y SOBRE VALUACIÓN DE LOS PAÍSES A PARTIR DE SEPTIEMBRE DEL 1971

	1 Estados Unidos	2 China	3 India	4 Alemania	5 Austria	6 Belgica	7 Dinamarca	8 España	9 Finlandia	10 Francia	11 Grecia	12 Holanda	13 Irlanda	14 Italia	15 Luxemburgo	16 Polonia	17 Portugal	18 Reino Unido	19 Suecia	20 Suiza
1971	0.0%	0.0%	0.0%	0.0%	0.0%	0.0%	0.0%	0.0%	0.0%	0.0%	0.0%	0.0%	0.0%	0.0%	0.0%	0.0%	0.0%	0.0%	0.0%	0.0%
1972	0.0%	6.5%	-8.4%	5.6%	0.0%	-3.3%	0.0%	9.1%	-3.3%	4.8%	9.3%	5.3%	-3.5%	3.8%	3.4%	-3.3%	-3.3%	3.6%	-0.6%	6.9%
1973	0.0%	8.7%	-2.7%	23.2%	16.6%	1.7%	8.9%	25.7%	7.2%	12.5%	17.2%	7.5%	-0.8%	1.3%	7.5%	-1.4%	1.6%	2.7%	0.7%	24.5%
1974	0.0%	7.0%	12.0%	30.2%	35.1%	16.4%	21.2%	30.4%	20.6%	20.2%	30.8%	16.5%	3.2%	0.8%	19.8%	-12.2%	22.2%	7.5%	11.0%	55.3%
1975	0.0%	-6.2%	0.7%	16.9%	25.0%	12.4%	10.8%	34.2%	22.8%	24.4%	16.5%	17.1%	0.7%	4.6%	13.4%	-17.9%	25.1%	7.2%	5.9%	50.2%
1976	0.0%	-6.0%	-10.6%	28.2%	38.0%	28.4%	18.3%	31.8%	36.7%	17.6%	21.9%	34.2%	-4.8%	-9.1%	30.3%	-21.7%	22.8%	0.3%	18.6%	55.9%
1977	0.0%	-1.9%	-2.1%	38.3%	52.9%	40.7%	18.5%	29.7%	35.5%	27.2%	33.7%	38.0%	13.5%	0.4%	42.4%	-26.6%	14.9%	22.2%	9.4%	81.1%
1978	0.0%	1.4%	-7.4%	52.2%	73.1%	54.3%	34.5%	64.9%	37.0%	43.6%	36.3%	42.3%	19.9%	8.5%	53.9%	-93.3%	12.4%	29.3%	19.9%	107.3%
1979	0.0%	-5.4%	-10.0%		86.1%	46.2%		78.1%	37.4%	45.7%		22.3%	26.1%	13.3%		-94.9%	13.5%	41.5%	17.5%	94.6%
1980	0.0%	-11.8%	-11.4%	24.9%	67.6%	23.2%	13.8%	52.7%	31.9%	30.9%	22.8%	13.9%	17.3%	5.3%	22.6%	-96.2%	9.9%	59.0%	12.5%	61.1%
1981	0.0%	-27.2%	-19.8%	4.8%	45.7%	-0.1%	-6.5%	30.3%	19.5%	7.1%	12.8%	16.1%	8.0%	-11.5%	-0.2%	-71.2%	-1.6%	30.8%	-9.0%	54.5%
1982	0.0%	-35.1%	-21.1%	-1.0%		-14.3%	-18.3%	11.7%	3.8%	-1.3%	7.4%	13.9%	7.5%	-13.2%	-13.9%	-64.2%	-14.6%	15.8%	-27.3%	41.8%
1983	0.0%	-38.2%	-22.1%	-14.8%	19.6%	-25.1%	-30.7%	-3.3%	-1.3%	-16.1%	-11.0%	24.0%	-6.9%	-3.3%	-24.0%	-69.7%	-30.2%	4.8%	-30.5%	
1984	0.0%	-56.7%	-31.5%	-27.5%	4.9%	-32.4%	-39.2%	-6.4%	-9.6%	-27.2%	-21.9%	40.4%	-15.1%	-27.6%	-31.8%	-65.9%	-32.7%	-15.7%	-35.7%	7.4%
1985	0.0%	-59.3%	-28.8%	-10.7%	33.9%	-14.5%	-23.7%	10.4%	11.2%	-2.2%	-22.0%	25.2%	8.2%	-12.2%	-14.4%	-71.9%	-16.8%	7.6%	-21.5%	33.2%
1986	0.0%	-62.9%	-28.9%	11.9%	68.8%	6.9%	-6.8%	38.3%	28.0%	16.1%	1.0%	30.1%	25.0%	13.6%	5.9%	-72.3%	-0.8%	12.4%	-9.6%	69.8%
1987	0.0%	-61.4%	-24.6%	31.7%	105.7%	26.6%	12.3%	69.5%	54.8%	38.9%	23.9%		47.9%	32.3%	23.4%	-79.2%	16.9%	42.2%	5.3%	109.6%
1988	0.0%	-55.3%	-31.9%	13.5%	84.2%	8.9%	-0.4%	63.4%	47.6%	20.4%	14.8%	19.3%	30.1%	19.3%	6.5%	-85.2%	8.7%	38.2%	1.3%	73.8%
1989	0.0%	-60.9%	-39.4%	17.0%	95.9%	12.1%	3.6%	72.5%	54.3%	24.7%	16.9%	18.8%	33.7%	24.4%	9.8%	-95.4%	14.3%	26.4%	1.8%	66.8%
1990	0.0%	-66.2%	-41.3%	28.6%	116.7%	26.1%	18.5%	96.2%	72.4%	37.1%	32.9%	12.8%	48.4%	40.4%	23.9%	-99.8%	37.2%	56.5%	15.8%	97.5%
1991	0.0%	-66.8%	-54.7%	25.1%	116.5%	25.2%	15.8%	102.4%	53.2%	36.0%	38.4%	14.1%	46.5%	42.2%	22.9%	-99.7%	47.5%	56.1%	26.7%	93.8%
1992	0.0%	-67.0%	-51.4%	19.9%	103.8%	17.4%	9.4%	75.6%	20.3%	27.2%	27.3%	19.4%	36.7%	13.6%	16.1%	-99.5%	42.7%	27.1%	-1.2%	82.4%
1993	0.0%	-62.7%	-58.0%	14.0%	90.6%	7.9%	1.1%	44.0%	8.5%	18.0%	22.2%	20.6%	16.8%	-0.3%	7.5%	-99.6%	23.1%	23.1%	-14.7%	80.6%
1994	0.0%	-68.5%	-55.0%	27.1%	111.0%	22.0%	12.6%	58.6%	30.2%	29.0%	36.9%	23.0%	27.7%	5.6%	21.3%	-99.6%	39.8%	29.6%	-6.5%	99.6%
1995	0.0%	-64.1%	-56.8%	36.2%	129.4%	30.6%	23.5%	75.7%	39.6%	39.6%	47.3%	26.5%	32.5%	11.5%	30.6%	-99.6%	51.2%	29.7%	6.0%	124.1%
1996	0.0%	-62.3%	-55.4%	23.3%	111.2%	18.7%	15.2%	62.9%	27.5%	33.0%	48.1%	18.5%	30.0%	16.2%	17.8%	-99.6%	44.2%	40.8%	-0.1%	88.3%
1997	0.0%	-61.8%	-57.0%	7.2%	83.2%	2.7%	0.3%	41.3%	8.7%	12.2%	34.3%	15.8%	15.9%	1.4%	1.8%	-99.6%	23.5%	39.2%	-13.7%	71.3%
1998	0.0%	-62.7%	-55.7%	-2.6%	66.2%	-6.6%	7.2%	29.1%	-1.1%	1.5%	48.5%	17.5%	3.7%	0.0%	-7.5%	-99.6%	14.2%	42.4%	-17.2%	78.4%
1999	0.0%	-64.2%	-55.9%	-4.0%	65.4%	-7.6%	-7.6%	29.3%	-2.1%	-0.2%	19.0%	17.5%	3.1%	-8.0%	-8.6%	-99.6%	14.3%	36.9%	-23.5%	50.7%
2000	0.0%	-65.3%	-58.7%	-12.3%	51.0%	-15.1%	-15.2%	19.8%	-9.3%	-9.0%	14.5%	7.7%	-2.4%	-15.5%	-15.5%	-99.6%	5.4%	25.7%	-33.2%	44.7%
2001	0.0%	-65.6%	-59.1%	-16.5%	44.1%	-18.8%	-18.4%	15.7%	-13.2%	-13.7%	2.7%	4.6%	-4.6%	-19.0%	-19.1%	-99.6%	2.6%	22.5%	-39.8%	40.4%
2002	0.0%	-66.7%	-58.2%	-1.7%	70.3%	-4.1%	-3.2%	38.7%	2.4%	2.2%	23.7%	25.6%	16.1%	-3.6%	-4.0%	-99.6%	23.7%	35.2%	-27.4%	66.8%
2003	0.0%	-66.9%	-55.1%	17.5%	104.0%	15.1%	15.4%	68.8%	22.1%	23.4%	51.4%	51.6%	42.0%	17.1%	15.7%	-99.6%	50.9%	51.2%	-10.9%	84.9%
2004	0.0%	-66.5%	-52.8%	24.7%	118.5%	22.8%	23.2%	76.2%		31.5%	43.9%	60.3%	51.6%	25.0%	23.6%	-99.6%	61.0%	63.3%	-5.7%	97.4%
2005	0.0%	-66.3%	-54.0%	6.5%	87.2%	5.7%	4.8%	52.5%	8.0%	12.2%	41.1%	36.5%	30.0%	6.7%	6.0%	-99.5%	37.8%	44.7%	-24.0%	66.1%
2006	0.0%	-66.7%	-51.6%	17.9%	107.0%	17.7%	16.4%	71.9%	19.3%	24.2%	42.0%	50.3%	47.1%	18.6%	6.2%	-99.5%	38.5%	46.5%	-24.8%	63.7%
2007	0.0%	-60.4%	-55.7%	13.8%	109.8%	18.4%	17.9%	75.5%	21.5%	25.0%	40.4%	64.1%	53.0%	19.9%	4.3%	-99.5%	36.4%	45.8%	-26.2%	58.3%
2008	0.0%	-61.0%	-51.4%	27.1%	114.7%	23.7%	16.0%	88.7%	31.5%	32.7%	71.7%	58.8%	64.5%	27.8%	28.9%	-99.5%	66.8%	46.2%	-20.5%	89.0%
T.C.	15.50	39.70	31.90	12.19	7.21	12.53	13.36	8.21	11.78	11.68	9.02	10.50	9.04	12.12	12.02		9.30	10.60	19.49	8.02
	Dólar	Yuan	Ruplo	Marco	Schiling	Francos	Francos	Peseta	Markkaa	Franco	Drachmas	Dólar	Libra	Lira	Francos		Escudos	Libra	Kronor	Franco

PAISES QUE FORMAN PARTE DE LA EUROZONA

No	PAÍS	Fecha Incorporación	Moneda Anterior	Equivalencia por EURO	Índice 2008	Balanza Comercial mmd	Índice 1998	Inflación Acumulada	1998
1	Austria	01/01/1999	Schilling	13.7603	119.000	10,630	97.600	21.93%	68.20%
2	Bélgica	01/01/1999	Franco	40.3399	121.900	3,972	96.400	26.45%	-6.60%
3	Finlandia	01/01/1999	Markkaa	5.94573	116.100	10,630	95.600	21.44%	-1.10%
4	Francia	01/01/1999	Franco	6.55957	117.300	-47,270	97.800	19.94%	1.50%
5	Alemania	01/01/1999	Marco	1.95583	116.500	267,100	97.300	19.73%	-4.60%
6	Irlanda	01/01/1999	Libra	0.787564	135.600	-8,621	93.200	45.49%	3.70%
7	Italia	01/01/1999	Lira	1,936.27	121.700	-68,820	97.525	24.79%	0.00%
8	Luxemburgo	01/01/1999	Franco	40.3399	122.700	3,186	96.000	27.81%	-7.50%
9	Holanda	01/01/1999	Dólar	2.20371	119.400	47,000	94.200	26.75%	-62.00%
10	Portugal	01/01/1999	Escudo	200.482	123.700	-23,970	95.000	30.21%	14.20%
11	España	01/01/1999	Peseta	166.386	126.700	-152,500	94.500	34.07%	29.10%
12	Grecia	01/01/2001	Drachmas	340.75	129.600	-32,260	100.000	29.60%	14.50%
13	Eslovenia	01/01/2007							
14	Chipre	01/01/2007							
15	Malta	01/01/2008							
16	Eslovaquia	01/01/2009							

Y como se puede observar claramente, las eficientes fábricas europeas, a pesar de sus avanzados sistemas de producción, con excepción de Alemania, no pueden competir contra el precio de los productos chinos e hindúes, cuya única estrategia fue el seguir estrategias totalmente diferentes a las adoptadas por los países europeos.

En las gráficas de las páginas siguientes, usted podrá observar la coordinación de las políticas monetarias de los países europeos, con excepción de Inglaterra o el Reino Unido, quien no se ha querido integrar plenamente a los acuerdos establecidos por la Comunidad Económica europea, sin embargo, por querer mantener una moneda elevada, sus productos a nivel Internacional están elevados y poco a poco van quedando fuera de mercado.

Algo que es muy importante observar es, cómo día con día China va sacando del mercado a muchísimas empresas en el mundo, y lógicamente va dejando sin empleo a cada día más personas, debido a que sus precios son demasiado bajos, precios con los que los países no pueden competir, aspecto que tiene un efecto directo en las balanzas comerciales de los países, con excepción de ciertos países que producen artículos con una tecnología con la cual aún no podían competir los productos chinos, como es el caso de Japón y Alemania, o con otros como es el caso de Suiza, cuyo negocio no es la producción de artículos, sino que su atractivo es realizar operaciones bancarias protegiendo a través de la confidencialidad de las mismas, las cuentas de muchas personas que necesitan mantener en secreto sus inversiones, o como Austria cuya venta más importante es el petróleo.

ALEMANIA
SOBRE (SUB) VALUACIÓN DEL MARCO

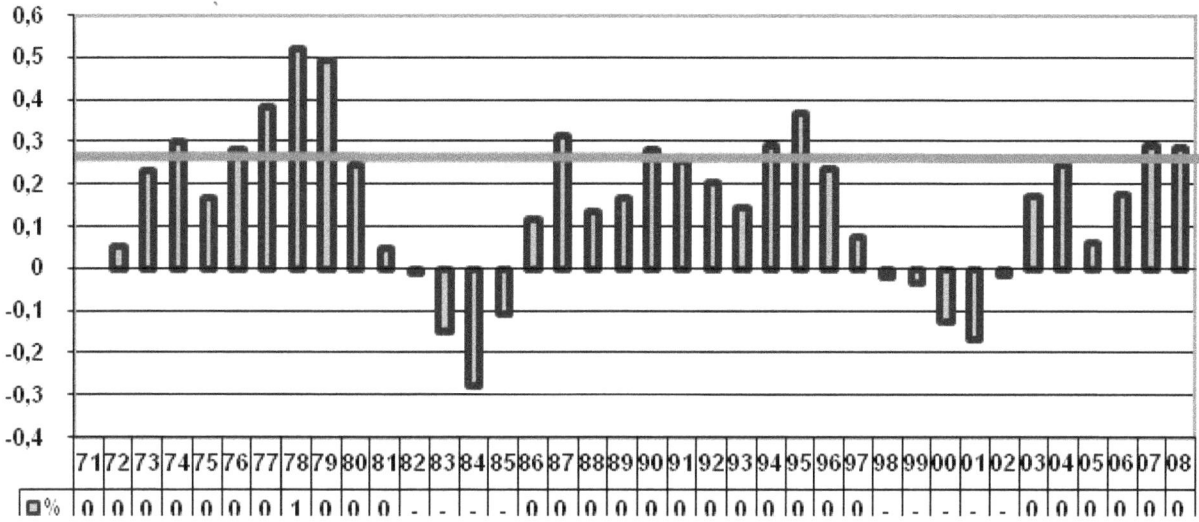

	71	72	73	74	75	76	77	78	79	80	81	82	83	84	85	86	87	88	89	90	91	92	93	94	95	96	97	98	99	00	01	02	03	04	05	06	07	08
%	0	0	0	0	0	0	0	0	1	0	0	0	-	-	-	-	0	0	0	0	0	0	0	0	0	0	0	-	-	-	-	-	0	0	0	0	0	0

FRANCIA
SOBRE (SUB) VALUACIÓN DEL FRANCO

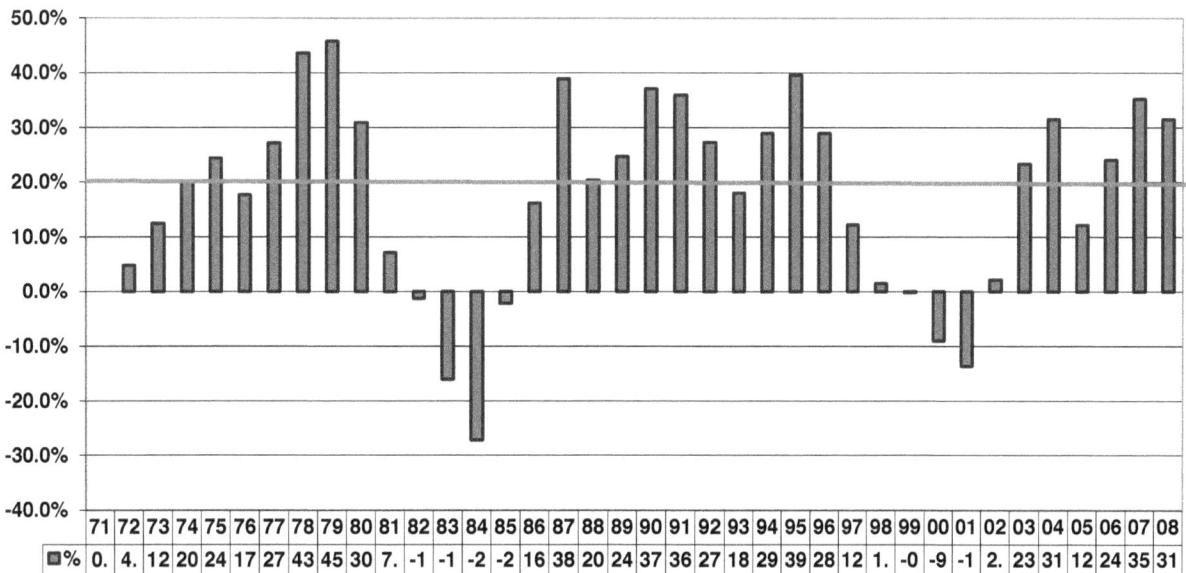

	71	72	73	74	75	76	77	78	79	80	81	82	83	84	85	86	87	88	89	90	91	92	93	94	95	96	97	98	99	00	01	02	03	04	05	06	07	08
%	0.	4.	12	20	24	17	27	43	45	30	7.	-1	-1	-2	-2	16	38	20	24	37	36	27	18	29	39	28	12	1.	-0	-9	-1	2.	23	31	12	24	35	31

ITALIA
SOBRE (SUB) VALUACIÓN DE LA LIRA

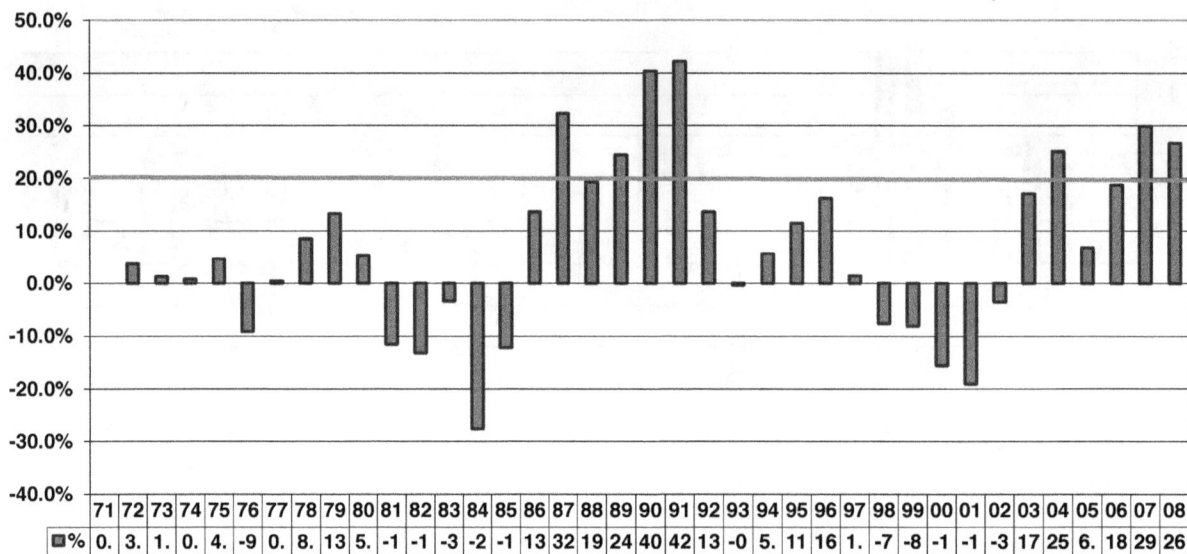

	71	72	73	74	75	76	77	78	79	80	81	82	83	84	85	86	87	88	89	90	91	92	93	94	95	96	97	98	99	00	01	02	03	04	05	06	07	08
%	0.	3.	1.	0.	4.	-9	0.	8.	13	5.	-1	-1	-3	-2	-1	13	32	19	24	40	42	13	-0	5.	11	16	1.	-7	-8	-1	-1	-3	17	25	6.	18	29	26

IRLANDA
SOBRE (SUB) VALUACIÓN DE LA LIBRA

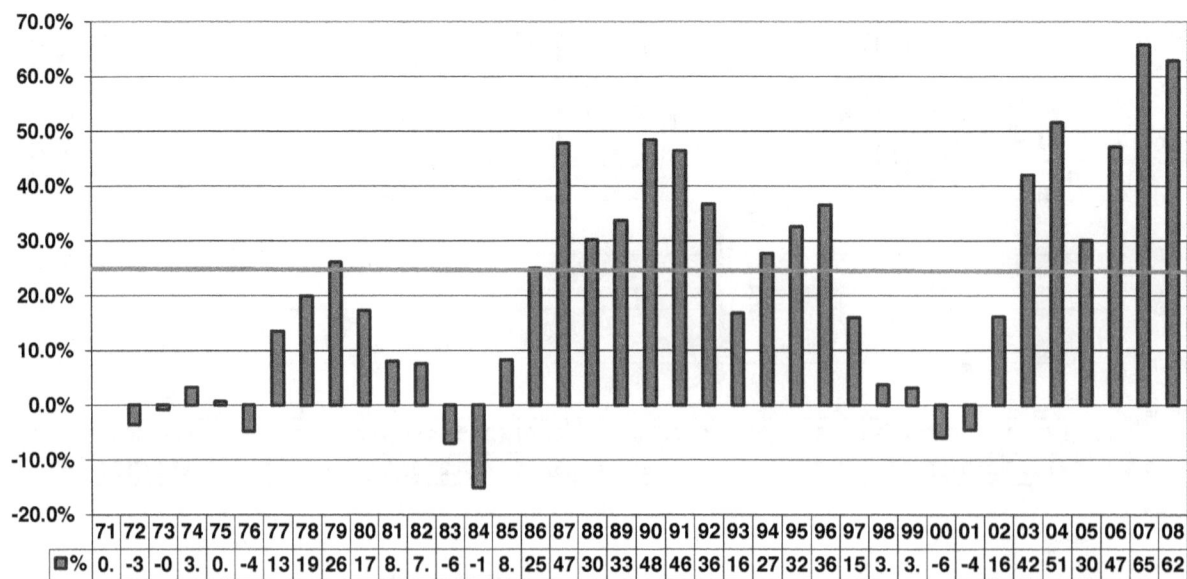

	71	72	73	74	75	76	77	78	79	80	81	82	83	84	85	86	87	88	89	90	91	92	93	94	95	96	97	98	99	00	01	02	03	04	05	06	07	08
%	0.	-3	-0	3.	0.	-4	13	19	26	17	8.	7.	-6	-1	8.	25	47	30	33	48	46	36	16	27	32	36	15	3.	3.	-6	-4	16	42	51	30	47	65	62

ESPAÑA
SOBRE (SUB) VALUACIÓN DEL PESETA

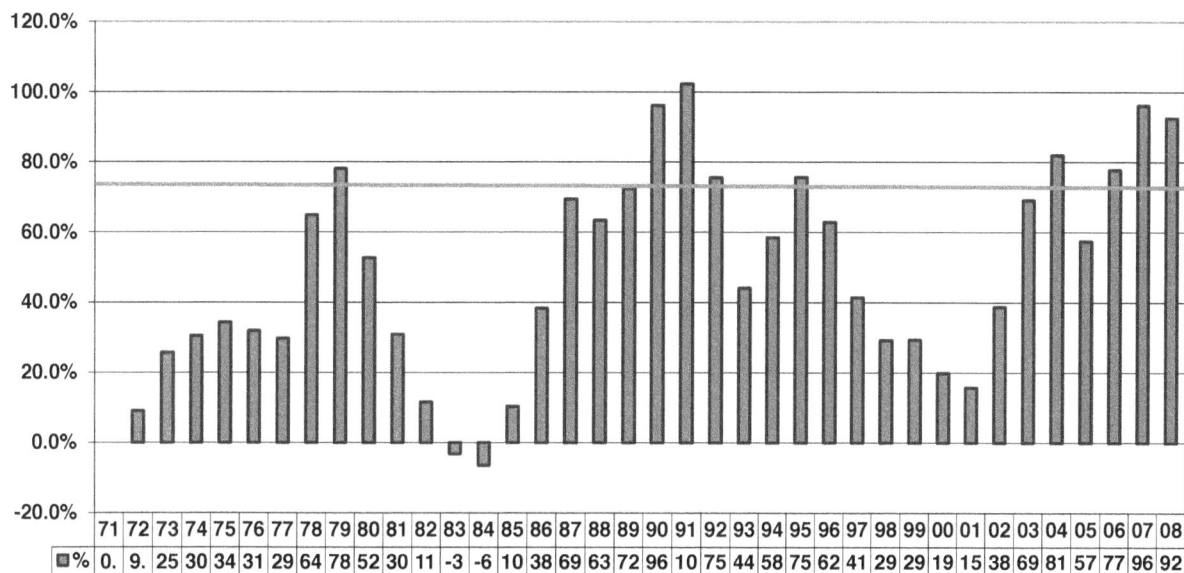

	71	72	73	74	75	76	77	78	79	80	81	82	83	84	85	86	87	88	89	90	91	92	93	94	95	96	97	98	99	00	01	02	03	04	05	06	07	08
%	0.	9.	25	30	34	31	29	64	78	52	30	11	-3	-6	10	38	69	63	72	96	10	75	44	58	75	62	41	29	29	19	15	38	69	81	57	77	96	92

INGLATERRA
SOBRE (SUB) VALUACIÓN DE LA LIBRA

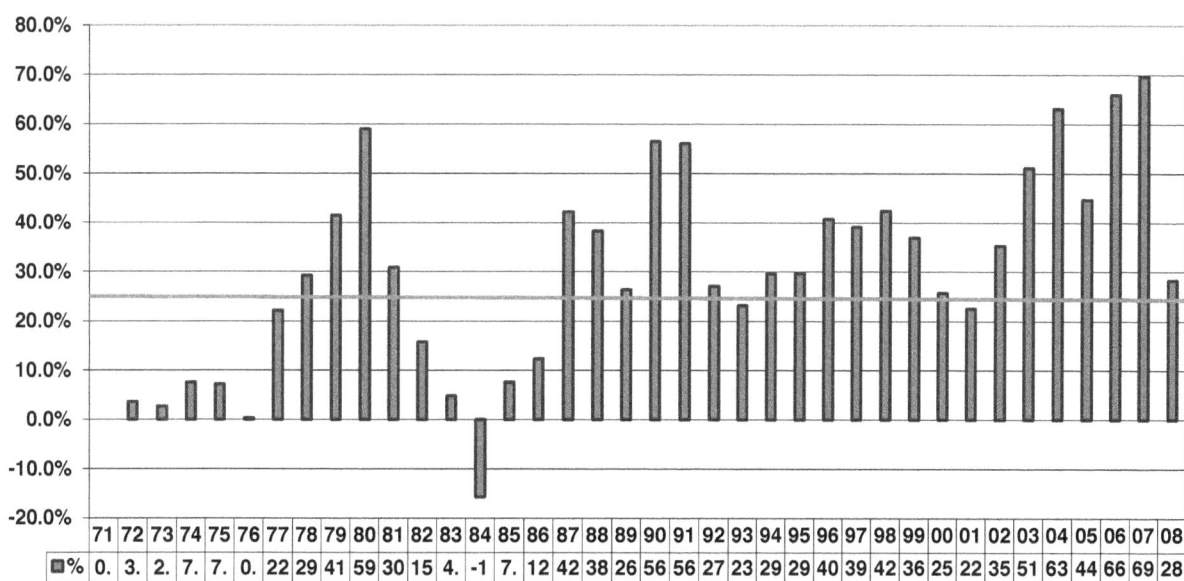

	71	72	73	74	75	76	77	78	79	80	81	82	83	84	85	86	87	88	89	90	91	92	93	94	95	96	97	98	99	00	01	02	03	04	05	06	07	08
%	0.	3.	2.	7.	7.	0.	22	29	41	59	30	15	4.	-1	7.	12	42	38	26	56	56	27	23	29	29	40	39	42	36	25	22	35	51	63	44	66	69	28

En resumen y perdón que insista, pero si no se dan cuenta de ello los gobernantes y expertos de los países más desarrollados, incluyendo a nuestro país México, en breve se perderán los altos niveles de vida, y dejarán de ser las potencias económicas que llegaron a ser hasta principio del siglo XXI. La sobrevaluación de la moneda China está causando una masacre en las empresas de todo el mundo, contra la que no se puede competir. Deseo por el bien de mis hijos y los hijos y nietos de millones de personas que estamos viviendo el principio de este siglo, que analicen las cifras y comentarios de éste libro, escrito por un viejo que le ha tocado vivir varias crisis, así como el haber analizado cifras de muchas empresas de varias partes del mundo.

CAPÍTULO VIII

Estrategias para sacar provecho de las crisis

LA LEY DEL RITMO

"Todo fluye y refluye, todo asciende y desciende;

la oscilación pendular se manifiesta en todas las cosas, la medida del movimiento hacia la derecha es la misma que la de la oscilación a la izquierda, el ritmo es la compensación"

EL KYBALIÓN

Existen conocimientos muy antiguos que encierran una gran filosofía y que nos pueden orientar en muchos aspectos importantes de la vida, ya que explican nuestra propia esencia, sin embargo, por vivir demasiado aprisa, se nos están escapando de las manos, aspectos importantes que nos pueden ayudar en nuestra vida diaria.

La frase de este capítulo está tomada de un libro muy sabio, El Kybalion, que fue escrito por Hermes Trismegristro, un gran sabio egipcio contemporáneo de Abraham, de hecho la palabra hermetismo tiene su origen en Hermes, el cual manejaba conocimientos que aún en este siglo XXI son difíciles de entender, por ejemplo se le atribuye al *"Alemán Max Planck [14](25), el descubrimiento de física cuántica", razón por la cual se le conoce como el padre de la misma, ya que en 1900 postuló que la materia puede emitir o absorber energía la cual se miden en pequeñas unidades llamadas "cuantos"*, sin embargo si usted lee el Kybalión, va a ver que sus leyes universales escritas hace 5,000 años, ya hablan sobre la vibración y el movimiento molecular de todos los cuerpos.

Los siete principios universales comentados en este libro, se basan en que todos los reinos que existe en el universo (reino animal, reino vegetal, reino mineral), están formados por los mismos elementos: helio e hidrógeno; entonces si todo en el universo emana de la misma fuente, todo debe regirse por los mismos principios, leyes y características.

Stephen R. Covey autor de varios libros, dentro de ellos "los 7 hábitos de las gentes, las familias y las empresas altamente eficaces", dice que la administración debería de estar soportada por principios universales y ponía este ejemplo: un alumno en la escuela puede hacer trampa, copiar y obtener una buena calificación, y a pesar de no contar con los conocimientos elementales, puede obtener una carrera profesional, engañarse y engañar a los demás, sin embargo, cuándo se enfrente a aspectos relacionados con la naturaleza y el universo, no le va a ser posible hacer trampa, ya que todos los aspectos importantes de nuestra vida, tarde o temprano se van a ver afectados por las leyes universales.

---

[14] Enciclopedia Microsoft® Encarta® 2003. © 1993-2002 Microsoft Corporation. Reservados todos los derechos.

Ahora bien, volviendo a la ley del ritmo que nos menciona el Kybalión dice:

"Lo mismo que existen las mareas las cuales se manifiestan a través de la fuerza y el movimiento de las olas, siempre hay una acción y una reacción, un avance y un retroceso, una elevación y una caída manifestándose en todas las cosas y fenómenos del universo. El principio se manifiesta en la creación y destrucción de los mundos, en la elevación y caída de las naciones, en la historia de la vida de todas las cosas".

Todas las cosas nacen, crecen y mueren generándose ciclos, los cuales es muy importante conocer.

Si analizamos el movimiento de las mareas en el mar, y observamos a los que saben nadar a través de las fuertes corrientes y grandes olas, podemos ver que cuando el reflujo o la corriente va en sentido contrario a donde ellos quieren ir, se dejan llevar por la corriente, no nadan en contra de ella, ya que perderían y gastarían su energía en balde, sino que únicamente flotan y esperan el momento en el que el flujo los va empujar en la dirección a donde quieren ir, para aprovechar la fuerza del agua y dirigirse hacia el rumbo que ellos quieren. Inclusive hay algunos que aprovechan la corriente en contra para avanzar hacia el rumbo deseado. Esto es más obvio con los veleros los cuales avanzan hacia el rumbo deseado, a pesar de tener el viento en contra. De la misma manera los aviones se elevan, aprovechando el viento en contra.

La ley del ritmo funciona para todo en la vida, y los ciclos económicos no son la excepción. Al leer este principio usted seguramente pensaría que cuando la corriente está en nuestra contra, ya no podemos hacer nada, sin embargo no es así, ya que el mismo Kybalión nos dice que hay una ley de Neutralización y descubrieron que había dos planos generales de conciencia, el inferior y el superior y este descubrimiento les permitió elevarse al plano superior. *"En otras palabras, la oscilación del péndulo se produce en el plano inconsciente y la conciencia no queda, por consiguiente, afectada.*

En otras palabras.- Si estamos conscientes de los ciclos económicos y los podemos medir y monitorear y con base en ello podemos conocer las ventajas y oportunidades que sus movimientos nos pueden ofrecer en ambos sentidos, entonces lo único que tenemos que hacer es cambiar la dirección de las velas, o del timón, con el fin de que los vientos y las mareas nos lleven al rumbo que queremos ir, en el caso de un inversionista, el rumbo que estaría buscando sería el de incrementar su patrimonio. Esto sería lo mismo que aprovechar la fuerza de las mareas en ambos sentidos, con el fin de generar: electricidad o energía, o lo que hacen los barcos de vela, los cuales independientemente de la dirección del viento, mueven sus velas para aprovechar su fuerza y dirigir su barco al destino que ellos quieren alcanzar. Algo que debemos de tomar siempre en cuenta es que, no todo es malo para todos, ni tampoco todo es bueno para todos, depende del sentido en el que van las cosas y así por ejemplo: hay momentos en los cuales lo importado es más barato que lo producido en el país, entonces nos conviene comprar fuera y vender en nuestro país, razón por la cual en ese momento no es conveniente ser productor ni exportador, por el otro lado hay momentos en los que lo importado es muy caro y lo nacional es muy barato. En ese caso es conveniente ser productor y exportador, pero no importador.

Un ejemplo de visión y de empresa que se ha moldeado a las circunstancias, razón por la cual se ha mantenido durante 90 años, y aún en épocas de crisis ha seguido creciendo, es la empresa en donde actualmente presto mis servicios. La empresa matriz se ha dedicado a la venta y distribución de máquinas de coser, esta empresa fue fundada en el año de 1930. Desde su origen ha importado refacciones y maquinaria de Alemania y Japón, sin embargo, cuando México rompió relaciones con estos dos países durante la Segunda Guerra Mundial, entonces construyeron dos hoteles, esto con el fin de subsistir durante la gran guerra. Cuando terminó se expandieron por la República Mexicana, Centroamérica y el Caribe, sin embargo a principios del año 2000, visualizaron que la industria en México, estaba entrando en una fase de recesión, razón por la cual disminuyeron sus inversiones en la industria para enfocarlas a la Hotelería, esto debido a que la Industria Hotelera no iba a ser afectada en la misma forma que la industria en general. Del año 2000 a la fecha han adquirido y construido más de 10 hoteles, de diferentes cadenas hoteleras. También la marca depende de la competencia del hotel en la localidad, de los servicios hoteleros que ofrecen y del mercado nacional o internacional al que quieren llegar. Actualmente los socios la forman tres generaciones que continúan creando empleos y fuentes de trabajo a pesar del cambiante entorno económico y la crisis económica que estamos viviendo.

Ahora bien, volviendo a los ciclos económicos les puedo decir que a través de muchos años, de vivir varios ciclos económicos y del aprendizaje a través de experiencias valiosas a lo largo de mi vida, en la cual me ha tocado analizar la información de una infinidad de empresas, de diferentes países, y en diferentes monedas, he observado que a partir de agosto de 1971, las grandes devaluaciones y los ciclos económicos de los países, se han originado por efectos monetarios que se generaron por el adecuado o inadecuado manejo de las políticas monetarias que cada país ha utilizado a través de estos casi 40 años.

Como lo comento en el capítulo III, la economía y las finanzas se comportan de la misma manera que el agua, por eso se habla en economía de liquidez, de flujos, etc. entonces de acuerdo a ello y para entender mejor qué es lo que está pasando en el mundo, es importante entender que el comportamiento del agua y del dinero (divisas en la globalización) son lo mismo, entonces hablando metafóricamente vamos a suponer que el agua o las divisas que cada país genera las almacena en un gran tinaco el cual en este caso son las reservas de los bancos Centrales de cada país.

A través de su balanza de pagos, la cual es similar al estado de flujo de efectivo de las empresas, los países tienen entradas y salidas de divisas, que comparados con el agua de un tinaco, son las entradas y salidas del agua, lógicamente que si está entrando más agua que lo que está saliendo, el tinaco gradualmente va a empezar a subir de nivel, si sucede lo contrario el tinaco se irá vaciando y cuando esto ocurre en un país, es cuando se generan las grandes devaluaciones.

En la gráfica que muestro a continuación aparece un medidor. ¿Qué nos dice ese medidor, o que es lo que mide?

Ese medidor nos dice qué tan alto o tan bajo está el tinaco que estamos analizando contra el tinaco del país eje (la economía de los Estados Unidos), ahora bien, ¿qué importancia tiene esto?

Debido a que estamos inmersos en la globalización y a la apertura comercial que actualmente tenemos, ese tinaco está comunicado con todos los tinacos de los diferentes países del mundo, entonces si entendemos las leyes del agua podremos ver que esta fluye hacia las partes más bajas, entonces el dinero o las divisas por efecto de la ley de la gravedad se irán hacia los tinacos que están ubicados en posiciones más bajas.

Esta es la razón por la cual las empresas que están subsistiendo tienen que migrar a China y la India, y las empresas que están quebrando y desapareciendo son las que se mantienen produciendo en sus países de origen. Y así podemos ver que empresas que fueron las más grandes y poderosas en el mundo como la General Motors y los grandes bancos de los Estados Unidos como City Corp, están quebrando.

Quienes quieran entender estos sencillos ejemplos que muestro a continuación, están a tiempo aún de proteger su patrimonio y sus inversiones.

Y ahora les pido que observen la siguiente figura:

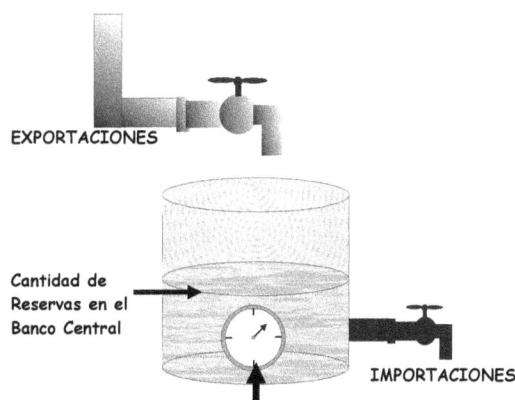

EXPORTACIONES

Cantidad de Reservas en el Banco Central

IMPORTACIONES

MEDIDOR (TABLA) PARA MEDIR LA SOBRE O (SUB) VALUACIÓN CON RELACIÓN A LOS ESTADOS UNIDOS

Las exportaciones son las entradas de agua para ir llenando el tinaco, las importaciones son las salidas de agua del tinaco.

Entonces si el tinaco se encuentra en un nivel más elevado, por más que los gobiernos traten de llenar sus tinacos con agua, esta se irá (por efecto de la fuerza de la gravedad) hacia los tinacos que están ubicados en niveles más bajos.

En el caso de la economía de este mundo globalizado, hay países que gracias al manejo de las devaluaciones de sus monedas, han ido bajando de nivel sus tinacos, (o de precio sus bienes y servicios que producen) como es el caso de China, la India y Chile, siendo esta la razón por la cual muchas inversiones y capitales se irán a dichos países debido a que les va a salir más barato producir en ellos, por otra parte los tinacos que están en niveles más elevados, es en donde a todo el mundo le conviene vender sus productos, ya que se logra obtener más divisas, que en los países que están ubicados en niveles más bajos. Con ello las empresas de los países que están en un nivel más elevado, por más que quieran, no pueden competir contra las empresas de los países que están en un nivel de precios más bajos, originando que sus empresas quiebren, disminuyendo su PIB, incrementando su tasa de desempleo, e incrementándose la inseguridad en dichos países, a pesar de las acciones que tomen los gobiernos.

Ahora observen la siguiente figura:

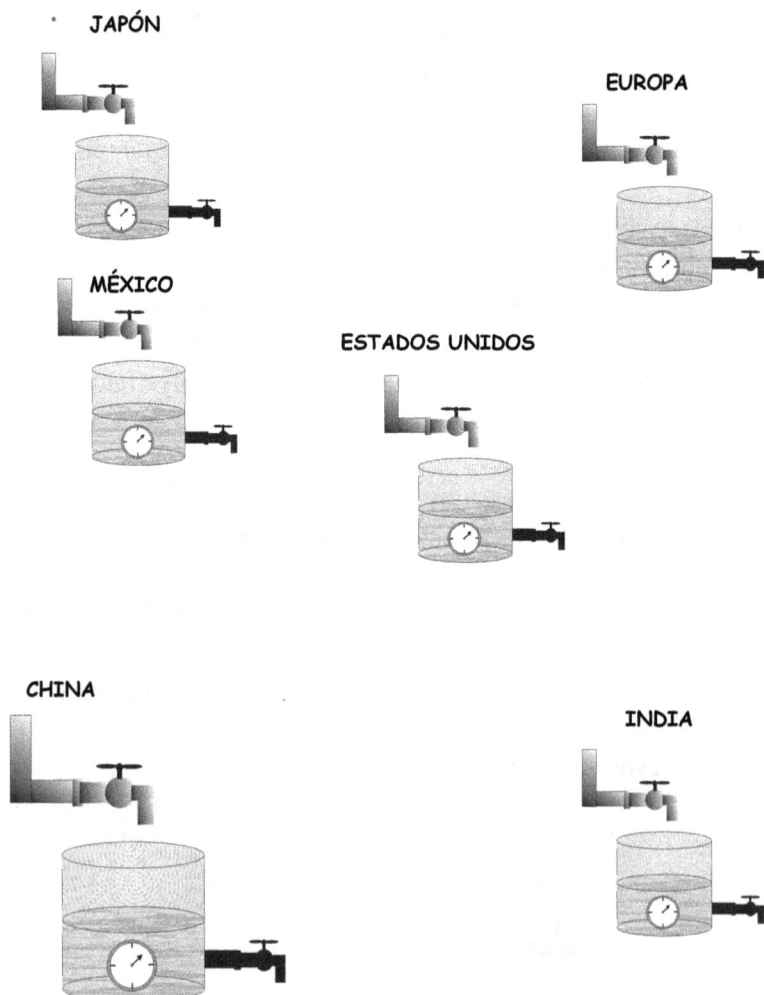

La diferencia por la cual se va más agua hacia China que la India, a pesar de que los dos están al mismo nivel, ya que la subvaluación de la moneda China es del (57.9%) y la de la India del (51.4%), se debe a que China "**amplió su tinaco**" construyendo carreteras, vías férreas, ciudades industriales, aeropuertos, puertos, y abriéndose más a la inversión extranjera que la India.

A continuación presento las tablas comparativas las cuales están construidas con las cifras reales de cada país, y a través del procedimiento explicado en el Capítulo III:

EUROPA

ANALISIS COMPARATIVO SOBRE LA SUB VALUACIÓN Y SOBRE VALUACIÓN DE LOS PAÍSES A PARTIR DE SEPTIEMBRE DEL 1971

	1 Estados Unidos	2 China	3 India	4 Alemania	5 Austria	6 Belgica	7 Dinamarca	8 España	9 Finlandia	10 Francia	11 Grecia	12 Holanda	13 Irlanda	14 Italia	15 Luxemburgo	16 Polonia	17 Portugal	18 Reino Unido	19 Suecia	20 Suiza
1971	0.0%	0.0%	0.0%	0.0%	0.0%	0.0%	0.0%	0.0%	0.0%	0.0%	0.0%	0.0%	0.0%	0.0%	0.0%	0.0%	0.0%	0.0%	0.0%	0.0%
1972	0.0%	6.5%	-8.4%	5.6%	0.0%	-3.3%	0.0%	9.1%	-3.3%	4.8%	9.3%	5.3%	-3.5%	3.8%	3.4%	-3.3%	-3.3%	3.6%	-0.6%	6.9%
1973	0.0%	8.7%	-2.7%	23.2%	16.6%	1.7%	8.9%	25.7%	7.2%	12.5%	17.2%	7.5%	-0.8%	1.3%	7.5%	-1.4%	1.6%	2.7%	0.7%	24.5%
1974	0.0%	7.0%	12.0%	30.2%	35.1%	16.4%	21.2%	30.4%	20.6%	20.2%	30.8%	16.5%	3.2%	0.8%	19.8%	-12.2%	22.2%	7.5%	11.0%	55.3%
1975	0.0%	-6.2%	0.7%	16.9%	25.0%	12.4%	10.8%	34.2%	22.8%	24.4%	16.5%	17.1%	0.7%	4.6%	13.4%	-17.9%	25.1%	7.2%	5.9%	50.2%
1976	0.0%	-6.0%	-10.6%	28.2%	38.0%	28.4%	18.3%	31.8%	36.7%	17.6%	21.9%	34.2%	-4.8%	-9.1%	30.3%	-21.7%	22.8%	0.3%	18.6%	55.9%
1977	0.0%	-1.9%	-2.1%	38.3%	52.9%	40.7%	18.5%	29.7%	35.5%	27.2%	33.7%	38.0%	13.5%	0.4%	42.4%	-26.6%	14.9%	22.2%	9.4%	81.1%
1978	0.0%	1.4%	-7.4%	52.2%	73.1%	54.3%	34.5%	64.9%	37.0%	43.6%	36.3%	42.3%	19.9%	8.5%	53.9%	-93.3%	12.4%	29.3%	19.9%	107.3%
1979	0.0%	-5.4%	-10.0%	49.4%	86.1%	46.2%	27.3%	78.1%	37.4%	45.7%	35.1%	22.3%	26.1%	13.3%	46.0%	-94.9%	13.5%	41.5%	17.5%	94.6%
1980	0.0%	-11.8%	-11.4%	24.9%	67.6%	23.2%	13.8%	52.7%	31.9%	30.9%	22.8%	13.9%	17.3%	5.3%	22.6%	-96.2%	9.9%	59.0%	12.5%	61.1%
1981	0.0%	-27.2%	-19.8%	4.8%	45.7%	-0.1%	-6.5%	30.8%	19.5%	7.1%	12.8%	16.1%	8.0%	-11.5%	-0.2%	-71.2%	-1.6%	30.8%	-9.0%	54.5%
1982	0.0%	-35.1%	-21.1%	-1.0%	22.7%	-14.3%	-18.3%	11.7%	3.8%	-1.3%	7.4%	13.9%	7.5%	-13.2%	-13.9%	-64.2%	-14.6%	15.8%	-27.3%	41.8%
1983	0.0%	-38.2%	-22.1%	-14.8%	19.6%	-25.1%	-30.7%	-3.3%	-1.3%	-16.1%	-11.0%	24.0%	-6.9%	-3.3%	-24.0%	-69.7%	-30.2%	4.8%	-30.5%	28.7%
1984	0.0%	-56.7%	-31.5%	-27.5%	4.9%	-32.4%	-39.2%	-6.4%	-9.6%	-27.2%	-21.9%	40.4%	-15.1%	-27.6%	-31.8%	-65.9%	-32.7%	-15.7%	-35.7%	7.4%
1985	0.0%	-59.3%	-28.8%	-10.7%	33.9%	-14.5%	-23.7%	10.4%	11.2%	-2.2%	-22.0%	25.2%	8.2%	-12.2%	-14.4%	-71.9%	-16.8%	7.6%	-21.5%	33.2%
1986	0.0%	-62.9%	-28.9%	11.9%	68.8%	6.9%	-6.8%	38.3%	28.0%	16.1%	1.0%	30.1%	25.0%	13.6%	5.9%	-72.3%	-0.8%	12.4%	-9.6%	69.8%
1987	0.0%	-61.4%	-24.6%	31.7%	105.7%	26.6%	12.3%	69.5%	54.8%	38.9%	23.9%		47.9%	32.3%	23.4%	-79.2%	16.9%	42.2%	5.3%	109.6%
1988	0.0%	-55.3%	-31.9%	13.5%	84.2%	8.9%	-0.4%	63.4%	47.6%	20.4%	14.8%	19.3%	30.1%	19.3%	6.5%	-82.5%	8.7%	38.2%	1.3%	73.8%
1989	0.0%	-60.9%	-39.4%	17.0%	95.9%	12.1%	3.6%	72.5%	54.3%	24.7%	16.9%	18.8%	33.7%	24.4%	9.8%	-95.4%	14.3%	26.4%	1.8%	66.8%
1990	0.0%	-66.2%	-41.3%	28.6%	116.7%	26.1%	18.5%	96.2%	72.4%	37.1%	32.9%	12.8%	48.4%	40.4%	23.9%	-99.8%	37.2%	56.5%	15.8%	97.5%
1991	0.0%	-66.8%	-54.7%	25.1%	116.5%	25.2%	15.8%	102.4%	53.2%	36.0%	38.4%	14.1%	46.5%	42.2%	22.9%	-99.7%	47.5%	56.1%	26.7%	93.8%
1992	0.0%	-67.0%	-51.4%	19.9%	103.8%	17.4%	9.4%	75.6%	20.3%	27.2%	27.3%	19.4%	36.7%	13.6%	16.1%	-99.5%	42.7%	27.1%	-1.2%	82.4%
1993	0.0%	-62.7%	-58.0%	14.0%	90.6%	7.9%	1.1%	44.0%	8.5%	18.0%	22.2%	20.6%	16.8%	-0.3%	7.5%	-99.6%	23.1%	23.1%	-14.7%	80.6%
1994	0.0%	-68.5%	-55.0%	27.1%	111.0%	22.0%	12.6%	58.6%	30.2%	29.0%	36.9%	23.0%	27.7%	5.6%	21.3%	-99.6%	39.8%	29.6%	-5.5%	99.6%
1995	0.0%	-64.1%	-56.8%	36.2%	129.4%	30.6%	23.5%	75.7%	39.6%	39.6%	47.3%	26.5%	32.5%	11.5%	30.6%	-99.6%	51.2%	29.7%	6.0%	124.1%
1996	0.0%	-62.3%	-55.4%	23.3%	111.2%	18.7%	15.2%	62.9%	27.5%	27.9%	48.1%	18.5%	26.5%	16.2%	17.8%	-99.6%	44.2%	40.8%	-0.1%	88.3%
1997	0.0%	-61.8%	-57.0%	7.2%	83.2%	2.7%	0.3%	41.3%	8.7%	12.2%	34.3%	15.8%	15.9%	1.4%	1.8%	-99.6%	23.5%	39.2%	-13.7%	71.3%
1998	0.0%	-62.7%	-55.7%	-2.6%	68.2%	-6.6%	7.2%	29.1%	-1.1%	1.5%	38.5%	17.5%	3.7%	0.0%	-7.5%	-99.6%	14.2%	42.4%	-17.2%	78.4%
1999	0.0%	-64.2%	-55.9%	-4.0%	65.4%	-7.6%	-7.6%	29.3%	-2.1%	-0.2%	19.0%	17.5%	3.1%	-8.0%	-8.6%	-99.6%	14.3%	36.9%	-23.5%	50.7%
2000	0.0%	-65.3%	-58.7%	-12.3%	51.0%	-15.1%	-15.2%	19.8%	-9.3%	-9.0%	14.5%	7.7%	-2.4%	-15.5%	-15.5%	-99.6%	5.4%	25.7%	-33.2%	44.7%
2001	0.0%	-65.6%	-59.1%	-16.5%	44.1%	-18.8%	-18.4%	15.7%	-13.2%	-13.7%	2.7%	4.6%	-4.6%	-19.0%	-19.1%	-99.6%	2.6%	22.5%	-39.8%	40.4%
2002	0.0%	-66.7%	-58.2%	-1.7%	70.3%	-4.1%	-3.2%	38.7%	2.4%	2.2%	23.7%	25.6%	16.1%	-3.6%	-4.0%	-99.6%	23.7%	35.2%	-27.4%	66.8%
2003	0.0%	-66.9%	-55.1%	17.5%	104.0%	15.1%	15.4%	68.8%	22.1%	23.4%	51.4%	51.6%	42.0%	17.1%	15.7%	-99.6%	50.9%	51.2%	-10.9%	84.9%
2004	0.0%	-66.5%	-52.8%	24.7%	118.5%	22.8%	23.2%	76.2%	31.6%	31.6%	43.9%	60.3%	51.6%	25.0%	23.6%	-99.6%	61.0%	63.3%	-5.7%	97.4%
2005	0.0%	-66.3%	-54.0%	6.5%	87.2%	5.7%	4.8%	52.5%	8.0%	12.2%	41.1%	36.5%	30.0%	6.7%	6.0%	-99.5%	37.8%	44.7%	-24.0%	66.1%
2006	0.0%	-66.7%	-51.6%	17.9%	107.0%	17.7%	16.4%	71.9%	19.3%	24.2%	42.0%	50.3%	47.1%	18.6%	6.2%	-99.5%	38.5%	45.5%	-24.8%	63.7%
2007	0.0%	-60.4%	-55.7%	13.8%	109.8%	18.4%	17.9%	75.5%	21.5%	25.0%	40.4%	64.1%	53.0%	19.9%	4.3%	-99.5%	36.4%	45.8%	-26.2%	58.3%
2008	0.0%	-61.0%	-51.4%	27.1%	114.7%	23.7%	16.0%	88.7%	31.5%	32.7%	71.7%	58.8%	64.5%	27.8%	28.9%	-99.5%	66.8%	46.2%	-20.5%	89.0%
T.C.	15.50	39.70	31.90	12.19	7.21	12.53	13.36	8.21	11.78	11.68	9.02	10.50	9.04	12.12	12.02		9.30	10.60	19.49	8.02
	Dólar	Yuan	Rupio	Marco	Schiling	Francos	Francos	Peseta	Markkaa	Franco	Drachmas	Dólar	Libra	Lira	Francos		Escudos	Libra	Kronor	Franco

Esta es una tabla resumen de los países europeos en donde usted podrá observar la razón por la cual la mayoría de los países europeos se encuentran en crisis, ya que casi todos están sobrevaluados, y si los comparamos con la subvaluación de China y la India, encontraremos la causa por la cual las empresas europeas están quebrando, y se está incrementando el desempleo en dicha zona. La razón es muy clara. En enero de 1999 el euro tenía un valor más bajo que el dólar, sin embargo a la fecha, el valor del euro tiene un valor de más del 40% con relación al dólar, y si además le aumentamos la inflación que tiene cada país, encontraremos la razón por la cual se encuentran en rojo la mayoría de los países europeos. Otra cosa digna de observar son los ciclos económicos que se producen en los países originados por el incremento de precios de sus productos debido a que quieren mantener una moneda fuerte, si observan, casi todos los países cuando su moneda se sobre valúa en más de un 25%, tienen que devaluar su moneda, esto lo observarán en los círculos que anoté, con el fin de que se vean las devaluaciones que se tienen que efectuar debido a los malos manejos en el tipo de cambio.

En éstos momentos los gobernantes y expertos de la mayoría de los países en el mundo están perdidos en el tiempo y el espacio, ya que consideran que no tiene inflación si ésta es menor al 4% anual, pero si esta inflación se calcula en un periodo de 30 años, se van a ir de espaldas cuando se den cuenta del efecto acumulado, (4% al cabo de 30 años significa un incremento en los precios del 224.34%). Pero esto no es lo más grave, ya que hay países con una inflación mínima, sin embargo la revaluación de sus monedas ocasiona que los precios de los bienes y servicios que se producen en estos países se eleve en forma impresionante. Tal es el caso de Japón y Alemania.

El orgullo de querer mantener una moneda fuerte, los va llevar a dejar de ser las economías fuertes y poderosas que fueron en el pasado, para ser cada día países más pobres. Como Cristo decía: **"El que se humilla será ensalzado y el que se ensalza será humillado"**

Pobres, con innumerables problemas de inseguridad, con PIB negativo, altas tasas de desocupación, pero eso sí, una frente muy en alto y una moneda fuerte y poderosa.

Ahora les pido que analicen las tablas comparativas de los países Asiáticos, y de Australia.

Asia y Australia

	USA	China	India	Bangladesh	Hong Kong	Indonesia	Japón	Korea	Malasya	Singapore	Thailandia		Australia
1971	0.0%	0.0%	0.0%	0.0%	0.0%	0.0%	0.0%	0.0%	0.0%	0.0%	0.0%		0.0%
1972	0.0%	6.5%	-8.4%	-2.3%	2.6%	3.2%	5.8%	3.3%	-0.2%	-1.1%	1.4%		30.1%
1973	0.0%	8.7%	-2.7%	28.9%	24.8%	25.2%	28.2%	-3.5%	16.8%	23.5%	10.6%		31.0%
1974	0.0%	7.0%	12.0%	79.4%	32.0%	56.2%	19.5%	-12.6%	29.3%	44.4%	22.4%		19.8%
1975	0.0%	-6.2%	0.7%	11.4%	23.7%	73.6%	23.1%	2.6%	12.7%	28.7%	20.3%		22.0%
1976	0.0%	-6.0%	-10.6%	4.1%	31.8%	98.7%	33.9%	12.9%	12.7%	22.1%	19.7%		14.1%
1977	0.0%	-1.9%	-2.1%	10.0%	32.1%	106.6%	65.5%	16.9%	18.7%	23.9%	20.5%		26.5%
1978	0.0%	1.4%	-7.4%	2.5%	23.2%	36.2%	95.2%	22.5%	22.4%	28.9%	19.4%		25.9%
1979	0.0%	-5.4%	-10.0%	-1.0%	17.9%	39.4%	45.1%	27.7%	12.7%	18.7%	15.7%		16.6%
1980	0.0%	-11.8%	-11.4%	-3.9%	16.0%	45.8%	64.0%	7.2%	5.3%	18.0%	22.0%		21.8%
1981	0.0%	-27.2%	-19.8%	-16.1%	9.6%	46.7%	45.9%	12.5%	5.1%	19.9%	13.1%		17.2%
1982	0.0%	-35.1%	-21.1%	-25.0%	2.0%	42.7%	35.1%	8.8%	3.5%	16.6%	14.6%		9.1%
1983	0.0%	-38.2%	-22.1%	-23.9%	-9.8%	7.9%	34.2%	2.1%	2.6%	12.6%	14.6%		6.5%
1984	0.0%	-56.7%	-31.5%	-22.2%	-6.4%	6.1%	22.1%	-3.5%	-1.0%	8.5%	-5.8%		-2.3%
1985	0.0%	-59.3%	-28.8%	-30.4%	-6.6%	2.1%	50.3%	-11.4%	-4.4%	8.7%	-5.3%		-17.3%
1986	0.0%	-62.9%	-28.9%	-23.1%	-4.5%	-26.7%	88.5%	-7.1%	-11.2%	2.7%	-2.7%		-12.9%
1987	0.0%	-61.4%	-24.6%	-20.1%	-3.3%	-23.8%	132.8%	-0.3%	-11.0%	7.5%	-0.5%		-1.7%
1988	0.0%	-55.3%	-31.9%	-20.6%	-1.1%	-24.8%	120.3%	18.5%	-19.8%	7.3%	-1.7%		19.6%
1989	0.0%	-60.9%	-39.4%	-18.5%	1.1%	-26.4%	88.9%	20.5%	-20.8%	7.9%	-2.8%		13.9%
1990	0.0%	-66.2%	-41.3%	-26.6%	2.8%	-29.2%	95.9%	17.1%	-23.4%	14.2%	-1.4%		12.3%
1991	0.0%	-66.8%	-54.7%	-23.9%	11.7%	-28.3%	110.8%	16.8%	-23.0%	22.7%	1.1%		10.5%
1992	0.0%	-67.0%	-51.4%	-28.3%	19.2%	-27.6%	109.1%	16.4%	-18.3%	20.8%	1.4%		-1.7%
1993	0.0%	-62.7%	-58.0%	-29.3%	24.9%	-24.5%	129.7%	15.8%	-20.4%	23.1%	1.9%		-4.2%
1994	0.0%	-68.5%	-55.0%	-29.7%	32.1%	-23.5%	152.6%	22.8%	-15.1%	36.0%	6.1%		9.1%
1995	0.0%	-64.1%	-56.8%	-28.7%	40.6%	-22.1%	138.7%	27.4%	-13.7%	39.3%	9.0%		6.7%
1996	0.0%	-62.3%	-55.4%	-28.1%	44.6%	-21.2%	105.2%	18.7%	-13.2%	38.1%	9.8%		13.3%
1997	0.0%	-61.8%	-57.0%	-27.7%	50.3%	-57.6%	83.2%	-39.3%	-43.1%	15.7%	-38.1%		-8.4%
1998	0.0%	-62.7%	-55.7%	-27.6%	52.1%	-61.7%	103.9%	-9.5%	-39.5%	14.6%	-15.2%		-14.6%
1999	0.0%	-64.2%	-55.9%	-28.9%	41.7%	-49.0%	123.9%	-6.0%	-39.5%	11.4%	-18.9%		-10.1%
2000	0.0%	-65.3%	-58.7%	-33.6%	31.5%	-62.2%	91.3%	-16.4%	-40.6%	5.0%	-31.1%		-23.0%
2001	0.0%	-65.6%	-59.1%	-36.8%	27.4%	-61.8%	62.9%	-17.5%	-40.7%	-2.3%	-32.5%		-27.0%
2002	0.0%	-66.7%	-58.2%	-37.2%	20.6%	-51.4%	73.5%	-8.3%	-41.1%	1.3%	-32.0%		-18.6%
2003	0.0%	-66.9%	-55.1%	-35.8%	16.0%	-46.3%	90.1%	-7.3%	-41.5%	2.0%	-26.0%		8.8%
2004	0.0%	-66.5%	-52.8%	-34.4%	11.6%	-49.6%	89.4%	7.2%	-42.5%	4.6%	-25.3%		12.0%
2005	0.0%	-66.3%	-54.0%	-39.3%	9.4%	-49.2%	61.1%	8.9%	-42.4%	-0.3%	-28.1%		4.7%
2006	0.0%	-66.7%	-51.6%	-39.4%	8.7%	-38.9%	56.3%	18.2%	-37.7%	6.5%	-16.5%		16.9%
2007	0.0%	-60.4%	-55.7%	-36.7%	6.5%	-38.2%	56.7%	16.6%	-38.5%	5.5%	-15.0%		21.6%
2008	0.0%	-61.0%	-51.4%	-36.1%	13.1%	-44.5%	87.0%	-17.5%	-34.7%	14.0%	-14.0%		8.8%

T.C.	15.50	39.70	31.90	24.27	13.7	27.9	8.2	18.79	23.73	13.59	18.01		14.25
	Dólar	Yuan	Rupia	Taka	Dólar	Rupiah	Yen	Won	Ringgit	Dólar	Bath		Dólar

En este momento el único país asiático en rojo es Japón, y esta es la razón por la cual tuvieron la explosión de su burbuja, y por la cual su PIB no ha crecido desde hace varios años, y ahora por primera ocasión, en el 2009, sus importaciones fueron mayores a sus exportaciones, no obstante la calidad de sus productos ha ocasionado que China aún no pueda ganarles la guerra comercial en todos sus frentes, sin embargo la calidad de los productos chinos va en aumento y las exportaciones de Japón año con año disminuyen, para tal efecto les pido que analicen la balanza comercial de Japón a valores reales que presento dentro de las cifras de este país. También podrá observar la devaluación de las monedas de la mayoría de los países asiáticos durante 1997 y 1998.

América

	USA	China	India	México	Argentina	Brasil	Canadá	Chile	Colombia	Costa Rica	Rep. Domon	Ecuador	Guatemala	Panamá
1971	0.0%	0.0%	0.0%	0.0%	0.0%	0.0%	0.0%	0.0%	0.0%	0.0%	0.0%	0.0%	0.0%	0.0%
1972	0.0%	6.5%	-8.4%	24.5%	27.2%	-10.9%	1.9%	9.7%	-11.3%	9.7%	4.3%	6.4%	-3.5%	1.5%
1973	0.0%	8.7%	-2.7%	39.0%	8.5%	2.4%	0.8%	-68.2%	-3.5%	19.6%	10.1%	8.7%	0.4%	-0.1%
1974	0.0%	7.0%	12.0%	48.7%	14.1%	3.1%	-0.1%	-67.0%	-9.1%	8.7%	10.7%	16.1%	4.3%	3.5%
1975	0.0%	-6.2%	0.7%	54.6%	46.2%	4.4%	1.2%	-67.8%	-12.8%	17.9%	18.3%	35.8%	10.1%	2.3%
1976	0.0%	-6.0%	-10.6%	16.5%	69.3%	5.0%	4.5%	-53.3%	-7.1%	16.3%	21.2%	29.5%	16.9%	1.4%
1977	0.0%	-1.9%	-2.1%	17.1%	33.3%	7.2%	-2.6%	-47.7%	9.4%	12.7%	29.5%	45.6%	23.3%	-0.6%
1978	0.0%	1.4%	-7.4%	24.6%	17.7%	6.6%	-10.3%	-44.9%	10.6%	10.0%	21.2%	55.8%	22.2%	-5.0%
1979	0.0%	-5.4%	-10.0%	31.6%	67.5%	-3.6%	-12.3%	-43.9%	12.8%	5.9%	17.7%	57.2%	20.0%	-9.3%
1980	0.0%	-11.8%	-11.4%	48.2%	395.0%	-20.4%	-15.9%	-32.9%	9.0%	-73.3%	21.7%	57.2%	18.3%	-8.4%
1981	0.0%	-27.2%	-19.8%	56.0%	-6.7%	-19.9%	-12.5%	-25.7%	10.6%	-70.3%	20.5%	60.3%	21.0%	-9.7%
1982	0.0%	-35.1%	-21.1%	-18.9%	-39.3%	-19.9%	-9.9%	-47.9%	11.0%	-49.3%	24.4%	39.5%	17.3%	-9.3%
1983	0.0%	-38.2%	-22.1%	-15.8%	-34.8%	-33.2%	-7.9%	-48.5%	2.4%	-41.2%	26.4%	16.9%	17.6%	-10.8%
1984	0.0%	-56.7%	-31.5%	-0.8%	-35.7%	-38.0%	-14.3%	-51.5%	-10.9%	-43.6%	46.5%	22.5%	17.5%	-12.9%
1985	0.0%	-59.3%	-28.8%	-26.7%	-32.9%	-39.6%	-18.9%	-70.7%	-29.6%	-42.8%	-30.0%	4.3%	33.7%	-15.2%
1986	0.0%	-62.9%	-28.9%	-27.2%	-23.1%	-56.8%	-16.3%	-68.6%	-35.1%	-46.4%	-29.1%	-25.5%	-27.5%	-16.2%
1987	0.0%	-61.4%	-24.6%	-26.3%	-50.1%	-28.9%	-10.1%	-69.0%	-36.3%	-47.7%	-52.0%	-32.2%	-22.0%	-18.9%
1988	0.0%	-55.3%	-31.9%	3.8%	-28.1%	11.4%	-2.5%	-67.2%	-38.7%	-42.9%	-48.4%	-46.5%	-23.4%	-22.0%
1989	0.0%	-60.9%	-39.4%	2.7%	-68.3%	93.5%	0.8%	-69.5%	-42.8%	-48.3%	-30.6%	-40.6%	-35.1%	-25.4%
1990	0.0%	-66.2%	-41.3%	14.4%	51.9%	27.5%	-0.6%	-68.1%	-46.9%	-55.7%	-45.0%	-38.4%	-41.4%	-29.2%
1991	0.0%	-66.8%	-54.7%	26.2%	39.9%	19.5%	2.2%	-66.1%	-46.0%	-45.4%	-29.7%	-38.7%	-24.8%	-30.4%
1992	0.0%	-67.0%	-51.4%	33.3%	59.9%	30.7%	-8.3%	-62.7%	-42.0%	-41.4%	-28.3%	-36.7%	-23.1%	-31.2%
1993	0.0%	-62.7%	-58.0%	34.4%	65.8%	-54.4%	-12.8%	-63.7%	-38.7%	-42.5%	-27.6%	-19.2%	-24.1%	-32.7%
1994	0.0%	-68.5%	-55.0%	-10.5%	67.7%	-36.0%	-19.6%	-58.0%	-18.4%	-46.2%	-25.4%	-9.7%	-15.7%	-33.6%
1995	0.0%	-64.1%	-56.8%	-11.6%	65.9%	-33.8%	-17.7%	-56.0%	-19.0%	-42.8%	-20.6%	-16.0%	-16.6%	-34.6%
1996	0.0%	-62.3%	-55.4%	8.1%	60.8%	-34.5%	-19.4%	-56.1%	-7.4%	-41.3%	-22.4%	-18.7%	-9.2%	-35.9%
1997	0.0%	-61.8%	-57.0%	19.0%	58.6%	-37.4%	-22.8%	-55.8%	-16.2%	-34.7%	-19.2%	-14.3%	-5.8%	-36.2%
1998	0.0%	-62.7%	-55.7%	14.3%	57.6%	-41.7%	-28.4%	-57.5%	-16.0%	-35.4%	-24.1%	-25.5%	-10.6%	-36.8%
1999	0.0%	-64.2%	-55.9%	29.0%	51.7%	-59.8%	-24.8%	-61.8%	-27.0%	-37.0%	-22.6%	-62.8%	-20.0%	-37.7%
2000	0.0%	-65.3%	-58.7%	33.2%	45.4%	-61.9%	-28.1%	-64.5%	-34.0%	-36.6%	-22.4%	-42.8%	-17.1%	-38.9%
2001	0.0%	-65.6%	-59.1%	46.7%	41.6%	-66.2%	-31.6%	-68.4%	-33.3%	-35.3%	-19.1%	-22.5%	-15.2%	-39.6%
2002	0.0%	-66.7%	-58.2%	32.7%	-50.5%	-76.5%	-31.1%	-70.9%	-44.3%	-37.8%	-32.7%	-14.8%	-8.2%	-40.4%
2003	0.0%	-66.9%	-55.1%	25.8%	-44.9%	-67.6%	-15.1%	-65.1%	-39.7%	-39.5%	-52.1%	-9.8%	-7.7%	-40.7%
2004	0.0%	-66.5%	-52.8%	28.2%	-33.5%	-63.6%	-10.1%	-65.8%	-27.5%	-39.9%	-15.9%	-10.2%	-0.4%	-42.4%
2005	0.0%	-66.3%	-54.0%	33.3%	-31.0%	-59.6%	-8.1%	-60.3%	-22.0%	-39.0%	-46.1%	-11.1%	6.3%	-42.1%
2006	0.0%	-66.7%	-51.6%	35.2%	-26.0%	-55.3%	-8.4%	-61.5%	-18.7%	-36.4%	-43.4%	-10.7%	11.0%	-42.1%
2007	0.0%	-60.4%	-55.7%	48.6%	-23.4%	-44.0%	-6.3%	-60.8%	-13.0%	-33.3%	-42.3%	-12.2%	13.5%	-42.1%
2008	0.0%	-61.0%	-51.4%	11.5%	-30.1%	-32.1%	-14.9%	-67.5%	-13.9%	-28.6%	-37.0%	-3.6%	23.5%	-37.9%

T.C.	15.50	39.70	31.90	13.90	22.16	22.81	18.20	47.65	17.99	21.75	24.58	16.08	12.55	24.96
	Dólar	Yuan	Ruplo	Peso	Peso	Real	Dólar	Peso	Peso	Peso	Peso	Sucre	Quetzal	Balboa

Si observa, con excepción de México y Guatemala, el resto de los países de América Latina están saliendo mejor librados de esta crisis mundial

El desconocimiento de estos aspectos ha costado miles de millones de dólares, ocasionado la desaparición de millones de empleos, en la que muchos multimillonarios han quedado en la miseria.

A través de estas tablas se miden los ciclos económicos de los países y las estrategias que deben elaborarse a partir de ellas, si usted las observa; cuando un país se pone en rojo (sobrevaluación mayor al 25%), vienen las devaluaciones, y cuando aún no está en rojo y surge una devaluación, automáticamente se mejoran las variables económicas del país que las sufrió, con esto se tiene que cambiar la planeación estratégica, las finanzas, la economía, la contabilidad, la consultoría y la capacitación en las Universidades, ya que de qué sirve que una empresa cuyo país tiene a su economía en rojo, invierta en capacitación, técnicas para reducción de costos, si lo que logren reducir va a quedar tirado a la basura por efecto de los precios de los productos en los mercados internacionales, en donde es imposible que un país con una sobrevaluación de más del 25% compita con un país subvaluado en un 60%, créanme es imposible.

Por otra parte de qué me sirve invertir en capacitación y desarrollo si no existen las fuentes de trabajo que puedan contratar al personal capacitado, y también de que sirve combatir la inseguridad si cada día las fuentes de empleo se están yendo a los países que ya están viendo las finanzas y la economía bajo este ángulo.

Algo muy valioso de este libro son las cifras de los 40 países que se presentan en el libro, las cuales aparecen en archivos en Excel. Con esto podrá comprobar los efectos de la globalización en los precios y lo interesante será verificar cómo al incrementarse o reducirse los precios de un país por efectos del tipo de cambio y la inflación, se puede observar los efectos en las variables económicas, principalmente en la balanza comercial, en el PIB y la tasa de desempleo, y en el caso de que no sea tan claro este efecto, se debe a diferentes situaciones de cada país, por ejemplo Alemania y Japón elaboran productos con muy alta tecnología razón por la cual China aún no le ha generado tan graves efectos en la economía, sin embargo, la calidad de los productos chinos va en aumento y gradualmente estos países irán perdiendo terreno, por otra parte también se puede deber a lo especializado de su producción, por ejemplo Suiza, en donde a pesar de que se mantengan los precios de sus productos elevados, sus ingresos se generan en base a la confidencialidad de sus cuentas, así también hay países que lo que exportan es petróleo, razón por la cual si el precio del barril se mantiene elevado, el encarecimiento de sus productos no les afecta tanto.

Otro aspecto que es importante entender es que los países que logran reducir el precio de sus productos por efectos monetarios, pueden sacar ventaja produciendo los artículos desde su país, sin embargo, fuera de su país se vuelven vulnerables. Qué quiero decir con esto.

Por ejemplo: Si yo produzco un mueble, o una refacción en China, lo puedo producir a precios internacionales muy bajos, debido a que por cada dólar o euro que exporto, me pagan muchos yuanes o la moneda que sea, con los cuales me alcanza para tener una alta utilidad, aún vendiendo en el extranjero a precios muy bajos, entonces ese producto que me salió barato producir o comprar en China, yo lo puedo transportar y vender en el extranjero a precios muy bajos con los cuales el productor del país en donde los vendo no me puede competir, sin embargo, en la hotelería es diferente, ya que para proporcionar el servicios de hospedaje, tengo que comprar los alimentos en el país en donde se encuentre ubicado el hotel, ya que no los podría comprar en China debido a que los productos son perecederos y sería muy caro el transportarlos y conservarlos; por otra parte tengo que contratar trabajadores en el país en donde tengo instalado el hotel, y si contrato trabajadores chinos les tengo que pagar mayor salario, ya que sus consumos los tendrán que pagar a precios más elevados que en su país, por otra parte de acuerdo a las leyes, hay salarios mínimos y reglas de contratación; por otra parte el hotel lo tengo que comprar o construir en el extranjero, y dar el servicio desde el extranjero, razón por la cual la competencia se vuelve más pareja, y es la razón por la cual a los trabajadores de la India les conviene contratarse pero trabajando desde su país, ya que si salieran de él no podrían cobrar lo mismo, debido a que tendrían que consumir y pagar a precios más elevados que desde su país, todo esto convertido a valores o precios internacionales.

Estrategias para sacar provecho de las crisis

Hasta el capítulo VII hemos visto cómo gradualmente a través del tiempo, algunos países se encarecen o se abaratan con relación a los demás de acuerdo a la mecánica que utilizan sus gobiernos para manejar sus variables monetarias, también hemos podido analizar que por el mismo desconocimiento, se van presentando ciclos en los países, los que se pueden monitorear apoyándonos con un semáforo el cual nos muestra tres colores para cada una de sus fases: fase verde o época de recuperación y crecimiento económico, fase amarilla o fase preventiva, y la fase roja o época de riesgo, en la que debemos de tomar decisiones importantes con el fin de proteger nuestro patrimonio y la de nuestras empresas, ya que sabemos que cuándo los gobiernos no ajustan sus variables económicas en forma adecuada, estas se ajustan automáticamente a través de lo que conocemos como una devaluación brusca de la moneda, situación que como sabemos generará escasez de divisas, e incrementos: en la inflación, en las tasas de interés, en el costo del dinero, y de los productos de importación, etc. Aspectos que originarán que muchas empresas no puedan pagar sus deudas, quiebren o pasen a poder de los acreedores, dentro de ellos los bancos y Hacienda y posteriormente sean rematadas a terceros.

Estas situaciones son muy tristes, sin embargo el objetivo de este libro es evitar que los patrimonios cambien de manos tan fácilmente, y esto se puede lograr a través del conocimiento y monitoreo de los ciclos monetarios que se generan en todos los países del mundo, incluyendo México, ya que conociéndolos podemos aprovechar este conocimiento estableciendo diferentes estrategias y alternativas a través de las cuales podremos proteger e incrementar nuestro patrimonio, ya que como lo comentamos, las épocas de mayor inestabilidad y cambios son las que ofrecen las mejores oportunidades.

Este es el objetivo de este capítulo, el cual puede ser el más interesante si lo lee con detenimiento, ya que además de los aspectos que vamos a comentar, usted lo puede enriquecer a través de su experiencia y conocimientos que a lo largo de su vida ha atesorado, ya que los aspectos que voy a tratar únicamente son algunas ideas, como especie de flashes que voy a ir explicando, sin embargo, las alternativas y posibilidades que podemos utilizar son infinitas. Para ello pongo a su disposición las cifras de 40 países que en forma conjunta manejan más del 85% del PIB mundial.

Ahora bien ¿Cuál o cuáles son los factores que más están influyendo en los ciclos económicos?

Como lo vimos a detalle en los siete capítulos anteriores, el precio es el factor que más está influyendo, debido a que en este mundo tan competitivo, las empresas tienen que reducir sus márgenes de utilidad lo cual lo tratan de lograr por medio de la producción en serie, con eficientes y automatizados sistemas de producción y a grandes volúmenes, por medio de los cuales obtienen economías de escalas; por ejemplo en Europa los productos quedan fuera de mercado por diferencias en precios del 2% o 3%, y pongo este ejemplo debido a que en dicho continente sus políticas monetarias son manejadas por la misma institución llamada el Fondo Monetario europeo, e independientemente de las diversas inflaciones existentes en los países que se adhirieron al mismo, ajustan sus tipos de cambio buscando que los precios de todos los productos europeos se muevan en la misma dirección, logrando ejercer una fuerza muy importante en los mercados mundiales.

Si existiera una institución que realizara las funciones del Fondo Monetario europeo en el mundo, la competitividad en cuanto a precios en todo el mundo, dependería de los mismos factores, desafortunadamente no es así, ya que mediante el manejo de sus políticas monetarias, algunos países están logrando abaratar sus productos en los mercados en los que compiten, presentándose diferencias en precios superiores al 100%, dando por resultado de que a pesar de que sus productos no tengan la calidad, ni la tecnología de sus competidores, por medio del precio van eliminando del mercado a éstos.

Así por ejemplo, si un padre de familia quiere comprarle zapatos y encuentra un par similar, con menor calidad y a mitad de precio, seguramente que adquirirá los más baratos ya que podrá comprarles zapatos a dos de sus hijos en lugar de a uno.

Por otra parte, al abaratarse todos los bienes y servicios en dichos países, entonces los inversionistas se percatarán de que les será más económico producir desde un país que se ha abaratado, aspecto que va a originar mayor flujo de inversiones y la creación de nuevas fuentes de empleo.

Rescatando el ejemplo de los tinacos, que mencionamos en capítulos anteriores, en donde decíamos que las divisas era el agua que contenía cada tinaco, entonces podremos ver que mediante el incremento en el intercambio comercial que está generando la globalización, entonces tendremos que además de la salida de dicho líquido por medio de las exportaciones, se están abriendo otros boquetes (contrabando, lavado de dinero, etc.) los cuales se originan por las ganancias tan elevadas que este tipo de negocios les originan a quiénes se dedican a estas actividades.

Haciendo una similitud con los tinacos, entonces como es lógico y por efecto de la gravedad, los tinacos que estén más elevados se quedarán sin agua o divisas más rápidamente, teniendo posibilidad de captar dicho líquido los tinacos que estén menos elevados. (Metafóricamente los tinacos elevados son los países que producen sus bienes y servicios a precios más elevados, y los tinacos menos elevados serán los países que pueden reducir los precios de sus bienes y servicios a través de manejo de sus variables monetarias que básicamente son dos: la inflación y el tipo de cambio).

También vimos que los dos factores o variables económicas que influyen en los precios son la combinación de la inflación y el tipo de cambio.

El desconocimiento de estos factores tan sencillos está ocasionado crisis y efectos muy serios para muchos inversionistas, inclusive suicidios que se originaron por la pérdida de patrimonios, y desaparición de negocios que se generaron por el incremento de pasivos e intereses excesivos originados por crisis y devaluaciones imprevistas, efectos evitables si antes hubieran leído este libro. Pienso que mientras las cosas no nos tomen por sorpresa, todo tiene solución, siempre y cuando se conozca a tiempo la problemática y se tomen a tiempo las acciones correctivas y preventivas necesarias.

Lo interesante y valioso de este capítulo, no únicamente será el conocer las situaciones o los factores que debemos saber para proteger nuestro patrimonio, sino las grandes oportunidades que las crisis traen consigo, de hecho la palabra crisis en algunos idiomas significa riesgos y oportunidades.

Por otra parte, muchas veces hemos vivido crisis importantes en nuestro país, sin embargo la mayoría de las ocasiones no nos damos cuenta del efecto tan importante que genera debido a que quizá no nos tocó vivirlas en carne propia, o nuestro patrimonio o la empresa en donde prestamos nuestros servicios no se vio tan afectada, o si la vivimos ya se nos olvidó, ya que tampoco es bueno castigarnos tantas veces por hechos o situaciones que hemos vivido, y quizá la mejor terapia es olvidar lo que nos causó daño en cierto momento, pero, si observamos con mayor detenimiento el mundo que nos rodea, podremos ver muchas cosas que a la mayoría de las personas les puede pasar desapercibido, y esto se debe a que son aspectos que no logran atraer nuestro interés, por ejemplo cuando nuestra esposa está embarazada, nos empezamos a dar cuenta que hay otras mujeres embarazadas por cualquier lugar en donde vamos, lo mismo sucede cuando deseamos comprar un auto de "X" marca y modelo, entonces como por arte de magia, a partir de ese momento empezamos a notar que hay muchos coches similares circulando en las calles, y esto ocurre exactamente con todas las cosas, y esto se debe a que no todo lo que nos rodea llama nuestra atención, no obstante son aspectos y situaciones con las cuales convivimos; volviendo nuevamente a las crisis que ha sufrido nuestro país y a los efectos que estas han generado en el patrimonio de muchas personas y empresas, les quiero platicar las experiencia que he tenido al respecto.

Hablando únicamente de la hotelería en México y de la devaluación de 1994, les puedo decir que he participado en las auditorias de compra (due diligence) de diferentes hoteles y cadenas hoteleras, quienes pasaron a poder de los bancos y de la Secretaría de Hacienda, debido a que no pudieron pagar sus pasivos los cuales se incrementaron por dicha devaluación, dentro de estos: el Grupo Camino Real, cuya deuda la absorbió el FOBAPROA, hoteles operados por la cadena Hyatt, dentro de ellos el hotel Can Cun Regency, de los hoteles Riviera Beach, etc. Sin embargo, la que más me impactó fue la del Grupo Sidek Situr, situación que me orilló a escribir mi primer libro titulado el "Súper Peso y la pobreza e inseguridad en México".

Durante el proceso de adquisición de uno de sus hoteles en Acapulco fui nombrado delegado. Mi función además de recibir el hotel era la de involucrarme en la operación del mismo, con el fin de que una vez que se realizara la compra del hotel,la operación no se viera afectada, dentro del contrato se estipulaba que tenía el derecho de involucrarme en la operación y podía consultar, revisar y asistir a todas las juntas incluyendo las del comité ejecutivo, sin embargo no podía dar instrucciones, ni órdenes al personal del hotel, dentro de las cláusulas se establecía que a pesar de ser nombrado por los compradores, los vendedores podían solicitar mi sustitución en el caso de que ellos así lo consideraran, les quiero comentar que por obra del destino en este hotel se realizaban las convenciones de ventas de Square D, empresa en la que aprendí la mayoría de los aspectos que comento en este libro, y en la última en la que participé durante la hora que me asignaron, hablé sobre algunos aspectos que comento en este libro, para mi sorpresa fue que al día siguiente, el Presidente del Grupo pidió que volviera a repetir mi plática del día anterior, sin embargo, las cifras y los datos con los que contaba ya en esas fechas, producto del trabajo que tenía que desarrollar en la información de las empresas de América Latina, ocasionó que mi plática y la aclaración de dudas abarcara el tiempo asignado a mis demás compañeros en ese día, situación que origino que la convención se alargara un día más; de esa conferencia surgieron estrategias financieras que redituaron millones de dólares a Square D, México.

Volviendo a la recepción del hotel como punto de partida y con el fin de involucrarme en la operación, solicité que me asignaran un pasword a efecto de **consultar** la información de sus sistemas, sin **modificar** o alterar sus datos, otra gran casualidad fue que este hotel resultó el primero que el grupo SIDEC vendió. Y así al estar consultando su información, de improviso apareció las cifras de 25 Hoteles en la base de datos ubicada en Guadalajara Jalisco, lo que más me impresionó era que a pesar de la gran cantidad de empresas que estuve consultando se veía una estandarización total en todos los renglones y columnas de los reportes de sus estados financieros, además de consolidar en forma total, presentaban información consolidada por regiones, el personal con el que me tocó participar en la compra de algunos de sus hoteles era altamente calificado, y tenían un gran conocimiento del mercado y de los negocios en los que operaban, pero su deseo de crecimiento y el desconocimiento de las condiciones económicas reales del país, alentó a su propietario a solicitar un financiamiento por $2,500 millones de dólares, deuda que se volvió impagable al momento de ocurrir la devaluación, situación que originó su quiebra. Aun durante el proceso de disolución, la empresa se preocupó por sus trabajadores y les proporcionó cursos de preparación para la etapa temporal de desempleo, pagándole sus indemnizaciones por arriba de lo estipulado en sus contratos. Créanme que me da mucha tristeza que grupos como el de SIDEC Situr desaparezcan del mercado, situaciones como estas no deben de volver a ocurrir y estas experiencias fueron el motivo que me alentó a escribir estos dos libros.

Yo considero que las crisis económicas y la falta de visión de nuestros gobiernos han generado crisis y depresiones en las personas que las vivieron en grado tal que algunas no soportaron dicha pesadilla y se suicidaron, situaciones que fueron muy lamentables y de efectos irreparables principalmente para los familiares y amigos de quienes tomaron esta drástica decisión, lo más triste es que ante cualquier problema siempre existen soluciones y salidas por difíciles y complicadas que estas parezcan, sobre todo, yo pienso que casi todo se puede conocer con anticipación con el fin de eliminar y tomar provecho de las situaciones que se presentan.

Como mencioné en mi libro "El Súper Peso" una frase que comentó un amigo mío la cual considero que tiene mucha verdad:

"Si tu mundo material se derrumba, tú no tienes por qué derrumbarte con tu mundo, ya que eres un ser humano que además de materia, tiene mente y espíritu, y eso te pone muy por arriba de tu mundo material".

O sea, que el espíritu es indestructible y es algo que nos pertenece, mientras que la materia es algo pasajero y que es prestado mientras estamos en este mundo

Estas situaciones se pueden evitar a través del monitoreo realizado a través de la metodología comentada en los siete capítulos anteriores, y esa ha sido la razón por la cual estoy escribiendo este libro, ya que además dicha metodología nos ofrece la oportunidad de aprovechar las grandes oportunidades que las crisis y los cambios económicos nos ofrecen, oportunidades que se nos están ampliando con la globalización y la apertura comercial.

Esto lo podremos observar siempre y en todos los países por igual, y esto tiene una explicación lógica, la cual hemos mencionado en los capítulos anteriores.

Las devaluaciones bruscas no deberían de existir, ya que estas se originan por el desconocimiento o la falta de visión de los gobiernos los cuales por tratar de reducir la inflación y de mostrar una moneda fuerte, frenan la devaluación natural del tipo de cambio, situación que lo único que origina es un encarecimiento de todos los productos y servicios que desde dicho país se producen, y no se dan cuenta que con esto tratan de hacerle trampa a las leyes naturales o universales presentes en todas las cosas, haciendo nuevamente mención al Kybalión en donde dice:

"El sabio a medias, reconociendo la irrealidad relativa del universo, se imagina que puede desafiar sus leyes. Ese no es más que un tonto vano y presuntuoso, que se estrellará contra las rocas y será aplastado por los elementos en razón de su locura" [15]

Lo triste es que su irrealidad y su locura afecta a toda una nación, y actualmente está afectando a la mayoría de la población en el mundo.

¿Qué alternativas y oportunidades nos ofrece el monitorear los ciclos de cada país?

La apertura comercial, los sistemas de comunicación y la tecnología moderna nos permiten tener acceso a los mercados existentes en cualquier parte del mundo por lejanos y escondidos que estos se encuentren, entonces con el conocimiento de los ciclos económicos podemos establecer estrategias y buscar oportunidades para nuestras inversiones de manera global, no únicamente visualizando los mercados de nuestro país, sino el de cualquier país del mundo, y así podemos establecer estrategias para cada tipo de inversiones razón por la cual analizaremos varias de ellas, mostrando ideas de manera global, dejando a su experiencia y conocimiento la implementación de las mismas.

Como lo he comentado a lo largo de este libro, la inflación incrementa el precio de los bienes y servicios de un país en forma interna, sin embargo, si no se ajusta dicha inflación por medio del tipo de cambio, el incremento de los bienes y servicios de ese país se van a reflejar en los mercados externos, ahora bien, si todos los países ajustaran su inflación en el mismo porcentaje que su tipo de cambio, entonces a pesar de que la misma, fuera muy elevada, sus bienes y servicios en el extranjero no sufrirían alteración de precios, y en ese caso el país que padecería las consecuencias sería los Estados Unidos debido a que como es la economía eje, no puede modificar el valor del dólar, y en consecuencia sería el único país cuyos bienes y servicios que produce se elevarían.

El problema que existe actualmente en el mundo, siendo sin lugar a dudas la causa de esta crisis mundial, es que se ha perdido el control a través del tiempo, del incremento de los precios de los bienes y servicios que los países producen, efectos que se ajustan a través de las devaluaciones que en forma inesperada los países padecen, sin embargo, en éstos momentos nadie, con excepción de usted, una vez que lean y verifiquen los datos reales de los 40 países que más están influyendo en el comercio mundial, llevan un cálculo exacto de las diferencias reales en los precios de los

---

[15] El Kibalyón

productos que se han generado por la falta de controles y del manejo adecuado de los tipos de cambio, por parte de los diferentes gobiernos en el mundo, siendo este uno de los valores más grandes de este libro, conocimiento que lo puede poner a usted y a su empresa con una ventaja enorme al resto de las empresas en el mundo. Ya que le permitirá canalizar la producción y distribución de sus productos en el mundo de una manera mucho más rentable.

Inversiones de Renta Variable

El riesgo en este tipo de inversiones es alto, sobre todo en ésta etapa de crisis económica mundial, a pesar de los conocimientos y experiencia que pudieran tener los grandes corredores e inversionistas con mucha experiencia, razón por la cual si quiere invertir es importante que únicamente arriesgue una parte pequeña de su patrimonio.

Por el contrario, yo vendería mis acciones de la Bolsa de valores de México por varias razones:

- El incremento que está teniendo el índice de la Bolsa Mexicana de Valores **no** está soportado por el crecimiento de la economía.

- En este momento el peso aún está sobrevaluado, razón por la cual hay riesgo cambiario.

- La economía del país aún no ha tocado fondo y lo que ha retardado la devaluación del peso ha sido un préstamo cercano a los setenta mil millones de dólares que solicitó el Presidente de México Felipe Calderón a sugerencia de Guillermo Ortiz el cual trata de defender un peso fuerte, sin embargo las reservas del Banco de México se han mantenido gracias a la entrada de inversiones especulativas en la bolsa, generadas por la emisión de dólares en los Estados Unidos para reactivar su economía a pesar de que se están reduciendo la entrada de las remesas que mandan trabajadores mexicanos a sus familias, haya bajado el precio del petróleo, y esté disminuyendo la inversión extranjera directa.

- La política monetaria adoptada por el Banco de México **es errónea,** prueba de ello son los signos alarmantes que muestra nuestra economía (PIB de menos 8% para el 2009) y muy inestable, ya que depende del mercado.

De acuerdo a lo comentado anteriormente existen mayores posibilidades de tener menos riesgos en la compra venta de acciones de renta variable de acuerdo a lo siguiente:
Invertir en renta variable en el país seleccionado por usted cuándo:

- Se encuentra en fase verde y amarilla, aquí es muy importante analizar los estados financieros de la empresa en donde se desea invertir, cuidando que no tenga pasivos elevados.

Poner mucha atención cuando:

- Se encuentra en semáforo rojo.

Por ejemplo, de acuerdo a la tabla que muestra la sobre y subvaluación de México desde el año de 1999 hasta finales del 2008, nuestra moneda estaba sobrevaluada más del 25% (semáforo rojo), a pesar de ello, las entradas de divisas a nuestro país eran muy altas, (remesas, altos precios del petróleo, inversión extranjera, venta de bancos, etc.) razón por la cual fue muy rentable para las personas que invirtieron en la Bolsa de Valores de México, sin embargo, a principios del 2008 la economía de los Estados Unidos empezó a dar signos de alarma, razón por la cual se volvió muy riesgoso el mantener las inversiones.

Ahora bien, si usted no es un experto y desea invertir en renta variable y desea tener mayor seguridad en su inversión, le sugiero que invierta en sociedades de inversión también llamados fondos de inversión. En México la ley de Sociedades de Inversión que entró en vigor en diciembre del 2001, establece reglas que protegen a los inversionistas, esto quiere decir que se encuentran regulados y supervisados por la Comisión Nacional Bancaria y de Valores. Estos fondos son manejados por operadoras de fondos, en nuestro país existen 35 operadoras de fondos, si desea conseguir los nombres y direcciones de estas, se pueden solicitar en la Bolsa Mexicana de Valores.

Impuestos sobre inversiones de renta variable en México

En México están exentas de impuesto las personas físicas que obtengan ganancias en la compra venta de acciones. También están exentas las empresas extranjeras que coticen en la Bolsa de Valores, estas con ciertas limitantes.

Esta es la razón por la cual la inversión extranjera en cartera fue muy elevada en nuestro país, llegando a alcanzar cifras tan elevadas a finales del 2008.

BROKERS INTERNACIONALES PARA INVERSIONES INTERNACIONALES A TRAVÉS DE INTERNET

Broker	Dirección Internet	Servicios			
		Consulta	Bancarios	Financieros	Simulador
Fidelity Investments	www.fidelity.com	Si	Si	Si	Si
Charles Schwab	www.schwav.com	Si	Si	Si	Si
E*Trade	www.etrade.com	No	Si	Si	Si
TD Waterhouse	www.tdwaterhouse.com	No	Si	Si	Si
	www.forexyard.com	Si	No	Si	Si

CASAS DE BOLSA EN MÉXICO	
Acciones y valores de México	53-26-48-48
Arka	56-25-15-00 y 52-80-10-22
Banorte	51-69-93-00
BBVA Bancomer	52-01-20-00
Bital	57-21-38-41
Bursamex	52-82-60-00
Citibank	52-29-71-00
Deutsche Securities	52-01-80-00
Estrategia Bursátil	57-05-43-24
Finamex	52-09-20-00
GBM	54-80-58-00
Goldman Sachs México	55-40-81-00
ING (México)	52-58-20-00 y 52-58-21.71
Interacciones	53-26-86-00
Inversora Bursátil	56-25-49-00 y 52-02-11-22
Invermex	53-27-33-33 y 57-03-12-30
IXE	51-74-24-06
J.P. Morgan	52-57-97-00
Merrill Lynch México	52-01-32-00
Mexival Banpais	55-46-95-29 y 55-46-95-39
Monex	53-39-20-00
Multivalores	52-84-62-00
Santander Serfin	52-61-73-00
Scotia Inverlant	53-25-30-00
Valores Mexicanos	52-55-93-00
Value	(81) 82-27-78-00 y (81) 87-05-03-04
Vector	(81) 83-18-35-00

La Bolsa Mexicana de Valores opera a través de intermediarios autorizados siendo el nombre y el teléfono de ellos los siguientes:

INTERMEDIARIO	TELÉFONOS
Banorte Casa de Bolsa	51-69-94-22
Darka	56-25-15-00
Delta derivados	52-50-87-17
Derfin	52-02-75-45
GAMAA Derivados	54-88-32-66
GDF	55-25-30-01
Mexinder	55-25-60-26
Monex Derivados	54-88-32-66
Multivalores	52-84-63-27
Operadora Derivados Serfin	52-61-73-58
Scotia Inverlat Derivados	53-25-36-15
SERAFI Derivados	52-08-28-89
Stock & Price	55-11-41-40

Inversiones de Renta Fija

En el "Súper Peso" hago un análisis evaluando diferentes alternativas de inversión tomando tasas y tipos de cambio reales, y así demuestro que en el caso de una devaluación, una vez ocurrida esta, son mucho más rentables las inversiones en pesos, esto debido a que las tasas de interés suben arriba de la inflación y el tipo de cambio, siendo ésta la razón por la cual una empresa que tiene elevados pasivos no logra salir de su crisis, aún vendiendo la totalidad de sus activos.

Cuando ocurre una devaluación la mayoría de las personas compra dólares para tratar de salvar su patrimonio, sin embargo, esta es una decisión equivocada por las siguientes razones:

1. Como ya lo vimos, las devaluaciones de las monedas ocurren debido a que los gobiernos de los países tratan de mantener una moneda estable, situación que origina el encarecimiento de los bienes y servicios de un país en los mercados internacionales, situación que genera la salida de divisas.

2. Esta escasez origina que se tenga que ajustar el tipo de cambio en forma abrupta originando esto una devaluación.

3. Con la devaluación escasean los dólares, razón por la cual los gobiernos de los países tratan de evitar que la mayoría de las divisas se vayan del país, razón por la cual ofrecen tasas de interés elevadas, tratando de retener las inversiones en dólares.

Y esta es la razón por la cual las inversiones en las monedas locales de un país recién devaluado generan una mayor rentabilidad.

Ejemplos con datos reales

Para demostrar lo anterior vamos a ver el siguiente ejemplo elaborado con datos y cifras reales (Ejemplo Mex 94-98)

Nota: Dentro del archivo en Excel hay una carpeta llamada COMP INVERSIONES, y dentro de esta carpeta hay que abrir el archivo llamado Mex 94-98, y en ese archivo se muestra un cuadro en donde se analizan estas tres variables después de la devaluación del peso mexicano en diciembre de 1994 (inflación en México, tasa de interés y tasa de interés en los Estados Unidos.

En este ejemplo estoy suponiendo dos alternativas:

Rolando Colchado Valenzuela

a) El equivalente a $10,000.00 dólares lo cambio a pesos mexicanos ($10,000 a la tasa de esa época de $7.45) y este monto de $74,500.0 pesos columna (2) lo invierto en cetes, desde enero de 1995 (fecha en la que el peso se devaluó) hasta el mes de diciembre del 2008, fecha en la que la tranquilidad volvió a los mercados.

b) Otra alternativa hubiera sido que los $10,000.00 dólares los invirtiera en los Estados Unidos a la tasa de Treasury Bills.

c) Y por último vamos a suponer que los $10,000 dólares los guardo en una caja fuerte.

Resultados:

1. En el caso de que el equivalente de mis dólares los hubiera invertido en moneda nacional en cetes, y en diciembre de 1998 los cambiara por dólares yo tendría $26,001.23 dólares al mes de diciembre de 1998

2. En el caso de que los hubiera invertido en los Estados Unidos yo tendría $12,522.35 dólares a diciembre de 1998.

3. En el caso de que tuviera guardado en la caja fuerte los $10,000.00 dólares con el fin de conservar mi inversión, lo único que hubiera yo conseguido es mantener mi inversión, pero devaluada, ya que en los Estados Unidos también se tiene inflación.

Como pueden ustedes ver, la opción más rentable fue la de invertir en pesos, ya que obtuve una diferencia a mi favor de más de 16,001.23 mil dólares (160.1%) contra la alternativa 3 (Guardar los dólares en el ropero) y de $13,478.88 dólares (107.64%) contra la alternativa 2 (Invertir en los Estados Unidos.

Después de una devaluación el dinero es escaso lo cual origina que las personas para conseguirlo tengan que pagar intereses muy elevados y esa es la razón por la cual las inversiones en pesos son más rentables, y a pesar de que los dólares también son escasos, y esa escasez origina que se eleve demasiado su valor inicial, después de cierto tiempo empiezan a bajar de valor, mientras que las tasas de interés y la inflación se disparan, también hay que recordar que las devaluaciones bruscas no deberían de existir, siempre y cuando los gobiernos de los países las fueran ajustando gradualmente, pero al no ajustarlas se ajustan de un solo golpe y de improviso, sin embargo, la inflación y las tasas de interés se ajustan después en forma gradual. O sea, que después de una devaluación brusca lo que sigue es esperar el ajuste de la inflación y los intereses, siendo por lo tanto la opción que debemos de buscar, no obstante esta situación, la mayoría de las personas hacen lo contrario, compran dólares después de una devaluación para tratar de proteger su patrimonio y lo único que logran es terminar de perderlo.

También hay que recordar lo que les ocurrió a las personas que en el 94 obtuvieron un crédito hipotecario de $250,000 pesos (como ejemplo) a tasa variable; cuándo ocurrió la devaluación después de dos años, debían más de $1,000,000.00 de pesos, sin embargo el valor comercial de su casa era de $300,000.00 pesos. Una devaluación es un ajuste brusco en el tipo de cambio, el cual se origina debido a que el tipo de cambio no se ajusto adecuadamente en su momento, o sea que debió ajustarse de acuerdo al diferencial de inflaciones con los países con los que tenemos mayor intercambio comercial, sin embargo, la devaluación después de ocurrida en todos los países jala a la inflación y principalmente a las tasas de interés, ya que a través de las tasas de intereses elevadas los bancos y el gobierno tratan de evitar que sigan saliendo más dólares del país, y esa es la razón por la cual después de ocurrida una devaluación, la mejor opción son las inversiones en las monedas locales.

Si analizamos esto a detalle podemos concluir lo siguiente:

• En fases rojas son más seguras las inversiones de renta fija, o bien tener inversiones en dólares o en euros.

- En fases verdes son más rentables las inversiones en las monedas locales.

- En fases amarillas es conveniente prepararse para cambiar de inversiones en monedas locales a inversiones en monedas extranjeras.

Ver ejemplos de inversiones en pesos y en dólares.

EN RENTA FIJA EXISTEN LAS SIGUIENTES TIPOS DE INVERSIONES EN NUESTRO PAÍS.

Instrumento	Garantía	Valor Nominal	Tasa de interés
CETES	Gobierno	$10.00	Fija
BONDES	Gobierno	$100.00	Flotante
BONOS	Gobierno	$100.00	Fijo Int. Semestral
UMS: United Mexican Status	Gobierno		Fija y/o Variable
BREM'S	Banco de México	$100.00	Variable
UDIBONOS	Gobierno	100 Udis	Real Fija
BPA'S	Gobierno	$100.00	La mayor Cetes y tasa bruta
Certificado Bursátil	Empresas	Variable	
Papel Comercial			
Aceptaciones Bancarias			
CEDE			
PRIV: (1)			

Financiamientos

Tener pasivos tanto en pesos como en dólares o en cualquier moneda en fases rojas es muy riesgoso, ya que en el caso de una devaluación brusca de la moneda el pasivo se puede volver impagable, sólo hay que recordar algunas de las amargas experiencias comentadas anteriormente, afortunadamente a través del monitoreo de los ciclos monetarios, es posible protegernos en los momentos de mayor riesgo, a través de seguros llamados Mercados de Futuros los cuales existen en todo el mundo y empezaron a operar a partir de 1972 en Chicago (Chicago Mercantil Exchange) surgiendo como una necesidad para las empresas.

En México hubo dos intentos para manejarlos, uno de ellos durante los años de 1972 a 1982 en los cuales se manejaron futuros del tipo de cambio peso dólar, y el segundo entre 1983 y 1986 cuándo se manejaron futuros sobre petro bonos y acciones. Finalmente en diciembre de 1998 se crea dentro de la Bolsa Mexicana de Valores, el mercado de derivados en donde se operan futuros para casi cualquier instrumento: tipo de cambio, precios de las acciones, tasas de interés, bonos, etc. Esto quiere decir que a través de un contrato se especifica el precio o el tipo de cambio de una determinada operación a futuro, por lo que en el caso de una devaluación brusca de la moneda, independientemente del valor que refleje después de la devaluación, se respeta el precio pactado; lógicamente que esta operación tiene un costo siendo este principalmente la comisión que se establece para ese tipo de operaciones. Lo importante es estar conscientes de la verdadera realidad de la economía de cada país con el fin de que la fase de caída o desplome de cada ciclo no nos haga daño. Esto quiere decir que es muy importante monitorear y medir cada fase así como los factores que se conjugan en un momento determinado para que la devaluación se presente, razón por la cual debemos también estar monitoreando otras variables como pueden ser:

- El saldo de las reservas Internacionales.

- La inversión extranjera en cartera, (también llamado capital peregrino), ya que si este es mayor que las reservas, en un momento de nerviosismo en los mercados puede acabar con las reservas en forma muy rápida, un ejemplo dentro de muchos fue diciembre de 1994 en México.

Adicionalmente es importante desarrollar varios escenarios de lo que tu pienses que pueda ocurrir y cómo te afectaría en tus estados financieros; sería muy interesante que los hicieran en las monedas locales en donde tienes tus inversiones y también convertidos en dólares, ya que de acuerdo a la estructura de activos y pasivos monetarios que tengas en tus estados financieros, será el efecto en tu capital, esto lo comentaremos un poco más adelante.

En el caso de contratos de futuros en dólares existe un monto mínimo con el que operan dichos intermediarios el cual es de $10,000.00 dólares.

Compra Venta de divisas combinada con inversiones

Cuándo prestaba mis servicios en la empresa transnacional, tenía la obligación de preparar los estados financieros considerando los efectos de la inflación de acuerdo a principios de contabilidad de los Estados Unidos (FASB52), y a principios de contabilidad mexicanos (Boletín B-10) y los comparaba después de convertirlos a una sola moneda, lo curioso era de que a pesar de que en esencia eran lo mismo, ya que los principios de contabilidad mexicanos y norteamericanos son muy parecidos, los resultados eran muy diferentes, lo curioso es que cuándo comparaba el valor de los activos fijos en dólares, había años en los que eran muy parecidos, pero había otros que eran muy diferentes, ya que algunas veces su valor en dólares era más elevado en los estados financieros calculados conforme a principios de contabilidad norteamericanos, y algunas veces sucedía exactamente lo contrario, ya que su valor era más elevado en los activos fijos calculados conforme a principios de contabilidad mexicanos, y esto pasaba exactamente lo mismo cuando realizaba las mismas comparaciones con las cifras de otros países latinoamericanos, la explicación la pude comprobar posteriormente, y esta tiene su explicación en los conceptos que se comentan a través de este libro, y es el siguiente:

Por efectos de sus políticas monetarias, los países se encarecen o abaratan, y esto nos lleva a la siguiente afirmación: Si queremos comprar dólares o cualquier divisa aceptada en los mercados internacionales, se puede concluir lo siguiente:

- Para comprar divisas es conveniente comprarlas en los países que están en fase roja para invertirlas en los países que se acaban de devaluar y están en fase verde.

- Si tu país se encuentre en fase verde o acaba de sufrir una devaluación, es el momento adecuado para que inviertas en él, no te conviene comprar divisas extranjeras, o invertir en el extranjero, y a pesar de que la situación económica parezca muy difícil, la devaluación le va a permitir que el país que sufrió una devaluación se recupere económicamente.

A principios de 1995 después del famoso **"error de diciembre"**, le envié una carta al Presidente Ernesto Zedillo comentándole en forma resumida parte de la explicación y fundamentos de este libro sugiriéndole que mantuviera el mismo porcentaje de sub devaluación que tenía el peso en esas fechas, ya que para el inversionista que decidiera invertir en nuestro país, tenía posibilidades de adquirir mayor cantidad de bienes, lo importante era darle seguridad en su inversión y para ello sugería que se creara un fondo, o una reserva en el Banco Mundial o alguna institución reconocida internacionalmente con el 5% de sus inversiones, el propósito de ese fondo era el de formar una especie de seguro para devolver la inversión al inversionista que lo deseara durante un lapso de cinco años; para devolver la inversión se realizaría una auditoria y un avalúo para determinar el valor de la empresa creada, y después del mismo se le devolvería hasta su monto invertido de acuerdo al valor de la empresa, posteriormente el gobierno tendría la posibilidad de venderla (a través de licitaciones) entre inversionistas que en México se interesaran en adquirirla, y con el importe de la venta se podría reducir la deuda interna.

La respuesta a mi carta después de enviarla a diferentes dependencias, fue que era precisamente lo que la política del Doctor Zedillo estaba siguiendo (Si les comentara la cantidad de estudios y de cartas que he enviado a diferentes funcionarios incluyendo al Presidente Fox, y les mostrara sus respuestas, lo que se observa, es que seguramente las personas encargadas de filtrar la información para la Presidencia ni siquiera las lee, o saben leer.

Hablando de cosas más productivas yo le sugiero a usted que deje volar su imaginación y elabore una serie de estrategias de acuerdo al ángulo o enfoque de este libro y como una muestra de ello, los invito a analizar los ejemplos que muestro a continuación, tomados todos con base en cifras reales de los países analizados, y así vamos a iniciar con Argentina y el motivo de seleccionar a este país, es que tuvo una fuerte devaluación de su moneda. Y para ello me gustaría que analizara la carpeta ubicada en Excel llamado comparativo inversiones y dentro de este archivo abra la carpeta llamada ARGENTINA.

Argentina

El problema de Argentina se generó cuando fijaron su paridad al dólar con una moneda sobrevaluada como lo comentamos en el capítulo VI, y pensaron que con haber logrado reducir la inflación en un año, con esto estaban corrigiendo la sobrevaluación y el encarecimiento que les generó el tener inflaciones tan elevadas durante varios años, es decir que con un peso argentino se compraban menos bienes que con un dólar, esto ocasionó que las empresas argentinas perdieron competitividad ante las empresas extranjeras, esto originó que gradualmente salieran de Argentina divisas por montos importantes. Con su devaluación de $1.00 a $3.50 como es lógico su deuda pública pasó de 50,000 millones de dólares a principios de los noventa a aproximadamente 180,000 millones de dólares, esto sumado a la pérdida de reservas ocasionada por la incontenible fuga de capitales arrasó con las reservas del Banco Central, y así sus reservas disminuyeron de $25, 147 millones de dólares en el 2001 a $10,133 millones de dólares en 2002, situación que terminó por hacer sucumbir la convertibilidad, razón por la cual en enero del 2002 Argentina tuvo que devaluar su moneda.

No obstante, a pesar de todos los problemas que genera una devaluación, después de ocurrida, el país se empieza a recuperar gradualmente, debido a que el país que sufrió la devaluación se vuelve más competitivo ya que se reducen en dólares los precios de todos los bienes y servicios que se producen.

Ahora bien, tomando en cuenta que cuándo un país se encarece (fase roja) las divisas extranjeras se abaratan, y cuando se encuentra un país subvaluado o en fase verde la divisas se encarecen, entonces vamos a analizar esta teoría tomando datos reales de México y Argentina de enero del 2002 a octubre del 2004.

En enero del 2002 el peso mexicano estaba sobrevaluado el 46.7%, mientras que el peso argentino estaba subvaluado el 50.5%, entonces con esa simple diferencia yo les aseguro que con un dólar se hubiera comprado casi el doble de productos o empresas en los mercados argentinos que en los mercados mexicanos, sin embargo vamos a omitir esta importante ganancia y vamos a analizar únicamente el efecto de las inversiones, de las tasas de interés y vamos a suponer que compramos $10,000.00 dólares y los cambiamos por pesos argentinos y los invertimos en Argentina en una inversión de renta fija, esto con el fin de no correr riesgos.

Por otra parte cambiamos $10,000.00 dólares, por pesos mexicanos y los invertimos en cetes en México y entonces vamos a analizar cuál inversión fue más rentable.

En el ejemplo podemos ver lo siguiente a través de cada año:

* Durante el primer año, la ganancia en dólares por haber invertido en el mercado argentino fue mayor en $5,591.27 dólares que el haber invertido en México en cetes, lo que representa una ganancia mayor en 59.49%.

* En el segundo año la ganancia acumulada por invertir en Argentina fue mayor en $9,227.31 dólares lo que representa el 99.47% en porcentaje.

* Al final del tercer año se redujo y la ganancia únicamente fue mayor en $9,110.27 dólares, lo que representa el 91.10%.

Esto sin considerar la ganancia por el hecho de comprar mayores bienes en Argentina que en México por efecto de la sobrevaluación del peso mexicano, contra la subvaluación del peso argentino.

Y esto sin ningún riesgo, ya que yo no he conocido ninguna inversión en valores gubernamentales que deje de pagar las tasas de intereses que ofrecen.

Ahora vamos al mismo ejemplo con Brasil (Ver ejemplo dentro de la carpeta en Excel, llamada COMP INVERSIONES y dentro de ésta carpeta hay que buscar Bra. 1999-2004

Brasil

La devaluación de este país ocurrió a principios de 1999, año en que el nuestro país se encontraba sobre valuado el 14.3% (fase amarilla).

En este caso la ganancia en dólares por haber invertido en Brasil hasta el mes de octubre del 2004 es de $12,861.38 dólares contra una ganancia en México de $6,636.98, o sea una diferencia de $6,224.40 dólares.

Corea

La devaluación de Corea ocurrió en 1997 cuando nuestra moneda estaba sobrevaluada el 19 % (fase amarilla).

En este país, a pesar de que se incrementaron las tasas de interés en forma importante para ellos, si las comparamos contra la de México resultaron inferiores, sin embargo a pesar de eso, la utilidad en dólares obtenida en Corea fue mayor únicamente en un 26%. La diferencia desde mi punto de vista es que la escasez de divisas fue mayor en nuestro país que en Corea.

Para comprar divisas es conveniente comprarlos en los países que están en fase roja para invertirlas en aquellos que se acaban de devaluar y están en fase verde.

Yo sé que en estos momentos puede parecer algo que no es posible, sin embargo, lo invito a que usted lo compruebe, y le aseguro que a pesar de los gastos e impuestos de importación, las posibilidades de incrementar su poder de compra y sus ganancias es infinito, esto lo puede hacer debido a que se puede aprovechar del desconcierto relacionado con los precios a nivel internacional que se originan por la falta de reglas y de visión de los gobiernos actuales.

Ahora bien, realice combinaciones con los aspectos que he comentado, por ejemplo compre dólares en los países sobrevaluados, posteriormente cambie esos dólares por monedas locales en los países que acaban de sufrir una devaluación, después invierta esas monedas en renta fija o variable y espere tres o cuatro años o los que usted considere, y cuando esos países entren nuevamente a fase roja, cambien las monedas locales y conviértalas a dólares y se sorprenderán de las utilidades que puede obtener.

Por ejemplo, ¿qué hubiera pasado si en el 2001 hubiera comprado dólares en México (el tipo de cambio era de $9.00 pesos por dólar?, y estos se hubieran invertido en Argentina cambiándolos por pesos argentinos, y los hubiera invertido en inversiones de renta fija o renta variable en algún instrumento seguro en dicho país, y en el 2006 sus inversiones y ganancias obtenidos en pesos argentinos los cambia por dólares y los regresa a México, le aseguro que por cuestiones monetarias las posibilidades de ganancias serán muy altas.

Definitivamente no hay inversión segura, sin embargo las posibilidades aumentan cuándo se tiene una perspectiva o un ángulo diferente, y si eso no es cierto pregúntenle a China y la India cómo le han hecho para ganarle la guerra comercial a las potencias económicas.

Para la compra venta de divisas me gustaría comentar sobre el mercado internacional de Divisas (Foreign Exchange market) conocido como Forex, el cual es uno de los mercados financieros más jóvenes del mundo, ya que surgió a partir de 1971, fecha en que se terminó el patrón oro y surgieron los tipos de cambio flotantes. Actualmente a través de este mercado se mueven $550 trillones de dólares, contra $20 trillones que se mueven en todas las Bolsas de Valores del mundo, además de que es un mercado que opera las 24 horas del día, lo cual le da una liquidez sumamente elevada, sus principales centros de operación se encuentran en New York, Tokio, Londres, Singapore, Hong Kong, y Zúrich.

El Mercado Internacional de Divisas como ya lo comenté no cuenta con ningún tipo de regulación a nivel mundial, la única que existe es la establecida en la Comodity Futures Trading Comission (www.cftc.gov), y el único aspecto que cubre es el de exigir a los brokers no ofrecer o garantizar ningún rendimiento, también existe la Nacional Futures Association (nfa.futures.org).

Inversiones en dólares en los Estados Unidos

Si lo que deseas es invertir en dólares en los Estados Unidos, les sugiero que su cuenta quede abierta como **Omnibus Account,** ya que en caso de que la institución financiera cayera en bancarrota o cometiera fraudes tu inversión está respaldada por el **"Federal Deposit Insurance Corporation"** (FDIC).

Algunos ejecutivos del Grupo SIDEC Situr me comentaron que en 1994 una empleada del área de Finanzas del corporativo les insistía que debían de comprar futuros con el fin de protegerse, debido a que ella consideraba que había riesgo de una devaluación, sin embargo no le hicieron caso, a mi me pasó lo mismo en el Grupo Televisa.

Actividades industriales y empresariales

Las mejores épocas para las actividades empresariales son las épocas de fases verdes, mientras que en fase roja se tiene una competencia muy fuerte del exterior, situación que complica tremendamente las operaciones de las empresas.

El grupo de servicios turísticos al que actualmente presto mis servicios, surgió de una empresa que se enfoca a la distribución y venta de máquinas de coser para la industria, ellos importan la maquinaria y el cabezal del Japón, y posteriormente, construyen y le integran el gabinete; en otras ocasiones importan la maquinaría completa y la ensamblan, o sea que su principal actividad es el ensamble, venta y distribución de maquinaría importada, así como la venta de refacciones y servicios.

En una ocasión que estaba platicando con el Presidente del Grupo me comentaba que tenía amargas experiencias en la actividad industrial y pensaba que se debía a que en México no teníamos la tecnología ni la infraestructura suficiente para competir con la industria extranjera. A mí me extraño ese comentario debido a que los considero excelentes empresarios e inversionistas y una prueba de ello es el crecimiento que están teniendo actualmente, además de su permanencia con más de 85 años en el mercado.

Analizando la lista de empresas que tienen y han tenido me encontré que durante algunos años, manejaron una empresa que procesaba alimentos enlatados, principalmente chiles en vinagre de varias clases, así como frutas en conservas, su nombre era Exportaciones y Representaciones, S.A. de C.V. La gran coincidencia era que yo conocí muy bien esa empresa, ya que su Grupo se la vendió al Grupo Televisa cuando yo colaboraba ahí, de hecho me tocó participar en su adquisición, y posteriormente fui nombrado Director Administrativo de la misma, lo curioso fue que en el tiempo que fue operada por Televisa fue muy rentable, desafortunadamente se tuvo que cerrar debido a que sus productos se vendían en los Estados Unidos, y el gobierno demandó a Televisa con el pretexto de que tenía demasiados negocios. Sin embargo el principal pretexto y ataque era contra las estaciones de Televisión que Televisa tenía en los Estados Unidos. En base a esto el señor Azcárraga dio la orden de retirar de dicho país todos los negocios que Televisa tenía, dejando únicamente a la televisión.

Analizando los años de operación de E.R.S.A. pude comprobar que la causa por la cual esta empresa fue rentable para Televisa y no para el Grupo donde actualmente presto mis servicios, se debió a que esta empresa fue operada por este último grupo en fase roja, pasando a manos de Televisa exactamente en la fase de ciclo verde o sea de 1981 en adelante. Y así la sobrevaluación del peso en diciembre de 1981 llegó al 56%, mientras que la subvaluación del peso fue del 46% en marzo de 1983, esto representa una diferencia en precios de más del 100%, lo curioso fue que cuando fue propiedad de Televisa, no se le invirtió un solo peso y la publicidad fue cero, debido a que su mercado era el norteamericano y el señor Azcárraga no quería ser competencia para sus clientes: las grandes compañías enlatadoras de alimentos que operaban en el mercado mexicano.

La maquinaria, la tecnología (muy artesanal por cierto) y los empleados eran los mismos, desde el Gerente hasta la señora que barría y limpiaba la planta, la única persona adicional era yo, y únicamente participaba medio turno debido a que tenía asignadas otras funciones en el grupo, la diferencia entre una empresa generadora de grandes pérdidas y la misma empresa que obtenía grandes utilidades la constituyó la fase del ciclo en la que fue operada, en el primer caso la conversión de pesos por los dólares generados no alcanzaba para cubrir los costos y gastos, ya que el tipo de cambio era de $26.00 pesos por dólar, en el segundo caso con $150.00 pesos por dólar, alcanzaban para:

- Mejorar la calidad de los productos

- Reducir precios a través de los cuales fulminaban a la competencia en los Estados Unidos.

- Obtener altas utilidades.

Y así cuando esta empresa operaba con un peso sobre valuado por cada peso que se exportaba se recibían $26.00 pesos los cuales correspondían a el tipo de cambio de aquella época, sin embargo cuando pasó al Grupo Televisa, por cada dólar exportado se recibían $150.00 pesos, cantidad que fue suficiente para reducir a la mitad sus precios en los Estados Unidos, así como para mejorar la producción, por ejemplo el chile jalapeño se rellenaba con atún cuando la empresa pertenecía al propietario anterior y cuando era parte de Televisa, se rellenaba con camarones.

Esto sucede cuando la devaluación es mayor al ajuste del tipo de cambio; en este caso nuestra moneda el peso se ajustó el 472%, mientras que la inflación fue del 99%, siendo esta es la estrategia que han seguido algunos países dentro de ellos China y la India.

Este es un ejemplo de la vida real que explica claramente la estrategia que están siguiendo algunos países, siendo su mecánica muy simple y muy lógica, ya que lo que reciben por cada dólar o euro les alcanza para cubrir su inflación interna, cubrir sus costos y gastos, reducir sus precios en los mercados internacionales, y tener porcentajes elevados de ganancia, lógicamente que este ajuste de su moneda en un porcentaje muy por arriba de su inflación lo realizaron a través de 14 años, en momentos en que nadie se fijaba en ellos.

El ejemplo de esta empresa no lo estoy inventando, lo puede comprobar cuando usted guste.

Hablando del señor Emilio Azcárraga Milmo y de los juicios en los Estados Unidos le comento que él es la persona que yo mas he admirado. Por su inteligencia, su visión en los negocios, y sus valores; y les voy a contar algo que muy pocos conocen, y si tengo oportunidad algún día voy a escribir un libro de él como empresario y hombre de negocios:

El tuvo la visión de ver, que casi la tercera parte de la población de los Estados Unidos hablaba español, sin embargo nadie le daba la importancia debida, razón por la cual se decidió a invertir en ese país en la televisión, con tanto éxito que en muy poco tiempo ya se veían los programas de televisa en todo el territorio de los Estados Unidos de costa a costa y de frontera en frontera incluyendo Hawái, Puerto Rico y Alaska, y llego un momento en el que el capital de Televisa como grupo, era mayor al de las tres principales cadenas de los Estados Unidos.

Entonces los norteamericanos se espantaron y demandaron a Televisa, con el argumento de que los extranjeros no podían explotar las vías generales de comunicación, a pesar de que se tenía un permiso y una concesión federal para ello.

Un día llegaron los abogados de Televisa muy contentos con el señor Azcárraga para informarle que tenían todos los elementos para ganar el juicio, ya que el argumento de los norteamericanos era que ningún extranjero podía explotar las vías generales de comunicación de este país, sin embargo los socios del Señor Azcárraga eran norteamericanos, y por otra parte él señor Azcárraga había nacido en San Antonio Texas, razón por la cual lo único que se requería era realizar un trámite legal en el que debía de renunciar a su nacionalidad mexicana, para adquirir la nacionalidad norteamericana a la cual tenía derecho por haber nacido en los Estados Unidos.

La sorpresa de todos fue que, sin pensarlo dijo; por ningún dinero del mundo voy a renunciar a mi nacionalidad mexicana, de la cual siempre me he sentido muy orgulloso, además de que es parte de mi esencia, mis principios y mis valores. Y dio a los abogados la orden de lograr la mejor negociación posible. Aunque usted no lo crea.

FASE DE SEMÁFORO VERDE DESPUÉS DE UNA DEVALUACIÓN
QUEDAN COMPRENDIDOS LOS PERÍODOS DESDE QUE UNA MONEDA ESTÁ SUBVALUADA
HASTA SOBREVALUACIÓN DEL 10%

- No hay riesgo cambiario
- Conviene ser productor, ya que los bienes y servicios elaborados desde México por su precio son muy competitivos
- Es conveniente exportar
- Conviene invertir en pesos, sobre todo después de una devaluación ya que las tasas de interés en pesos se incrementan en mayor proporción al deslizamiento del tipo de cambio, por lo general la mayoría para proteger su patrimonio hace lo contrario.
- Si fuera factible convienen los préstamos en dólares, esto no es tan factible después de una devaluación debido a que las divisas se vuelven muy escasas.
- Se incrementa el precio de las importaciones, y se dificulta obtener divisas para pagar a los proveedores del extranjero.
- No hay riesgo cambiario
- Conviene incrementar la producción, ya que los productos que se elaboran en México vuelven a ser competitivos
- Es conveniente exportar
- Conviene invertir en pesos, sobre todo después de una devaluación.
- Si tiene fondos que no utiliza, conviene invertir en la Bolsa de Valores
- Es época oportuna para alianzas estratégicas en el extranjero, nuestro costo nos hace competitivos
- La desconfianza hacia México, dificulta las operaciones con el extranjero

¿Qué hacer en el caso de tener pasivos en dólares en un momento en el que el riesgo cambiario es alto?

Dentro del mercado de divisas existe una opción llamada: futuros y opciones de divisas en mercados de derivados negociados en México (Mexder) o en Chicago Mercantile Exchange (CME). Los futuros son contratos que se establecen para comprar o vender divisas en una fecha futura a un precio pactado al momento de adquirir el contrato. Por ejemplo: quiero adquirir dólares a $12.00

pesos por un dólar dentro de un año. En este caso únicamente se cubre una prima que le da derecho a comprar o vender un contrato a futuro.

El Mercado Internacional de Divisas (Foreing Exchange Market) o mercado Forex, nació en 1971 con la terminación del patrón oro y el inicio del descontrol monetario. En México se inició en diciembre de 1995.

Los derivados financieros nacieron en 1972 en Chicago, en el Chicago Mercantil Exchange (CME), con los contratos de futuros sobre divisas.

En México hubo varios intentos, hasta que por fin en diciembre de 1998 se creó el MexDer con un piso de remates dentro de las instalaciones de la Bolsa Mexicana de Valores.

www.mexder.com

LOS AUTORIZADOS PARA OPERAR DERIVADOS SON:

Banorte casa de Bolsa	51-69-94-22
Darka	56-25-15-00
Derfin	52-02-75-45
GAMAA	Derivados
GDF	55-25-30-01
Mexinder	55-25-60-26
Monex derivados	52-30-02-16
Multivalores	52-84-63-27
Operadora derivados Serfín	52-61-73-58
Scotia Inverlat Derivados	53-25-36-15
SERAFI derivados	52-08-28-89
Stock & Price	55-11-41-40
Valores Mexicanos	52-79-13-22

El mínimo es por $10,000 dólares, para deuda $100,000 pesos, para la bolsa 10 índices, para acciones individuales 100 títulos.

Inversiones en línea

- Computadora portátil
- Radio localizadores de doble vía
- Palm III, V o VIII.
- Teléfonos celulares con internet

Simuladores:

www.accitrade.com.mx

www.ixefondos.com.mx

www.bancomer.com.mx

Inversiones internacionales

Tipos de contratos.- Individual account.- Cuentas individuales con una o más cuentas independientes.

144

Join account.- Firman dos personas de manera mancomunada.

Investment club.- Similar a un fondo de inversión.

Conclusiones finales

Desde el año de 1999 se han creado diversos comités, grupos y clubes Internacionales a través de los cuales han tratado de establecer acuerdos para que el comercio mundial se realice de una manera justa y equitativa, sin embargo considero que no tienen claro el origen y las causas de esta crisis mundial la cual es muy importante frenar, no a través de la emisión de dinero, o la obtención de préstamos como los que están haciendo varios países, dentro de ellos el nuestro, sino mediante la regulación de los tipos de cambio de cada país, realizando los ajustes que fueran necesarios en forma gradual.

En este libro demuestro las causas que están originando una competencia desleal en el comercio mundial de bienes y servicios, y por medio de las tablas y utilizando los tipos de cambio técnicos, muestro el tipo de cambio que debe de prevalecer para cada país de acuerdo a los diferenciales de inflaciones entre los mismos y la economía eje que son los Estados Unidos, esto con el fin de que los precios se incrementen en la misma forma, ya que los precios deben de ir subiendo exactamente igual en todas las naciones, sin embargo, debido a los diferenciales tan grandes que existen entre las sobre y las sub valuaciones de los países, el ajuste debe de hacerse de una manera gradual, a través de un periodo que puede llevar entre 5 y 10 años, y es sumamente importante empezar ya.

Ahora bien, el país que no quiera ajustarse a las reglas establecidas, se le debe dejar fuera de la Organización Mundial del Comercio (OMC), y no se le debe de permitir el realizar operaciones comerciales con los países que se apeguen a dicho acuerdo, afortunadamente los países más grandes y poderosos, como el caso de los Estados Unidos, Alemania, Japón, Inglaterra, Francia, Italia, España, entre otros, son los que están padeciendo la falta de regulaciones. Para explicar en una forma más clara mi idea, presento a continuación la tabla de Italia:

ITALIA

LIRA

DETERMINACIÓN DEL TIPO DE CAMBIO TECNICO

FECHA		ITALIA	USA	594.00 Técnico	Mercado	Sobre/(Sub) Valuación %	Dólar USA	Lira Italia	Lira/T.C. Técnico
DIC	1971	100.00%	100.00%	594.0000	594.0	0.0%	1.000	594,000	1.000
DIC	1972	105.21%	103.41%	604.3708	582.5	3.8%	1.034	624,958	1.034
DIC	1973	116.52%	112.41%	615.7497	607.9	1.3%	1.124	692,157	1.124
DIC	1974	139.13%	126.28%	654.4369	649.4	0.8%	1.263	826,406	1.263
DIC	1975	162.60%	135.04%	715.2614	683.6	4.6%	1.350	965,864	1.350
DIC	1976	189.56%	141.61%	795.1722	875.0	-9.1%	1.416	1,126,010	1.416
DIC	1977	222.61%	151.09%	875.1609	871.6	0.4%	1.511	1,322,323	1.511
DIC	1978	249.56%	164.72%	899.9476	829.8	8.5%	1.647	1,482,395	1.647
DIC	1979	286.09%	186.62%	910.6284	804.0	13.3%	1.866	1,699,397	1.866
DIC	1980	346.28%	209.98%	979.5887	930.5	5.3%	2.100	2,056,898	2.100
DIC	1981	408.69%	228.71%	1,061.4493	1,200.0	-11.5%	2.287	2,427,646	2.287
DIC	1982	475.66%	237.47%	1,189.7974	1,370.0	-13.2%	2.375	2,825,407	2.375
DIC	1983	545.21%	246.47%	1,313.9717	1,359.5	-3.3%	2.465	3,238,573	2.465
DIC	1984	604.35%	256.20%	1,401.1559	1,935.9	-27.6%	2.562	3,589,823	2.562

DIC	1985	660.00%	265.94%	1,474.1796	1,678.5	-12.2%	2,659	3,920,385	2,659
DIC	1986	698.26%	268.86%	1,542.7028	1,358.1	13.6%	2,689	4,147,656	2,689
DIC	1987	731.31%	280.78%	1,547.1155	1,169.3	32.3%	2,808	4,343,969	2,808
DIC	1988	768.69%	293.19%	1,557.3765	1,305.8	19.3%	2,932	4,566,031	2,932
DIC	1989	816.52%	306.81%	1,580.8203	1,270.5	24.4%	3,068	4,850,157	3,068
DIC	1990	869.57%	325.55%	1,586.6320	1,130.2	40.4%	3,255	5,165,240	3,255
DIC	1991	924.35%	335.52%	1,636.4499	1,151.1	42.2%	3,355	5,490,668	3,355
DIC	1992	971.31%	345.26%	1,671.1057	1,470.9	13.6%	3,453	5,769,584	3,453
DIC	1993	1014.78%	354.74%	1,699.1982	1,704.0	-0.3%	3,547	6,027,813	3,547
DIC	1994	1055.65%	364.23%	1,721.5772	1,629.7	5.6%	3,642	6,270,562	3,642
DIC	1995	1111.02%	373.48%	1,767.0149	1,584.7	11.5%	3,735	6,599,435	3,735
DIC	1996	1155.17%	385.89%	1,778.1670	1,530.6	16.2%	3,859	6,861,734	3,859
DIC	1997	1178.78%	392.46%	1,784.1265	1,759.2	1.4%	3,925	7,001,937	3,925
DIC	1998	1201.92%	398.78%	1,790.2914	1,936.3	-7.5%	3,988	7,139,386	3,988
DIC	1999	1221.81%	409.49%	1,772.3455	1,927.4	-8.0%	4,095	7,257,561	4,095
DIC	2000	1252.82%	423.36%	1,757.7912	2,080.9	-15.5%	4,234	7,441,744	4,234
DIC	2001	1287.71%	429.93%	1,779.1384	2,197.1	-19.0%	4,299	7,648,996	4,299
DIC	2002	1319.46%	440.15%	1,780.6752	1,846.4	-3.6%	4,401	7,837,570	4,401
DIC	2003	1354.82%	448.42%	1,794.6667	1,533.1	17.1%	4,484	8,047,617	4,484
DIC	2004	1385.84%	463.02%	1,777.8844	1,421.6	25.1%	4,630	8,231,908	4,630
DIC	2005	1412.73%	478.83%	1,752.5154	1,641.4	6.8%	4,788	8,391,607	4,788
DIC	2006	1442.40%	491.00%	1,744.9843	1,470.2	18.7%	4,910	8,567,830	4,910
DIC	2007	1469.22%	511.04%	1,707.7434	1,315.3	29.8%	5,110	8,727,192	5,110
DIC	2008	1517.27%	511.50%	1,761.9759	1,391.2	26.7%	5,115	9,012,571	5,115

En este ejemplo estoy tomando los datos reales de inflación de Italia y de los Estados Unidos, ocultando algunas columnas, con el fin de dejar las que nos permitan plantear mi idea.

Y así, en cualquier año, si se dividen las liras italianas entre su tipo de cambio técnico, siempre nos va a dar el valor equivalente del dólar a la fecha que se quiera realizar el cálculo. Y esto se puede comprobar con cualquier país, y para tal efecto pueden consultarlo y analizarlo en las carpetas (llamadas "cálculo") de los 39 países de los 40 que adjunto, ya que los Estados Unidos es la economía eje, éstos cálculos y datos aparecen en los archivos en Excel a los cuales pueden acceder a través de la página en internet: **https//:desdeotroangulo.com:8443**

Para más claridad voy a tomar el año 2000 como ejemplo:

Si los $1,000 dólares los multiplico por la inflación acumulada en los Estados Unidos a ese año la cual es del 423.36% nos da $4,234 dólares.

Ahora bien si las $594 liras las multiplico por la inflación acumulada de Italia en el año 2,000 la cual es 1,252.82%, entonces nos da $7,441,744 liras las cuales divididas entre el tipo de cambio técnico de $1,757.79 liras nos daría los $4,234 dólares.

Esto significa que aplicando este procedimiento, a través del tipo de cambio técnico, se regularían los incrementos de precios de todos los países, no importando el que hubiera diferenciales de inflaciones muy grandes entre los diferentes países.

Un aspecto importante que hay que tomar en cuenta es que a pesar de que hasta 1971, todos los países tenían la obligación de mantener un tipo de cambio fijo, ya en esa época existían diferenciales de inflación entre los países, un ejemplo es el yen del Japón el cual estaba subvaluado, razón por la cual será importante hacer un análisis a fondo, para medir la equivalencia o el poder de compra de cada moneda contra el dólar a esa fecha.

A través de las cifras mostradas y los cálculos realizados, podemos observar que las economías que mayor crecimiento están teniendo, no son los países que han tenido un mayor orden en su economía a través de una baja inflación (ver cuadro de inflaciones de la página 36), como es el caso de los países europeos y Japón, sino que la clave ha sido la forma como se han ajustado sus inflaciones a través del tipo de cambio, por medio de diferentes mecanismos, algunos de ellos involuntarios, como han sido el caso de las grandes devaluaciones, y otros de manera planeada y en forma gradual a través de 14 años, como es el caso de China y la India.

Desafortunadamente estos factores tan simples y lógicos no se pueden observar a simple vista, a través del análisis de las variables económicas, sino que estos se observan en el momento en que se analizan las cifras de las empresas de los diferentes países que están compitiendo en la globalización desde dos ángulos diferentes:

1. En forma interna, a través del análisis de la inflación y los efectos que ésta genera en el patrimonio de las empresas dentro de cada país.

2. En forma externa, analizando y comparando los cambios que se generan en los ingresos, los costos y el patrimonio de las empresas, originados por la inflación interna de cada país, combinada con su tipo de cambio. Desafortunadamente estos cambios son los que tienen repercusiones en los mercados globalizados y son los que están originando que las empresas de un país sean competitivas o no, a través del precio de sus bienes y servicios.

El desconocimiento de estos factores tan sencillos y lógicos, qué no requieren de grandes cálculos matemáticos, sino de la utilización de la aritmética básica (sumar, restar, multiplicar y dividir) están originando que día con día, la mayoría de los países estén perdiendo billones de dólares, euros, o divisas, las cuales están fluyendo hacia los países que han reducido sus precios a través de ajustar su tipo de cambio en una proporción mayor a su inflación. Pero lo más preocupante es que sus empresas que durante muchos años fueron capaces de generar fuentes de trabajo y altas utilidades, estén quebrando, dejando sin empleo a millones de personas, situación que está incrementando la inseguridad y los conflictos sociales, a pesar de que los gobiernos estén tratando de tapar el sol con un dedo, diciendo que a través de la fabricación de dinero o de préstamos, están consiguiendo reactivar su economía.

Esto debe de originar cambios en diferentes materias:

•   En la contabilidad, ya que a pesar de los esfuerzos en estandarizar los sistemas contables en el mundo, aún no se contemplan los efectos entre inflación y tipo de cambio, ni tampoco se logran reflejar los efectos de la inflación en al patrimonio y competitividad de las empresas, ya que se han logrado grandes avances, sin embargo los intentos los complican demasiado a través de una serie de cálculos inútiles los cuales distorsionan los verdaderos efectos que la inflación genera en el patrimonio de las empresas.

•   En la planeación estratégica, y en la asesoría, ya que la mayoría de las veces se asesora al inversionista para que renueve y modernice su planta productiva, e invierta en fases en las cuales las condiciones del entorno y la fase del ciclo económico no son las adecuadas, ya que su país está sobrevaluado, o lo que es lo mismo, el que todos los productos y servicios que se generan desde el mismo tienen un precio demasiado alto en los mercados internacionales.

•   En las finanzas, y prueba de ellos es como grandes corporaciones y sus capitales, se han perdido en momentos en el que se han tomado decisiones no adecuadas por desconocer los ciclos económicos y sus fases.

•   En los planes de estudios y sistemas de enseñanza, ya que actualmente ninguna Universidad en el mundo enseña lo que este libro trata.

La metodología que utilizo es muy sencilla, y es la siguiente:

1. Determino el momento en el que se eliminaron las reglas para fijar los tipos de cambio el cual fue el mes de agosto de 1971.

2.   A partir de esa fecha, voy midiendo contra la economía eje (Los Estados Unidos) los incrementos y disminuciones de precios de los bienes y servicios de un país a través de un método muy sencillo el cual es el siguiente:

     a.   Si en 1971 el tipo de cambio de un país "X" era por decir $100.00 pesos, o drachmas, o bolívares, o escudos, o francos, o liras o la moneda que corresponda al país que se desea analizar, contra el valor de un dólar de los Estados Unidos, y si como ejemplo la diferencia entre la inflación acumulada del país comparado contra los Estados Unidos a una fecha determinada es mayor en un 20%, entonces determino un tipo de cambio que ajuste ese diferencial de inflaciones, el cual sería en este caso $120.00 el cual llamo tipo de cambio técnico. Entonces voy comparando el tipo de cambio real o de mercado a esa fecha contra los $120.00; y si el tipo real o de mercado es menor al tipo de cambio técnico en esa fecha, entonces esa moneda estará sobrevaluada en proporción al diferencial, si es mayor al tipo de cambio técnico, entonces esa moneda estará subvaluada en proporción al diferencial.

     b.   En base a esa sobrevaluación o subvaluación analizo el comportamiento de sus variables económicas, pero después de eliminar los efectos de la inflación y de convertir las cifras a dólares con poder adquisitivo de una misma fecha, ya que de no hacerlo así, los resultados no me dirán nada.

Con esto procedimiento se puede observar las causas de las grandes crisis y devaluaciones en los últimos 40 años y la explicación de los fenómenos económicos que están afectando al mundo a finales del siglo XX y del principio del XXI.

Desafortunadamente yo soy un contador desconocido, al cual afortunadamente la vida le ha brindado la oportunidad de analizar la información de empresas de grandes corporaciones tanto de mi país como del extranjero, y de participar en la adquisición y auditoría de compra de grandes corporaciones que perdieron su patrimonio por no medir los efectos que voy midiendo a través de los procedimientos que menciono en éste libro desde hace varios años, y en base a ello les puedo asegurar que lo que mencionado en éste libro es una realidad, ya que lo que digo esta soportado con las cifras de 40 países los cuales en su conjunto manejan el 85% del PIB mundial, cifras que los países que perteneces a la Organización Mundial del Comercio presentan en forma mensual al Fondo Monetario Internacional desde su fundación en el año de 1945.

Y para que se compruebe y se reconozca que lo que menciono en este libro es verdad, únicamente les pido les pido tres cosas muy importantes:.

1. **Paciencia**

2. **Paciencia**

3. **Y paciencia**

Pero además le sugiero que analice las cifras a valores nominales y reales que presento en los archivos en Excel (los cuales a la fecha de impresión de este libro ya muestran cifras actualizadas al 31 de diciembre del 2009) para que con base en ello, lleguen a sus propias conclusiones, porque al final de cuentas **lo más importante será lo que usted piense y opine.**

www.ingramcontent.com/pod-product-compliance
Lightning Source LLC
Chambersburg PA
CBHW082302210326
41519CB00062B/6956

9789871581672